RAPIDS AHEAD

HOW CHINA COPES
WITH A TURBULENT WORLD?

张明 著

前有险滩

全球动荡时代的中国自处之道

人民东方出版传媒
东方出版社

图书在版编目（CIP）数据

前有险滩：全球动荡时代的中国自处之道 / 张明 著. —北京：东方出版社，2020.7

ISBN 978-7-5207-1520-1

Ⅰ.①前… Ⅱ.①张… Ⅲ.①中国经济—研究 Ⅳ.①F12

中国版本图书馆 CIP 数据核字（2020）第 076864 号

前有险滩：全球动荡时代的中国自处之道
（QIAN YOU XIANTAN: QUANQIU DONGDANG SHIDAI DE ZHONGGUO ZICHU ZHI DAO）

作　　者：	张　明
责任编辑：	吴晓月
责任审校：	谷轶波
出　　版：	东方出版社
发　　行：	人民东方出版传媒有限公司
地　　址：	北京市朝阳区西坝河北里51号
邮　　编：	100028
印　　刷：	北京市大兴县新魏印刷厂
版　　次：	2020年7月第1版
印　　次：	2020年7月第1次印刷
开　　本：	710毫米×1000毫米　1/16
印　　张：	21.25
字　　数：	300千字
书　　号：	ISBN 978-7-5207-1520-1
定　　价：	58.00元

发行电话：（010）85924663　85924644　85924641

版权所有，违者必究

如有印装质量问题，我社负责调换，请拨打电话：（010）85924602　85924603

自序

就这样欢喜着荒废时光

我人生中第一次试着写财经评论,是2001年至2002年读硕士期间,在《中国外汇管理》杂志做兼职编辑时。还记得第一篇评论的题目叫作"格林斯潘的悲剧"。不过,在进入社科院研究生院读博士之前,我的评论数量寥寥,风格是财经与文学的夹杂,四不像。

开始较为频繁地写评论是在读博期间。当时我与中科院的李建平、余乐安、周城雄,清华的黄涛,以及社科院研究生院的覃东海一起,组建了一个名为"经济聊斋"的草台班子,在郭哲主持的《新京报》评论专栏中定期发文。我们将文章的稿费注入一个酒肉基金,由城雄负责管理。虽然已经过去了十多年,但由于我们见面日稀,因此直到现在还没有把基金耗尽。看来只要不乱投金融产品,要把一笔巨款通过酒肉挥霍干净,还是挺不容易的。

真正大规模写财经评论,其实是2007年进入中国社科院世界经济与政治研究所工作之后。刚入所不久,我的师兄何帆博士给我们新进所的小青椒们开了一个讲座。他讲:怎么能够把学术研究与政策研究结合起来呢?好办,那就是一手写学术论文,一手写财经评论。如果能每年写10篇左右的论文与研究报告,再写50篇左右的财经评论,如此坚持10年,必有小成。说者无心,听者有意。对从金融界跨界到研究界的我来说,唯一的优点在于执行力强。我入所工作12年,粗略统计,写作的财经评论的确超过了600篇。

随着年纪和阅历的增长,我的财经评论的风格也在变化。语言越来越平实、简练。我尽量让自己的演讲与文章都不啰唆，没有废话；尽量让自己的文章变得观点清晰，容易被证伪。锋利、简洁、可验证，这是我自己追求的目标。虽未尽至，心向往之。还记得路透社的毕晓雯（江湖人称"毕太后"）曾经在朋友圈里说，张明现在的评论文章，要比我刚认识他时好多了。我选择天真地把太后的话作为表扬。

入所之后，我基本上是每隔三年，就把三年间写的比较重要的财经评论文章汇编一下，结集出版。迄今为止已经出版了三本评论集，分别是《觉今是而昨非》（中国金融出版社2009年版）、《全球危机下的中国变局》（中国金融出版社2013年版）、《危机、挑战与变革——未来十年中国经济的风险》（东方出版社2016年版）。转眼间又过了三年，性格比较轴的我准备再来本评论集，书名已经想好了，就叫《前有险滩》。

《前有险滩》这个书名，是何帆博士应我要求，替我2016年出版的评论集起的书名，但最后惨遭出版社弃用。何帆博士耿耿于怀，还在他的一篇文章中发牢骚，说我那本书最终的名字太土。的确如此。但是，把这个好书名留到当下，也未尝不是一桩美事。中美贸易战、中国金融系统性风险、中等收入陷阱、人口红利消失，可谓险滩重重啊！

这三年间，我的工作发生了一点变化。在中国社科院工作之余，我忙里偷闲，到平安证券担任了兼职的首席经济学家。在社科院工作，我们只需要做中长期判断。但在市场上，关注中长期判断的人有，但不多，大部分人只在乎短期判断，毕竟大家都在市场上掘金刨食，这也不难理解。因此，这三年间，我不得不经常做一些更短期的判断。

中长期判断似乎更容易做，按照一个适合的逻辑，犯错误的概率不大，但短期预测就不好说了。以我个人为例。我在2017年年初做出的几个重要判断，最后都被证伪了。例如，我认为人民币兑美元汇率在2017年下半年将会破7。又如，我认为国内10年期国债收益率的年内高点在3.7%左右。结果，人民币兑美元汇率在2017年不降反升，而10年期国债收益率最终攀升至4%

上下。但有趣的是，我在2018年年初做出的几个重要判断，最终都被验证了。例如，我认为2018年美股动荡将会显著加剧，不排除年内股指显著下跌的风险。又如，我所在的平安证券宏观团队在2018年3月份就发布了一系列关于中美贸易战的报告，我们是市场上最早预警贸易战风险，且最早对贸易战开展研究的团队。再如，我在2018年2月和3月人民币兑美元汇率走势强劲之时，认为下半年人民币兑美元汇率将会重新显著贬值。

如上所述，虽然我的短期预测在2017年被啪啪打脸，在2018年被不断证实，但其实我自己使用的分析框架并没有改变过。而短期预测之所以出错，或者是因为对某些变量走势的预测产生了错误，或者是没有能够预测到可能出台的新政策。例如，之所以2017年对人民币兑美元汇率的判断失误，一方面是低估了美元指数走弱的幅度（从103骤降至89），另一方面是没有预判到中国央行在2017年5月会通过出台逆周期调节因子，一举击溃市场上的贬值预期。

我的一个学生质问我：既然宏观预测时对时错，那么做宏观预测还有什么意义呢？我的回答是"预测的意义是荒废时光，但觉得人生欢喜"。虽然这是戏谑之言，但我觉得只有敢于不断地做出预测，不断看到预测被证实或证伪，才能真正深入了解宏观经济运行的逻辑，也才能真正体会宏观与金融体系中蕴含的不确定性。或者用我的另一个学生的说法："不预测就没有参与感。"

预测被证实，的确能感受到成就感。预测被证伪，其实更是一件好事。因为通过研究为什么预测出错，可以更好地完善自己的分析框架及思考过程。换言之，出错的意义在于未来不再犯同样的错。因此，我有时去基金客户那里路演时，会这样开始我的演讲："上次我所做的判断，后来出错了。让我们来看一下，我是怎么出错的……"

其实，我的博士生导师余永定老师，过去并不希望我们花太多精力写豆腐块文章。他认为我们应该把更多的精力放到撰写严肃的学术论文上去。但后来，余老师变得温和了，对何帆、张斌、我、徐奇渊这些学生放任自流，甚至还给我们的财经评论集写了不少序言。其实，学术论文、研究报告与财经评论之间有时候是可以转化的，这正是何帆师兄的"套拍"理论。

我一直都劝自己的学生，千万要慎重选择读博。这是因为，读博意味着人生的道路越走越窄。如果自己不喜欢做研究，那么天天蜗居在斗室里折腾数据与文字是非常痛苦的。但如果真的喜欢的话，那做研究便是让人乐在其中的享受，尽管过程可能是痛苦的。

让我来给学术研究工作做一个"硬广"。这种工作，一是时间自由（但真相是没有真正休息的时候），二是没有老板（每个学者都是个体户），三是所有成果都是自己署名的（自己的娃自己负责），四是可以游山玩水（调研加开会），五是精神独立（不妨高蹈）。人的天分有高低，研究成果质量有高下，但这都不重要，对真正喜欢研究的人而言，重要的是，能够一直这样，欢喜着荒废时光。

目　录
CONTENTS

| 第一篇 |

变局与风险：全球宏观经济与金融

第一章　停滞与动荡：世界经济增长态势与前景 ········· 003

"负利率"新常态？　// 003

为何 2019 年全球负利率重现？　// 008

如何看待 IMF 对新自由主义的反思？　// 012

没有市场大出清，何来全球新周期？　// 017

2018 年全球经济的六只黑天鹅　// 020

短期内全球宏观经济的两条主线　// 022

不必对英国脱欧过分悲观　// 025

透视疲弱的欧洲经济　// 028

欧元诞生二十周年回顾：成就、问题与前景　// 030

美国经济真的很糟糕吗？　// 033

投资前景广阔，不确定性犹存

　　——新兴市场越南调研观感　// 036

第二章　波动与趋势：全球金融市场变化与金融风险 ········· 040

欧盟银行业风云再起　// 040

黄金与原油价格为何齐涨？　// 043

审慎应对全球债务水平的上升　// 046

美国次贷危机对中国金融控风险的重要启示　// 048

2018年部分新兴市场国家货币贬值的基本面探源　// 053

为什么2019年美元指数不会太弱？

　　——从四个历史经验说起　// 055

美元指数长周期可能正在牛熊切换　// 060

鹰鸽转换尚未彻底，降息进程仍不确定　// 062

2020年黄金价格还能大幅上涨吗？　// 065

Libra的潜在影响及与中国版数字货币的比较　// 069

第三章　边打边谈：不断升级的中美贸易摩擦 …………………… 078

中美贸易摩擦难以避免，中国如何应对至关重要　// 078

中美贸易摩擦暂时平息的潜在经济影响　// 083

反击汇率操纵、无端指责，应对金融制裁、潜在风险　// 086

| 第二篇 |

回望与自省：中国宏观经济与金融

第四章　宏观大势：经济增长与结构变化 …………………… 093

有重大改革，才有全新周期　// 093

中国经济：新三难选择下的艰难权衡　// 100

新中国成立70年来宏观经济的增长成就与结构变化　// 105

五个城市三角：新时代中国经济增长主引擎　// 121

2020：稳增长、调结构与控风险的微妙平衡之年　// 125

中国国际收支结构反转的可能性及潜在影响　// 131

通胀压力未来可能抬头　// 137

本轮 CPI 价格上涨已近尾声　// 139

透视本轮猪周期：本轮猪周期为何与众不同？　// 144

第五章　政策应对：财政、货币、监管与改革 ………………… 150

如何协调货币政策与汇率政策？　// 150

渐进式改革同样需要"最后一跃"　// 155

控风险与谋发展并举，强监管向制度化转型
　　——五评 2017 年中央金融工作会议　// 157

速度朝平衡转向，市场与调控并举
　　——十九大报告解读　// 161

经济目标更具弹性，减税降费力度空前
　　——对 2019 年政府工作报告的四点解读　// 167

贷款利率改革取得突破，融资成本分化仍将持续　// 170

对 2019 年中央经济工作会议的 9 点评论　// 174

第六章　未雨绸缪：接踵而来的系统性金融风险与防范 ………… 178

中国特色的杠杆率转换游戏　// 178

人民币贬值、短期资本外流与潜在金融风险　// 181

为何金融风险接踵而来？　// 184

中国影子银行的发展阶段、主要特征与潜在风险　// 186

在去产能、去杠杆过程中要注意防范金融风险　// 190

纠正金融改革与实体改革的节奏错配
　　——理解本轮金融强监管及十九大后改革方向的新视角　// 193

"三管齐下"以应对未来的不良资产挑战　// 209

警惕居民杠杆率的过快上升　// 211

中国政府债务的规模究竟几何？
　　——基于省级地方债的测算　// 213
关于中国股市健康发展的 8 点建议　// 224
"金融新常态"下中国商业银行的生存发展之道　// 225
2020 年五大趋势下的大类资产配置建议　// 230

第七章　风险隐患：透视房地产现状与前景 ········· 232

中国房地产的周期嬗变　// 232
2018 年为何部分城市的房价越调越涨？　// 235
中国房地产市场现状与前瞻：各线城市，结局迥异　// 240
一线城市房地产调控变局：新"三位一体"策略　// 247

| 第三篇 |

直击焦点：人民币汇率、外汇储备与人民币国际化

第八章　穿越周期：人民币汇率变化与汇率改革 ············ 253

"我就要走在老路上"　// 253
人民币汇率定价新机制将会持续经受考验　// 255
克服人民币浮动恐惧，加速汇率形成机制改革　// 257
人民币汇率中间价新机制的优势和缺陷　// 261
为了避免外汇市场出清，我们失去了什么？　// 263
汇率弹性下降，维稳意图增强
　　——人民币汇率形成机制新改革点评　// 265
为什么汇率浮动至关重要？　// 273
逆周期因子恐难"功成身退"　// 277
警惕汇率问题政治化，不宜对美元过快升值　// 282

2019 年人民币汇率的走势、成因分析与前景展望 // 285
中美贸易摩擦：扰动 2019 年人民币兑美元汇率走势的
　　重要因素 // 291

第九章　管好钱袋：我国外汇储备管理 ⋯⋯⋯⋯⋯⋯⋯⋯⋯⋯ **295**

外汇储备与外汇储备不一样吗？ // 295
善用中国的外汇储备 // 298
外汇储备到底该由谁来管？ // 302

第十章　重新出发：人民币国际化进程 ⋯⋯⋯⋯⋯⋯⋯⋯⋯⋯ **306**

人民币国际化为何陷入停滞？ // 306
人民币国际化进程有所回暖 // 308
人民币国际化：不忘初心再出发 // 310
人民币国际化依然任重道远
　　——关于国际货币地位消长的四个特征事实 // 319

后　记　中产阶级为何如此焦虑？ ⋯⋯⋯⋯⋯⋯⋯⋯⋯⋯⋯⋯ **324**

第一篇

变局与风险：
全球宏观经济与金融

第一章
停滞与动荡：世界经济增长态势与前景

"负利率"新常态？[①]

一、实施负利率的央行越来越多

2016年年初，日本央行与瑞典央行的非常规降息使得负利率再次受到全球关注。2016年1月底，日本央行宣布对超额储备金实施负利率，成为2015年年底美联储加息以来首家宣布宽松的主要央行。2016年2月11日，瑞典央行将回购利率从-0.35%进一步下调至历史新低的-0.50%，隔夜存款利率和隔夜借贷利率也同步降低。全球负利率时代的大幕似乎已经揭开，但更为重要的是，如果这类货币政策成为"新常态"，将对全球经济与金融市场产生怎样的影响呢？

负利率政策是央行应对金融危机的产物。全球金融危机爆发以来，为恢复实体经济并遏制通缩，主要发达国家大多采取宽松的货币政策，世界经济整体处于低利率环境。美联储将联邦基金利率目标区间长期置于0~0.25%的低水平，并连续实施量化宽松（quantitative easing, QE），尽管从2015年年底开始加息，但预期利率曲线仍十分平坦。英格兰银行于2009年3月下调利率至0.5%，并维持至2016年。受金融危机和主权债务危机的影响，欧央行从

[①] 本文写于2016年2月，与王宇哲合作而成。

2014年6月起开始实施负利率政策。自2010年开始，日本央行将无担保拆借利率维持在0.05%~0.1%的极低水平，又在2016年年初成为欧洲央行之外另一个实施负利率的主要央行，这也标志着实施负利率不再是央行中的特例。

丹麦是全球第一个实施负利率的国家，2012年其金融机构存款利率被设为负值。继此之后，欧洲央行及瑞士央行（2014年）、瑞典央行（2015年）、日本央行（2016年）陆续实施负利率。上述央行实施负利率的具体措施如表1所示，其主要目的，一是抑制通缩，迫使商业银行对外提供贷款，从而刺激消费和投资，提升通胀率，促进经济发展，如日本、欧元区和丹麦；二是减缓本币升值压力，提升出口竞争力，例如丹麦、瑞士等国货币由于与欧元实行固定汇率制度，在欧债危机期间面临巨大升值压力。

表1　2016年全球五家央行实施"负利率"的具体举措

	丹麦	欧元区	瑞士	瑞典	日本
最近调息时间	2014.09.04	2014.06.05	2014.12.18	2016.02.11	2016.02.16
存款利率	-0.65%	-0.30%	-0.75%	-1.10%	-0.1%（其他准备金）
再融资利率	0.05%	0.05%	-1.25%~-0.25%	-0.50%	0%（法定及政策项目准备金）0.1%（现有超额准备金）
实施目的	通过贬值刺激通胀，增加竞争力	缓解财务状况，通过贬值刺激通胀	保持汇率挂钩	削减升值压力	刺激经济发展和通胀
其他措施	外汇干预，暂停债券供应	量化宽松、信贷宽松、流动性宽松	外汇干预	量化宽松	量化与质化宽松

注：日本实行三级准备金利率制度。

将负利率作为货币政策工具意味着银行把钱存在央行需要付出成本。实施负利率最大的风险是经济体中发生大规模使用现金的情况,但这种情况往往很少出现。因为对于大型金融机构和大额资金而言,使用现金的成本很高,而个人储蓄账户的利率则一般位于零利率上方。因此,理论上来说,实施负利率政策的央行只要将利率水平维持在一定阈值之上(绝对值低于持有和使用现金的成本),就不会导致银行囤积现金的行为。

从欧洲几个经济体实施负利率的经验来看,商业银行的现金持有量并没有显著上升,这意味着其利率水平尚未触及其下限。此外,利率分级制度也加大了实施负利率的政策空间。以准备金利率分级制度为例,由于只有部分银行准备金触及负利率,所以这类宽松政策并不必以过度惩罚银行为代价。在两级利率下,欧元区、丹麦、瑞士分别有约15%、20%、75%的流动性没有触及利率走廊的下端。这也意味着,对目前已经实施负利率政策的五大央行而言,未来仍有进一步降息的空间。

二、谁将是下一个?

面对疲软的全球经济和持续的通缩压力,负利率可能成为更多国家的选择。那么,谁会是下一个呢?我们可以简单按照以下标准进行初步筛选:一是该国利率长期处于较低水平,这使得其一旦放松货币,就容易迈入负利率区间;二是该国面临较大的通缩压力(通胀水平持续低于央行目标)或该国货币面临升值压力。依照上述条件,表2(见下页)列出了几个可能实施负利率的候选国家。以色列和捷克的通胀水平较低且政策利率接近0,有可能为了抵御通缩而实施负利率,特别是捷克近期延长了实施克朗兑欧元目标下界的期限,欧元区持续宽松的货币政策很可能令捷克央行不得不通过下调利率来稳住本已有升值压力的克朗。加拿大和挪威受全球大宗商品价格走低的影响,面临能源投资下降及国内经济下滑的压力,但进一步降低利率有可能加剧货币的疲软。

表 2　未来有可能实施负利率的国家

	以色列	捷克	挪威	加拿大
当前利率	0.10%	0.05%	0.75%	0.5%
通胀目标	1%~3%	2.0%（+/-1%）	2.5%	1%~3%
1月通胀水平	-0.7%	0.1%	2.3%	1.6%

除了上述国家可能直接实施负利率外，负利率常态化也将影响其他国家的货币政策选择。

首先，负利率的推出增加了多数央行进一步宽松的压力。对于已经实施负利率的经济体而言，如果经济增长和通胀前景并未显著改善，其未来仍有很大可能进一步调低利率，如欧元区、日本等。对于当前利率水平较低的国家而言，即使其短期内不实施负利率，调低利率或暂缓加息的可能性也随之变大，如英国。对于当前利率水平较高的国家而言，其有可能大幅下调利率，如中国受经济增速放缓的影响，降息降准将不可避免。

其次，主要央行实施负利率可能加剧全球货币政策的分化程度。摩根士丹利的研究表明，除了美国之外，G10 国家中的另外 9 个国家均被市场认为 2016 年会降低利率，且 G10 利率的平均下调幅度预期达 25 个基点。

最后，全球性经济的宽松或将推动美元走强，同时引发各国货币竞相贬值。对于美联储而言，能否实施负利率政策面临政治和法律的不确定性。在美元不断升值而其国内经济增长和金融市场未受剧烈冲击的情况下，货币政策面临两难选择。

三、负利率常态化的潜在风险

随着欧洲央行和日本央行把全球推向更低的利率区域，负利率可能成为更多央行应对经济下行的举措。从瑞士、瑞典、丹麦和欧元区实施负利率政策的经验来看，实施负利率对促使货币走弱和提升经济表现有一定正面作用，前三国均避免了本币兑欧元的急剧升值，丹麦克朗甚至出现贬值；而欧元区更是在 QE 等其他宽松政策的配合下，实施存款负利率以来兑美元贬值 18%，信贷和经济增速出现明显改善。但维持负利率常态化甚至再度下调利率却存在以下风险。

一是利率传导的有效性降低，对信贷的改善作用被削弱。为避免储户挤兑，零售存款利率存在一定刚性，即使对负利率实施程度最高的瑞典，隔夜存款利率也没有普遍传导至零售存款利率。此外，在下调基准利率的过程中，贷款利率的变化方向并不确定。去年丹麦和瑞士在负利率环境下再次下调利率，但新增非金融企业贷款利率却分别上升约 20 和 5 个基点，抵押贷款利差也进一步扩大，信贷环境反而有所恶化。

二是债券市场收益率和流动性下降，通缩预期可能被强化。随着一些央行开始实行负利率政策，全球负收益债券规模急剧增加至约 5.5 万亿美元，包括欧洲部分国家及日本超过 50% 的主权债务。在负利率和其他非常规货币政策的叠加下，欧元区货币市场和债券市场的流动性下降，欧元隔夜拆借利率（EONIA）的交易量跌至历史最低，债券市场深度也显著下降。负利率的影响现在还蔓延至长期债券市场，目前日本十年期国债收益率已达历史最低（0.09%），去年瑞士甚至成为史上首次以负利率（−0.055%）发行长期国债的国家。要实现正的真实收益率，长期名义利率为负可能意味着通缩预期的持续增加。

三是银行的利润空间进一步收窄，可能引发金融风险。尽管在分级利率的情形下，只有部分准备金直接触及负利率，但由于银行难以将负利率传递至负债端，利率下行带来的资产收益下降及信贷和货币市场活动的收缩将导致银行的净收入下降，从而引起金融风险。在导致欧洲银行业近期爆发危机的原因中，除了对资产质量等担忧之外，负利率扮演了重要的角色。因为在欧元区内，核心国家（特别是德国）银行受到负利率的影响远超边缘国家，其触及负利率的存款占适用该级利率存款总量的约 85%。

四是金融市场分割加剧，爆发系统性风险的概率上升。由于负利率严重影响银行利润，银行一方面可能会更加惜贷，这将导致有信用风险的贷款者更难获得流动性。比如，欧元区的边缘国家在欧洲央行实施负利率后，信用利差并没有收窄，Target 2[①]负债甚至有所降低。但另一方面，负利率可能带来整个金融体系的系统性风险。宽松的货币政策往往引起信贷和资产价格的膨胀，而在负利率的情形下，贴现率为负使得银行和其他投资者更有动力为获取正回报承担高风险。

为何2019年全球负利率重现？[②]

2019年第三季度以来，由于日本、德国、法国这三个发达经济体10年期国债收益率集体持续为负（日本从2019年3月起转负，德国从2019年5月起转负，法国从2019年7月起转负），全球负利率问题再次引发市场热议。事实上，如下页图1所示，在2016年第二、三季度期间，部分发达国家10年期国债收益率也曾出现过负利率。那么，本次与上次相比，负利率的表现有何不同呢？

第一，本次出现负利率的发达国家数量更多。在2016年第二、三季度，仅日本、德国两国出现过长期国债负利率。而本次出现负利率的国家不仅有日本、德国，还扩展至法国。第二，本次出现负利率的幅度更深。在2016年第二、三季度，日本10年期国债收益率最低跌至-0.3%，德国最低跌至-0.2%。而在本次，日本与德国10年期国债收益率最低分别跌至-0.3%与-0.7%，法国最低跌至-0.4%。第三，本次负利率持续的时间更长。在2016年第二、三季度，德国10年期国债收益率持续为负的时间最多曾为16个交易日，而本次该指标持续为负的时间已经达90个交易日左右。日本10年期

---

① Target 2：欧元区内部的一个主权债务拆借系统。
② 本文写于2019年9月。

国债收益率在这两个时期持续为负的时间都为80多个交易日,但当前持续的时间可能会继续延长。

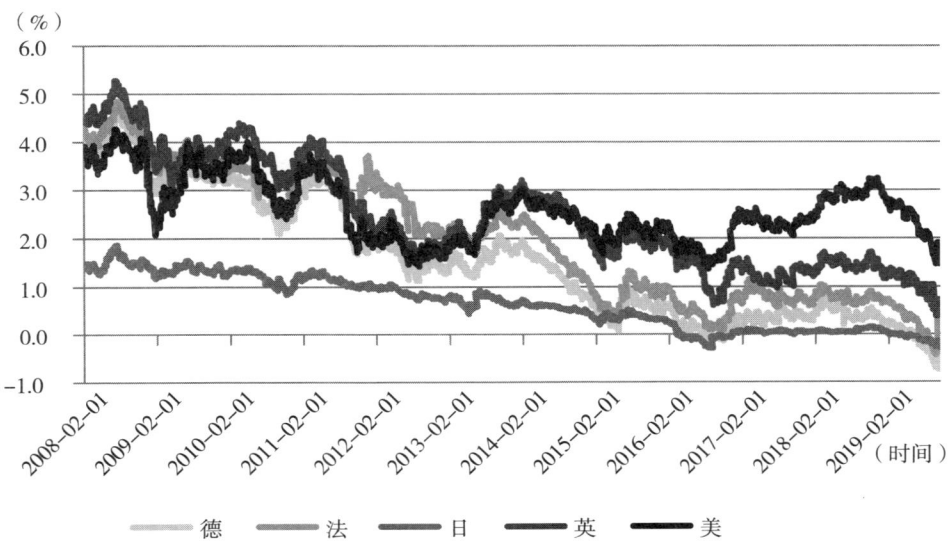

数据来源:CEIC。

图1 具有代表性的发达国家10年期国债收益率

为何时隔三年,2019年全球范围内再度出现负利率呢?接下来笔者将从各国增长现状与趋势、全球增长趋势、全球不确定性等角度尝试着进行解释。

首先,从各国经济增长情况来看,当前出现负利率的国家,经济增速现状与经济增长预期大体上都出现了显著下滑。例如,德国2019年第一、二季度GDP同比增速分别为0.8%与0.0%,显著低于2018年同期的1.6%与2.5%;法国2019年第一、二季度GDP同比增速分别为1.0%与1.4%,显著低于2018年同期的2.2%与1.8%;日本2019年第一、二季度GDP同比增速均为1.0%,显著低于2018年同期的1.3%与1.5%。值得一提的是,2016年第二、三季度德国GDP同比增速高达3.7%与1.9%。这说明2016年与2019年德国10年期国债收益率出现负利率的原因可能不太相同。如果说2016年德国国债呈负利率可能主要源于金融市场投资者旺盛的避险需求,那么当前德国国债负利率的一大原因则是德国经济增速显著走弱了。

又如，从制造业 PMI① 指数来看，截至 2019 年 8 月，德国 PMI 指数已经连续 8 个月低于荣枯线，日本这一指标连续 4 个月低于荣枯线，而法国的该指标 2019 年以来一直在荣枯线上下不断交替。相比之下，在 2016 年第二、三季度，这三个经济体的 PMI 指数均在荣枯线以上。这说明从短期增长预期来看，2019 年德、日、法的增长预期要弱于 2016 年出现负利率的时期。

不过从通胀率走势来看，2019 年德、法、日通胀率并未显著下降，且均显著高于 2016 年第二、三季度。例如，2019 年 7 月，德、法、日的 CPI（consumer price index，消费价格指数）同比增速分别为 1.7%、1.1% 与 0.6%，2019 年上半年这三个国家 CPI 同比增速月度均值分别为 1.5%、1.2% 与 0.5%。而 2016 年第二、三季度这三个国家 CPI 同比增速月度均值分别为 0.3%、0.1% 与 -0.4%。换言之，当前的通货膨胀走势并不是德国、法国、日本出现负利率的原因。

其次，从全球经济增长情况来看，2019 年的增长状况要比 2016 年更为黯淡。根据 IMF（国际货币基金组织）的数据，2016 年全球经济增速为 3.4%，且在 2017 年进一步上升至 3.8%。而根据 IMF 的最新预测，2019 年全球经济增速将下行至 3.2%，这是自 2009 年以来的全球经济最低增速（见下页图 2）。而导致全球经济增速放缓的核心原因之一则是，以中美经贸摩擦为代表的全球经贸摩擦导致全球贸易增速放缓。如图 2 所示，根据 IMF 的数据，受最近两年全球经贸摩擦上升的影响，全球货物与服务贸易同比增速已经由 2017 年的 5.4% 下降至 2018 年的 3.8%，并将在 2019 年进一步下降至 3.4%。全球经济增长在 2017 年出现难得的反弹之后再度沉寂，意味着"长期性停滞"的魔咒仍未被打破，这也是上述发达国家长期国债收益率走低的深层次原因之一。

最后，考虑到主要发达国家长期国债属于避险资产，因此通常当金融市

---

① PMI：purchase management index，采购经理指数。

第一章 停滞与动荡：世界经济增长态势与前景

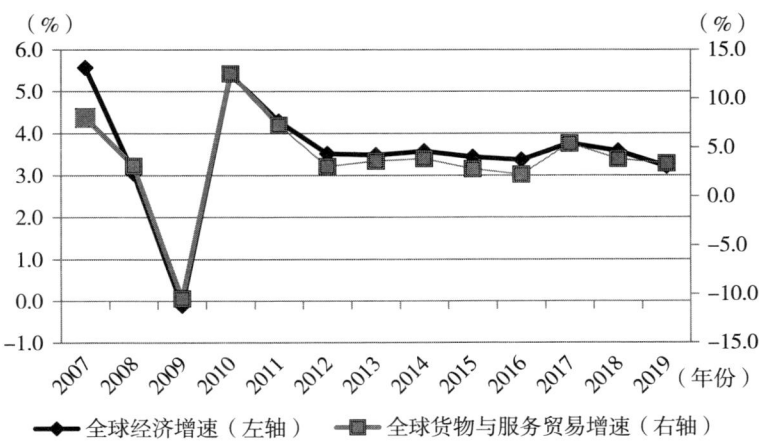

数据来源：CEIC。

图2 全球经济增速与全球货物与服务贸易增速（2019.7）

场投资者避险情绪较高时，发达国家国债将会受到追捧，从而导致国债市场价格上升，国债收益率下降。因此，全球不确定性上升也可能是导致全球负利率重现的重要原因。如图3所示，全球政策不确定性指数在2019年6月与8月两次突破300整数关口，并创下过去22年以来的历史峰值。当前全球范

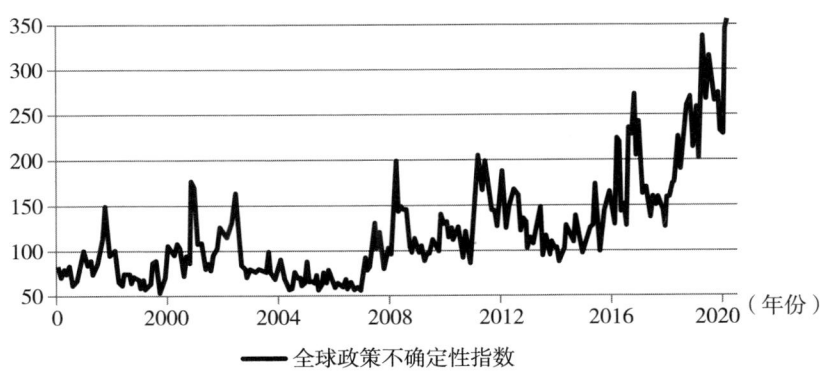

数据来源：http://www.policyuncertainty.com。

图3 全球政策不确定性指数

011

围内正处于发达国家国内政治风险、中东地缘政治冲突风险、中美经贸摩擦风险三者相互上升相互加强时期，这种不确定性的强化也的确是导致德、日、法等国家长期国债收益率由正转负的重要原因之一。

综上所述，导致2019年下半年全球负利率重现的主要原因，一是部分发达国家经济增速与经济增长预期显著放缓；二是全球经济增速再度下行，"长期性停滞"格局延续；三是全球范围内不确定性加剧导致投资者避险情绪增强。考虑到当前全球政治经济格局的变化，上述三个因素将会持续存在，甚至进一步加强，而很多国家最近重启的降息与量宽周期，可能导致更多国家出现负利率。

负利率固然可以降低居民、企业与政府的融资成本，缓解实体经济下行压力，但负利率也会给金融稳定造成负面影响。例如，长期国债利率持续为负，将使得保险公司、养老基金等长期国债市场重要投资者面临投资收益率显著下降的窘境。又如，对商业银行而言，通常情况下，存款收益率的变动滞后于贷款收益率，负利率现象加剧将压缩商业银行赢利空间。针对负利率可能造成的潜在负面影响，投资者与监管机构应该未雨绸缪，提前做好准备。

如何看待 IMF 对新自由主义的反思？[①]

2016年6月，IMF（国际货币基金组织）研究部副主任 Jonathan Ostry（乔纳森·奥斯特里）及其两位同事在 IMF 期刊《金融与发展》2016年6月刊上发表了《新自由主义：是否被过度销售？》（*Neoliberalism：Oversold？*）一文，对所谓的新自由主义的两大政策建议（资本账户自由化与财政收缩）提出批评。此文发布后，在国际社会上引发广泛讨论。2016年5月底，英国

[①] 本文写于2016年6月。

《金融时报》还专门发表社评，认为 IMF 不应公开批评新自由主义。本文首先简要介绍上文作者的主要观点，其次会对这一观点进行述评，最后总结中国对相关讨论的经验借鉴。

一、IMF 研究人员的反思

Ostry 等认为，新自由主义思潮有两大基石：其一，应该通过放松管制与开放本国市场（包括金融市场）来强化竞争；其二，应该通过私有化、限制政府开支与举债来淡化政府的角色。不难看出，资本账户自由化的政策建议源自前一基石，而财政收缩的政策建议源自第二基石。然而作者们随即指出，首先，在考察众多国家的前提下，这两大政策建议的收益是模糊不清的；其次，这两大政策建议的成本是非常显著的，尤其是这两大政策建议都可能显著加剧收入分配的不平等；最后，反过来，收入分配的不平等又会损害经济增长的水平与可持续性。因此，作者建议国际社会应该反思这两大政策建议的适用性。

在跨境资本流动方面作者指出，尽管跨境直接投资通常会带来经济增长，但诸如证券投资或银行借贷等短期资本流动通常既不能带来经济增长，也不能更好地分散风险，反而会加剧经济波动性与危机爆发频率。此外，经验证据表明，包括资本账户自由化在内的金融开放将显著加剧收入分配的不平等。而一旦危机爆发，上述分配效应将变得更加显著。

在财政收缩方面作者指出，对于有一定财政政策空间的国家而言，如果经济增长低迷，那么财政收缩将弊大于利。为了降低债务水平或削减财政赤字，一国可能需要或者增加可能扭曲经济行为的税收，或者削减生产性的支出。此外，财政紧缩通常还会加剧失业，从而损害需求。作者引用的文献指出，平均而言，如果财政收缩规模达到 GDP 的 1 个百分点，那么长期失业率将上升 0.6 个百分点，而且衡量收入分配失衡的基尼系数将在 5 年内上升 1.5 个百分点。

二、对资本流动管理的评论

IMF 对跨境资本自由流动的态度的转变，建立在一系列新兴市场国家经验教训的基础之上。事实上，自 20 世纪 80 年代的拉美债务危机至 21 世纪初的欧洲主权债务危机，跨境资本大进大出都在这些危机滥觞的过程中扮演着重要角色。诚然，爆发不同危机的国家，在经济基本面上有着各自不同的脆弱性，例如，20 世纪 80 年代拉美国家举借了大量外币计价债务，20 世纪 90 年代东南亚国家出现了持续的经常账户赤字，而 21 世纪初的南欧国家内债外债水平都居高不下，但不容否认的是，在危机爆发前大量跨境资本的流入，以及危机爆发后大量跨境资本的流出，放大了这些国家宏观经济与金融市场的波动性，也加剧了这些国家金融危机的强度。换言之，尽管资本账户自由化不是这些国家爆发金融危机的充分条件，却通常是这些国家爆发金融危机的必要条件之一。

在本轮全球金融危机之后，伴随着主要发达国家相继实现了零利率，并出台了大规模的量化宽松政策，全球短期资本流动的规模与波动性都明显加剧，对有关国家的冲击也变得更加剧烈。正是在这种背景下，在 2011 年前后，IMF 转变了对资本流动管理的看法。他们不再认为资本自由流动对所有国家都是最优的，转而指出对新兴市场国家而言，资本流动管理应该与宏观经济政策、宏观审慎监管一起，成为新兴市场应对跨境资本大进大出的重要工具之一。而且在某些极端情形下，资本流动管理可能是唯一有效的工具。

事实上，IMF 这一立场的转变，与很多主流经济学研究文献的结论是相符的。国际经济学界就资本流动管制达成的基本共识至少包括：第一，资本自由流动与经济增长之间并没有必然联系；第二，只有当一国金融市场发展程度达到一定水平之后，资本自由流动才可能导致经济增长；第三，短期资本大进大出通常会加剧实体经济与金融市场的不稳定（这意味着前者产生了一定的负外部性），因此有必要对其进行管理。

三、对财政收缩的评论

无论是在 1997—1998 年的东南亚金融危机期间，还是在 2010—2012 年的欧洲主权债务危机期间，包括 IMF 在内的债权人给危机国开出的"药方"都包括紧缩财政。但危机国财政紧缩的结果，无一例外都是经济增长继续萎缩、失业加剧、收入不平等不降反升。这正是在东南亚金融危机之后，东南亚国家普遍通过积累外汇储备来抵御外部负面冲击的原因——它们不再信任 IMF。

对债权人而言，要求危机国紧缩财政的原因很清楚：第一，这些国家必须降低赤字与债务，才能提高偿债能力；第二，这些国家只有减少赤字与债务，才能提高相关各方对危机国的信心。但最终的结果恰恰是这些国家的经济陷入进一步衰退，有关各方对危机国的信心进一步恶化。

之所以出现这种事与愿违的结果，原因很简单。衡量一国的偿债能力不是看债务的绝对规模，而是要看债务与 GDP 的比值。财政紧缩固然能降低债务绝对收入这一分子，却同时也可能降低 GDP 这一分母。IMF 近年来的一项研究表明，过去的研究很可能低估了财政乘数（即低估了财政紧缩对 GDP 增长的负面冲击）。

从这一视角出发，要提高一国偿债能力，最好是能帮助该国恢复经济增长。而要恢复短期内的经济增长势头，通常需要的是财政放松，而非财政紧缩。因此，IMF 近年来给希腊等国的政策建议是短期不能进行过度的财政紧缩，但在中期应该有令人信服的财政巩固计划来提振市场对其偿债能力的信心。而对德国、美国、英国等财政空间依然充裕的国家，IMF 的建议则是，突破有关阻力，进一步扩大财政赤字，尤其是应该扩大政府的基础设施投资方面的支出。

四、对中国的借鉴意义

IMF 研究人员对新自由主义的两大政策建议的反思，对当前中国经济具有重要的借鉴作用。

首先，中国政府应该审慎渐进地开放资本账户，必要时应该把资本流动管理作为重要的宏观政策工具来使用。从2014年第二季度起，随着市场上人民币兑美元升值预期逆转为贬值预期，中国开始面临持续的资本账户逆差。人民币贬值预期与短期资本外流互为因果，相互强化，成为中国政府面临的重要挑战。尤其是自2015年"811"汇改之后，随着人民币贬值预期及短期资本外流的加剧，国内金融市场波动与国际金融市场波动发生了共振，在全球范围内造成了显著冲击。随后，一方面由于中国央行加强了对跨境资本流动的管制，另一方面由于美元指数转升为跌，人民币兑美元贬值压力才有所削弱。这说明，作为一个正在进行经济转型、金融市场仍不健全、金融风险不断显性化的经济体，我们不能主动放弃资本流动管理这一工具。

其次，尽管近年来中国政府债务水平上升较快，但中国政府也不宜进行财政紧缩。2016年中国政府总体债务占GDP的比例在60%~70%（包含隐性债务在内）。虽然在新兴市场大国中处于较高水平，但与发达经济体相比仍处于较低水平。考虑到2016年中国经济存在负向产出缺口（GDP缩减指数为负，PPI[①]持续负增长），且企业部门高负债面临"债务—通缩"恶性循环的威胁，再考虑到货币信贷政策已经得到较为充分的使用，在这些内外背景下，中国的财政政策应该发挥更加积极的作用。一方面，中国政府应该减税与增加有效支出并举，通过扩大总需求来稳定经济增长；另一方面，中国政府应该通过发债来为财政支出融资，而非继续通过银行信贷融资。尽管对于提高中国经济潜在增速而言，包括所有制改革、土地改革、要素价格改革在内的结构性改革势在必行，但是为了给结构性改革创造空间，避免经济过度下行或危机爆发而打乱中国改革开发的进度，通过适当放松财政政策来进行宏观需求管理，事实上也是不可或缺的。

---

① PPI：producer price index，生产者物价指数。

没有市场大出清，何来全球新周期？[①]

2010年至2016年，全球经济增速由5.4%一路下滑至3.1%，这一格局被美国经济学家萨默斯称为"长期性停滞"。2017年上半年，全球经济出现了显著复苏的迹象，无论是美国还是欧元区、日本与英国，无论是中国还是其他主要新兴市场经济体，经济增速均比较强劲。根据IMF的最新预测，2017年的全球经济增速有望达到3.5%左右，这一水平也是最近5年来的新高。市场的情绪如此乐观，以至有观点认为全球经济有望进入一波新的朱格拉周期（长度10年左右的中周期）。

问题在于，全球经济真的能够从2017年起，愉快地迎来新一轮增长周期吗？答案恐怕是，未必如此。

笔者认为，尽管全球金融危机与欧债危机的爆发已经过去七八年，但2017年全球宏观经济与金融市场尚未完全实现危机后的市场出清，全球竞争力尚未真正恢复，全球经济也尚未找到新的增长引擎。在这一背景下，复苏的趋势很可能被各种冲击中断，我们对全球经济增长前景还是审慎一些为妙。

首先，目前全球经济增长，主要还在靠发达国家的宽松货币政策与新兴市场国家的加杠杆行为来支撑，内生增长动力并不乐观。

在全球金融危机爆发后，主要发达国家先后实施了大幅降低利率与央行大举购买金融资产的量化宽松行为。低利率与量化宽松行为的好处至少包括：一是压低中长期利率，帮助各部门修复资产负债表；二是刺激金融资产价格上涨，进而通过财富效应提振居民消费；三是通过压低本币利率来促进出口增长。

2017年发达经济体的经济复苏，与低利率与量化宽松政策密不可分。例如，美国与英国的股市正处于历史最高点，巨大的财富效应使得居民消费成

[①] 本文写于2017年8月。

为宏观经济增长的重要引擎。又如，2017年上半年欧元区表现强劲的根源之一在于，同期内欧洲央行的扩表速度显著超过发达国家同行。

2017年仅有美联储停止购买金融资产、连续加息，并有望从2017年9月起开始缩表。但考虑到美国薪资水平与核心通胀率增长缓慢，美联储的缩表行为必定是非常温和的。尽管当2017年欧洲央行、日本央行、英格兰银行相继释放了将在未来启动紧缩的信号，但这些表态完全是伺机而动的。这是因为央行官员们都心知肚明，如果没有宽松货币政策的支撑，好不容易稳定下来的宏观经济增速完全可能重新滑落。

以中国为代表的新兴市场经济体，最近七八年来的宏观经济增长，与各国内部的加杠杆行为密不可分。中国企业部门杠杆率，以及私人部门信贷占GDP的比重，均上升到相当危险的水平，以致2017年中国政府已经把去杠杆、控风险作为宏观经济政策的首要目标。显然，这种受到杠杆驱动的经济增长，除非进行重要调整（包括通过结构性改革刺激潜在经济增速，消除系统性金融风险等），否则是很难持续的。

其次，从目前来看，无论是发达国家还是新兴市场国家，均面临劳动生产率增速不断下滑的困境。在全球范围内爆发新一轮技术革命之前，或在新的新兴市场大国充分融入全球化之前，这一格局难以发生根本性变化。

以美国为例。1995年至2000年、2000年至2007年、2007年至2016年，美国非农劳动生产率年度复合增速分别为2.8%、2.7%与1.2%。不难看出，在全球金融危机爆发之后，美国劳动生产率显著下滑。其实，中国的劳动生产率增速从2008年至2017年也处于不断下滑的过程中。

全球范围内劳动生产率增速的下滑，说明过去支撑全球经济增长的主要动力正在衰退。例如，已经融入全球化的发达国家与新兴市场经济体的人口年龄结构正在老化，实物资本投资效率正在下降，技术进步与技术扩散的速度正在放缓。美国次贷危机的爆发也表明，过去几十年支持全球经济增长的全球贸易与金融一体化的速度也开始放缓甚至逆转。旧的增长动力正在消逝，新的增长动力尚未出现，这就意味着，如果全球劳动生产率增速继续下滑，那么全球经济潜在增速也可能继续下滑，"新周期"的提法就可能是虚幻的"美丽新世界"。

最后，当前无论是地缘政治领域还是国际经贸领域，爆发冲突甚至危机的概率都在上升，在地缘政治与国际经贸冲突的概率下降之前，"全球新周期"的提法过于虚幻。

2016年和2017年这两年来，全球范围内地缘政治冲突的爆发概率显著上升。这其实是全球经济增长在危机后长期低迷的结果。事实上，"二战"的爆发就与1929—1933年的大萧条密不可分。朝核问题、中东问题、乌克兰问题都不消停，中印之间发生冲突的可能性也在增大。如果这些冲突继续恶化，那么将显著冲击全球金融市场与国际经贸合作。

2017年，特朗普政府宣布启动301条款，对中国违反知识产权保护的问题进行调查。这是一个相当危险的信号，显示了特朗普政府将美国国内问题国际化的民粹主义倾向。如果中美之间爆发贸易战，那么，不仅会损害中国与美国国内的贸易部门，而且对位于全球产业链上的诸多国家的外贸企业都会造成显著的负面冲击。从全球范围来看，贸易战的爆发实质上是在削弱增长较快经济体对于全球其他经济体的外溢效应。

爆发国际政治冲突或经贸冲突的概率不断上升的全球经济，难断言已经迎来新周期。

综上所述，在发达经济体实现货币政策正常化、新兴市场经济体显著降低国内杠杆率之前，在全球劳动生产率增速持续下降的趋势得以扭转之前，在全球爆发地缘政治冲突与经贸冲突的概率下降之前，奢言"全球经济新周期"恐怕为时尚早。

一言以蔽之，"没有市场大出清，何来经济新周期"这句话，恐怕对全球经济与中国经济都同样适用。

2018年全球经济的六只黑天鹅[①]

2017年全球经济的主要特点是，经济复苏由美国扩散至众多发达与新兴经济体，美联储之外的主要国家央行也相继释放即将收紧货币政策的信号，全球贸易与跨境资本流动明显复苏，不少国家资产价格快速上涨。之所以全球经济能够在2017年表现良好，很重要的一个原因是市场担心的黑天鹅事件基本上没有发生。例如，荷兰、法国、德国等欧元区国家的国内选举均波澜不惊。又如，不少人担心的美国股市不仅没有崩盘，反而继续屡创新高。再如，全球地缘政治热点地区并未擦枪走火，地缘冲突并未升级。最后，特朗普政府也并未如其竞选时所言，实施大规模的贸易保护主义政策。

然而，风险事件没有发生，并不意味着风险不存在。事实上，如果市场能够高度重视潜在风险，并率先采取各种行动来进行应对，那么，风险事件或许能被化解于无形，或者即使发生，其潜在冲击也能得以缓释。相反，如果对前景过于乐观而忽视了潜在风险，那么一旦风险事件爆发，其破坏力就可能变得非常惊人。这就意味着，尽管预测未来的风险是一件费力不讨好的事情，但学者与分析师还得继续来做。笔者认为，2018年全球经济的黑天鹅，如果按照爆发概率由高至低排序，至少有如下六只。

黑天鹅之一，全球地缘政治冲突加剧。尽管2016年全球地缘政治冲突并未显著升级，但相关压力仍在集聚，在未来某个时点突然释放也未可知。2017年全球地缘政治冲突有两个热点。其一是朝核冲突。2017年朝鲜试验的弹道导弹据称已经可以覆盖美国全境，这是否会让美国政府的危机感加剧，促使美国政府采取强硬政策进行应对，存在不确定性。其二是中东地区。一方面，沙特国内政局更迭，既有政治势力与格局正在被洗牌；另一方面，库尔德人的独立公投运动可能显著影响伊拉克、伊朗、土耳其与叙利亚的国内

[①] 写于2017年12月。

政治局势。此外，俄罗斯与美国在叙利亚的博弈仍在演化。一旦全球地缘政治冲突加剧，将对全球宏观经济复苏与金融市场稳定造成新的冲击。例如，中东问题进一步复杂化，可能会给全球原油价格带来新的供给侧冲击。

黑天鹅之二，全球贸易投资冲突加剧。 尽管2017年全球贸易与跨境资本流动明显复苏，但国际贸易摩擦的阴云并未明显散去。例如，尽管上一轮特朗普访华可谓满载而归，但2017年12月美国政府拒绝承认中国的市场经济地位，开始对中国铝制品征收惩罚性关税，也有美国官员重新拿中美贸易失衡来说事。这让市场再度开始担忧中美贸易冲突升级的可能性。考虑到2017年净出口对GDP的贡献率转负为正，是中国年度GDP增速反弹的关键性因素，那么中美贸易冲突加剧也给市场对2018年中国出口增速与GDP增速的判断带来了新的不确定性。再加上特朗普政府刚刚在减税方案上取得突破，他们会不会把贸易问题作为下一个政策突破口，也是未知之数。

黑天鹅之三，欧洲地区的政治风险重新抬头。 其一，2018年意大利将迎来国内大选。如果五星运动党上台，那么意大利可能会宣布意大利脱欧或者意大利国债对外国投资者的违约，这无疑会对欧洲的经济复苏与金融市场稳定造成冲击。其二，目前市场对法国马克龙政府高度乐观，但马克龙政府在法国国内劳动力市场改革及欧元区进一步整合等领域究竟能够取得何种突破，2018年存在高度的不确定性。其三，近期默克尔政府在联合组阁问题上遭遇了重大挫折，未来联合政府政策走向的不确定性加剧，市场甚至在预测默克尔宣布辞职的可能性。其四，英国脱欧与加泰罗尼亚地区的独立运动也会继续发酵。

黑天鹅之四，通胀压力加速抬头，促使美联储货币政策加速收紧。 当前从劳动力市场指标来看，美国经济增速已经相当接近潜在增速，但截至2017年12月，美国核心通胀率仍相当温和。市场的基准预测是美联储将在2017年12月加息一次，在2018年将加息三次左右。然而，如果2018年美国通胀率出人意料地显著上升，那么可能会使美联储加快加息与缩表的节奏。更快的加息与缩表，不仅会影响美国国内的经济增长与资产价格，也会产生非常强烈的外溢效应。我们随后提到的两个黑天鹅事件，其实都与美联储更快加息的风险密切相关。

黑天鹅之五，美国股市长达 9 年的牛市宣告终结。本轮美国股市的牛市从美联储实施量宽政策的 2009 年开始，截至 2017 年已经有整整 9 年时间，美国股市的市盈率已经相当接近历史上的几次高位（1929 年与 2001 年）。越来越多的经济学家开始担心美国股市未来由升转跌的风险。例如，罗伯特·希勒教授就指出，尽管他不知道本轮股市何时下跌，但一旦股市转为下跌，其持续时间与下跌幅度都可能超出市场预期。而一旦美国股市下跌，不仅可能通过传染效应冲击其他国家资产价格，而且可能通过负向财富效应来影响美国的居民消费（消费事实上又是本轮美国经济复苏的重要引擎）。

黑天鹅之六，部分脆弱性较强的新兴市场国家重新面临爆发国际收支危机的风险。在 2016 年与 2017 年，随着全球经济走向复苏，以及投资者风险偏好由弱转强，大量短期国际资本重新流入新兴市场经济体。诸如土耳其、阿根廷、巴西等经济体，重新迎来资本流入、本币升值、经济复苏、资产价格反弹等诸多利好，这些国家的企业开始重新大量借入美元计价债务。而如果 2017 年美联储更快地收紧货币政策、美元指数反弹，那么这些国家可能再度面临本币贬值与资本外流的冲击。全球地缘政治冲突加剧，全球贸易冲突加剧，美国股市大调整等黑天鹅事件如果爆发，那么无疑会加剧这些国家的资本外流。如果应对不慎，部分新兴市场国家甚至有重新爆发国际收支危机的可能。

短期内全球宏观经济的两条主线[①]

2019 年即将过半。2019 年上半年全球宏观经济的发展状况应该说是显著低于此前的市场预期。在未来一段时间内，有两条主线可能继续贯穿全球宏观经济的演进。

---

① 本文写于2019年6月。

主线之一是，在全球主要经济体增速集体回落的过程中，各经济体之间的分化再度加剧。2017、2018、2019这三年，全球经济增长动能大相径庭。在2017年，全球主要经济体均出现增速复苏的局面，增长动能是向上的。受全球经济集体性复苏影响，经过购买力平价计算的全球经济增速由2016年的3.4%上升至3.8%。在2018年，全球主要经济体呈现出分化加剧局面。美国经济依然在高歌猛进，但包括欧元区与中国在内的经济体的经济增速温和回落。2018年的全球增长动能是分化的，全球增速回落至3.6%。在2019年，全球主要经济体可能呈现出增速集体回落的局面，增长动能是向下的，预计全球全年增速最高仅为3.3%。换言之，2019年的全球增长态势可能是2017年至2019年这三年间最差的，因此全球贸易、短期资本流动与风险资产价格都会因此而承压。

然而，虽然经济增速均在回落，但主要经济体之间的增速差距仍在拉大。例如，2018年，美国与欧元区的年度经济增速分别为2.9%与1.9%。市场预计，2019年这两者的增速分别为2.0%与1.0%。但2019年第一季度，美国经济增速高达3.2%，而欧元区核心国家（尤其是德国）的宏观指标回落却让人忧心忡忡。美国与欧元区经济增速的分化加剧，是2019年年初至年中美元指数能够保持强势的重要原因。虽然市场认为美国经济增速在未来几个季度会显著回落，但2.0%的全年增速依然高于美国经济潜在增速。考虑到目前美国的失业率为3.6%左右，CPI增速在2.0%上下，至少在短期内，美国经济增速依然具有较强韧性，美联储短期内启动降息周期的概率依然较低。

主线之二是，全球经济增长面临的三重不确定性都在加剧，这可能会导致全球经济在未来面临越来越明显的滞胀压力。这三重不确定性分别来自发达国家内部、中东地缘政治冲突与中美贸易摩擦。

从发达国家内部来看，美、德、英、法四国国内政治都面临着较强的不确定性。随着美国国内大选季的临近，特朗普政府的行为方式越来越趋于短期化与功利化。由于默克尔在三届任期结束后不再寻求连任，谁会成为德国新的总理，德国未来的国内外政策是否会因此而发生重大变化，目前还不得而知。法国国内"黄马甲"运动的愈演愈烈，已经宣告马克龙政府改革国内劳动力市场的努力遭遇重大挫折，而以勒庞为代表的右翼领导人的支持率正在以令人不安的速度上升。英国首相特蕾莎·梅已经宣布将在 6 月底辞职。而目前来看，最有可能接替她的政客是约翰逊，这是一个风格与特朗普非常相似的右翼政客。

从中东地缘政治冲突来看，美伊冲突在 2019 年下半年存在继续加剧的可能性，这将带来潜在的原油市场供给侧冲击，从而在需求端温和疲软的前提下带动油价上涨。事实上，2018 年的全球油价波动仿佛坐了一次过山车。2018 年前三个季度持续上涨，2018 年第四季度猛烈下跌，跌幅甚至高于前三个季度的涨幅之和。值得注意的是，在全球经济增速显著回落的背景下，如果原油等大宗商品价格上涨，便会给全球经济注入滞胀压力。

目前来看，中美贸易摩擦在 2019 年下半年有进一步加剧的可能性。中美均有可能对对方的所有出口商品全面加征关税，贸易战还可能从关税领域向其他领域拓展。中美贸易摩擦的加剧除了会对中美两国自身造成显著负面影响之外，也将通过全球生产链、投资者信心等因素重创其他国家与全球市场。如果这一猜测成为现实，那么 2019 年、2020 年的全球经济增长预期还将继续显著下调。值得注意的是，如果未来全球贸易自由化遭遇普遍挫折，那么总体来说，很多国家都将面临原材料与中间品价格上涨的压力，这也会给全球经济带来新的滞胀压力。

如果短期内全球宏观经济沿着上述两条主线继续演进，那么预计全球金融市场在短期内可能会发生以下调整。首先，以股市为代表的全球风险资产将面临较大的、持续的下行压力。由于中国股市已经发生重大调整，未来美国股市显著下跌的可能性将明显高于中国。其次，全球债券市场尤其是国债市场，在短期内可能会迎来上涨（美国国债市场可能是一个例外，目前美国 10 年期国债收益率已经低于隔夜利率，继续下跌的空间所剩无几）。再次，以黄金、日元、瑞郎为代表的避险资产的价格在 2019 年下半年可能会出现不错的涨幅。最后，全球大宗商品价格整体上有望在波动中下行，但如前所述，全球原油价格的走向具有更大的不确定性。

不必对英国脱欧过分悲观[①]

自英国公投宣布脱欧以来，各种对英国脱欧的冲击与影响的分析充斥在媒体与朋友圈，绝大部分分析都是偏负面的。例如，有观点认为，英国脱欧意味着全球化的退潮，意味着大国实施孤立主义的开始。又如，有观点认为，英国脱欧会引发新一波冲击，造成未来国际金融市场的动荡，甚至引发新的危机。再如，有观点认为，英国脱欧会对中国产生显著的外部冲击，如对人民币汇率、进出口贸易及中国对外投资都会产生负面影响。

笔者认为，英国脱欧的确是一个重大事件，它的确可能对世界经济前景产生重要影响，但目前要全面评估英国脱欧给全球经济与中国经济造成的系统性影响，还为时过早。这是因为，从英国脱欧到未来英国重塑与欧盟的全方面关系，还需要很长时间，也存在较大的不确定性。而从目前来看，我们其实没有必要对英国脱欧过于悲观。

首先，英国脱欧未必意味着全球化的退潮，它其实仅仅意味着欧洲特色的区域一体化发生了调整。 其实，从 2010 年欧债危机爆发以来，欧洲区域一体化就引发了很多讨论与质疑。总体判断是，自欧元区成立以后到欧债危机爆发前，欧元区扩张速度太快，从而把竞争力、经济结构与经济周期存在很大差异的国家强力捆绑到了一起，实施统一的货币与统一的货币政策，这最终为欧债危机的爆发埋下了伏笔。众所周知，在各种要素的流动性中，劳动

[①] 本文写于2016年6月。

力的流动性是最差的，且劳动力跨境流动通常会引发流入国公众的强力反弹。本次英国公投离开欧盟，也与移民问题的争议高度相关。因此，英国脱欧仅仅意味着对欧盟特色的区域一体化的调整，并不一定意味着区域化的退潮。从目前来看，TPP、TTIP、RCEP①与"一带一路"均可能成为未来新一代区域化模式的雏形。举个例子，两个人离婚，并不意味着他们对婚姻失去了信心。因此，我们不必对区域化和全球化的未来过度担心。

其次，英国脱欧并不意味着大国开始实施孤立主义。 众所周知，英国在历史上之所以率先强盛，恰好是因为英国最早地拥抱了全球化。作为一个岛国，英国从来就没有实施过孤立主义的资本经济。从世界经济史来看，能够持续实施孤立主义的，只能是国内具有战略纵深的大国。英国经济的核心竞争力恰好在于成为金融全球化过程中的金融中心。因此，英国脱欧，并不意味着英国会置身于全球化的浪潮之外，而是意味着英国可能会以一种新的姿态去拥抱全球化。

再次，英国脱欧对全球金融体系造成的冲击不仅是可控的，而且可能大部分已经被市场所消化。 毕竟英国并不是欧元区成员国，而是有着独立货币与独立货币政策的国家。英镑是全球货币，英国金融市场是全球最重要的金融市场之一，这会帮助英国缓冲脱欧对英国经济自身造成的冲击。在英国宣布脱欧前的几周之内，全球市场风险规避情绪已经明显上升，安全资产价格已经显著攀升，英镑对主要货币汇率已经大幅贬值，这意味着英国脱欧的风险已经被市场较为充分地消化了。除非英国脱欧继续产生负面影响并导致苏格兰与北爱尔兰脱英，否则全球金融市场短期内难以持续大幅动荡，因此短期内引发大规模危机的可能性并不算太高。

然后，英国脱欧对人民币汇率与中国短期资本流动的冲击也是可控的。

---

① TPP、TTIP、RCEP：均为国际合作协议。TPP 原为跨太平洋伙伴关系协定，后自美国 2017 年退出后，改为全面与进步跨太平洋伙伴关系协定。TTIP 为跨大西洋贸易与投资协议。RCEP 为区域全面经济伙伴关系协定，是以东盟为主导的区域经济一体化合作。

一方面，英国脱欧的确会造成全球投资者风险规避情绪上升，从而引发全球资本流向安全港，进而给包括人民币在内的新兴市场货币造成贬值压力。但另一方面我们也要看到，其一，英国脱欧很可能会推迟美联储下一次加息的时机，缓解美联储货币政策正常化给人民币造成的冲击；其二，人民币汇率形成机制近期弹性明显增强，人民币汇率可以通过同时对美元与对CFETS[①]篮子货币贬值来释放压力；其三，中国政府在2015年下半年起已经显著加强资本账户管制，短期资本持续大规模外流的难度明显上升；其四，中国政府还可以通过降准来释放流动性，对冲资本外流对国内货币市场造成的冲击。因此，不必过分担心短期内人民币汇率出现一次性大幅贬值的风险。

最后，英国脱欧，在短期内也未必会对中国对外贸易与投资造成显著负面冲击。我们需要明白，英国脱欧并不意味着英国经济与欧盟经济在贸易与投资方面一夜之间完全割裂开来。一方面，从英国脱欧到英国与欧盟重新谈判贸易投资关系，具有一定的缓冲期；另一方面，英国与欧盟双方都心知肚明，合则双赢，分则两败俱伤。因此笔者认为，在经过英国与欧盟旷日持久的谈判后，双方在很大程度上依然可能保留英国与欧盟经贸合作的现状。因此，对于中国企业而言，英国作为中国企业到欧盟投资的跳板的意义可能有所削弱，但一则英国与欧盟的联系未必会全面弱化，二则英国作为全球金融中心的地位未必会显著削弱。此外，英国脱欧之后，在双边层面上与中国政府的关系可能会显著增强，例如，率先承认中国的市场经济地位等。总之，英国脱欧本身既可能不会导致对中国原本就疲弱的出口增速雪上加霜，也可能不会影响中国对外直接投资快速增长的格局。

综上所述，笔者认为，英国脱欧这一事件正处于演进过程中，本身仍具有较强的不确定性。因此，要综合评估英国脱欧冲击尚需时日，有待观察。市场在经历了英国脱欧造成的恐慌之后，可能慢慢趋于平静。**相比英国脱欧造成的**

[①] CFETS：中国外汇交易中心。

冲击，我们可能更加需要观察美国的总统大选。万一特朗普连任了（正如我们之前认为英国脱欧不可能一样，真实世界的复杂性通常会打破我们的预期），对于全球化、全球金融市场与中国经济造成的冲击才真正值得我们担心。

透视疲弱的欧洲经济[①]

2019年以来，全球主要经济体增速处于集体下行态势。但欧洲经济表现严重弱于美国，这也是2019年年初至今欧元对美元汇率总体上显著下跌的原因。例如，2019年第一、二季度，美国GDP同比增速分别为2.7%与2.3%，而欧盟GDP同比增速分别为1.6%与1.2%。

从历史上来看，一般而言，当欧洲经济下行时，核心国家（如德国、法国）经济增速通常高于外围国家（如意大利、希腊）。但近期欧洲经济下行却出现了一个特殊现象，即核心国家德国经济减速明显。2018年第三季度至2019年第二季度，德国GDP同比增速分别为1.1%、0.9%、0.8%与0.0%，不仅显著低于法国与英国（2019年第二季度分别为1.4%与1.3%），甚至低于希腊（2019年第二季度为1.9%）。与德国经济同样糟糕的是意大利，2019年前两个季度的GDP同比增速分别为-0.2%与0.0%。

作为经济增速先行指标的制造业采购人经理指数（PMI）则预示着更大的下行压力。欧元区PMI从2019年1月起已经连续9个月低于50的荣枯线，9月份为45.7。在德、英、法、意四个大国中，2019年9月只有法国的PMI略高于50（不过也仅为50.1）。德国的PMI指标当前在四个大国中处于最糟糕的水平，不仅从2019年1月至9月连续9个月低于50，而且2019年9月份仅为41.7。PMI的糟糕表现，意味着欧洲经济未来一段时间增长状况不容乐观。

[①] 本文写于2019年10月。

为何当前德国经济增速如此糟糕呢？从德国国内三驾马车对经济增长的贡献来看，导致德国经济增速显著下滑的主要原因，一是净出口贡献持续为负，二是固定资产投资贡献低迷。2018年第三季度至2019年第二季度，净出口对德国GDP增长的贡献持续为负，2019年第二季度更是达到-1.1个百分点。2018年第三季度至2019年第二季度，固定资产投资对GDP增长的贡献由1.6个百分点下降至0.1个百分点。换言之，出口表现不尽如人意，以及德国国内企业缺乏投资意愿，是德国经济下行的最重要的两个原因。

由于欧洲经济在2017年、2018年总体上表现不错，欧洲央行在2018年年底停止了量化宽松。但由于经济增速从2018年下半年以来开始下滑，尤其是2019年以来下滑加速，欧洲央行不得不逆转过去的收缩政策。2019年9月12日，欧洲央行宣布将政策性利率下调10个基点，下调至-0.5%，并且将从11月起重启量化宽松政策（以每月200亿欧元的规模开始购买债券）。

欧洲央行重新放松货币政策的一个重要原因是，欧元区国家通货膨胀率显著低于2%的合意目标。例如，2019年9月，德国、法国、意大利、希腊的CPI同比增速分别为1.2%、0.9%、0.4%与-0.1%。不过，当前欧元区国家劳动力市场状况差别较大。2019年第二季度，希腊与意大利的失业率分别高达17.3%与9.9%，法国的失业率为8.5%，而德国的失业率仅为2.9%。因此，虽然本国经济增长疲弱，但德国国内仍有较强的声音反对欧洲央行再度放松货币政策。

当前市场上与学术界对欧洲国家的一个批评是，有些欧洲国家过早地收紧了财政政策，导致稳定经济增长的压力过度压在了货币政策上。这个问题表现得最突出的就是德国，从2013年第四季度至2019年第二季度，德国综合财政结余占GDP比率已经连续23个季度为正。与此同时，德国政府债务占GDP的比率在欧洲主要大国中是最低的，截至2019年第二季度仅为61.2%。如果说希腊、意大利这些重债国（截至2019年第二季度政府债务占GDP的比率分别为182.1%与138.6%）保持财政盈余或者较小的财政赤字是必需的，那么在本国经济显著减速的背景下，德国继续保持财政盈余的做法的确值得商榷。

经济增速下行，通货膨胀低迷，造成部分欧洲国家国债收益率重新出现了负利率现象。德国从2019年5月底至2019年10月，法国从2019年6月底至2019年10月，10年期国债收益率双双持续为负。德国的10年期国债收益率更是一度达到-0.7%的历史新低。国债市场负利率现象，一方面说明投资者对未来经济增长与通货膨胀的预期十分低迷，另一方面也说明投资者风险偏好显著下降，避险情绪显著增强。后一方面也与2019年以来中美贸易摩擦加剧、发达国家国内政治不确定性上升、中东地缘政治冲突加剧等现象加剧了全球范围内的不确定性有关。

综上所述，2019年年初以来，欧洲经济增速显著下行且持续弱于美国。核心国家德国表现尤其低迷，其中出口增速与投资增速乏力是主要原因，在财政政策上过于保守也是重要原因。受经济增速下行与通胀低迷影响，欧洲央行不得不重新降息与重启量宽，德国与法国国债市场也因此出现了负利率现象。预计未来一段时间内，欧元对美元汇率的低迷仍将持续，一方面是因为欧洲经济表现弱于美国经济，另一方面是因为欧洲央行与美联储均在放松货币政策。此外，英国脱欧前景的不确定性，也将继续打压欧洲的股票市场与外汇市场。

欧元诞生二十周年回顾：成就、问题与前景[①]

1999年1月1日，作为欧洲经济体一体化重要的制度性成果，欧元在欧盟一部分成员国内部正式发行，这是一种具有法定货币地位的超国家性质货币。欧元区最早的创始国为11国。截至2019年1月，欧元区已经扩展至19个成员

---

① 本文写于2019年1月。

国，覆盖了 3.4 亿人口。欧元在国际支付中的份额约为 36%，在国际储备货币中的份额约为 20%，是仅次于美元的全球第二大流通货币与储备货币。

2019 年是欧元诞生二十周年。在这二十周年里，全球金融体系先后遭遇了美国次贷危机与欧洲主权债务危机的洗礼。毋庸置疑，欧元在诞生之后取得了巨大的成就，但也暴露出显著的问题。这些成就与问题，将共同塑造欧元区未来的前景。

在笔者看来，欧元诞生以来的二十年内，欧元区至少取得了以下三大成就。

成就之一是，欧元把几十年来欧洲经济体一体化的成果固定化、制度化，变为一种不可逆的进程。众所周知，自威斯特伐利亚合约签署以来，欧洲民主国家之间就战火绵延。两次世界大战也均发源于欧洲。"二战"之后，欧洲大国领导人为了避免未来战火重演，达成了推动欧洲经济金融一体化进程的共识。欧洲经济一体化在经历了煤钢共同体、欧洲共同体、欧洲联盟等阶段之后，部分国家达成了放弃本国货币发行权，共同使用欧元的协议。欧元的使用最终把欧元区各国用货币捆绑在了一起，从而使得欧洲一体化进程在理论上变得不可逆转，这基本上消除了欧洲大国之间重燃战火的可能性。

成就之二是，在美国、日本、中国等非欧大国陆续崛起的背景下，欧元区的诞生使得欧洲国家在单个国家相对实力下降的前提下，依然能够在全球舞台上扮演至关重要的角色。德国、法国等曾经的世界领袖国家均意识到，要保证欧洲大国在全球范围内的话语权与领导地位，就必须联合起来。一个例证是，尽管美国在 IMF 的份额与投票权均位列全球第一，但欧元区国家加总起来的份额与投票权均超过美国，事实上在 IMF 同样拥有一票否决权。

成就之三是，欧元是在民族国家之上创设超主权货币的一种伟大实践，这可能成为未来国际货币体系演进的最终方向。作为最优货币区理论的创始人，罗伯特·蒙代尔被称为"欧元之父"。最优货币区理论认为，在商品、资金、劳动力充分流动的区域内，尤其是对经济周期与经济结构趋同的国家而言，放弃主权货币，使用单一货币是利大于弊的选择。而第二代最优货币区理论进一步认为，即使成员国之间的经济周期与经济结构并不相同，使用相同货币最终也会导致这些国家在周期与结构方面越来越相似。换言之，欧元与 SDR（Sepcial Drawing Right，特别提款权）类似，都属于创设超主权储备货币的重要尝试，这也是未来国际货币体系演变的重要方向。

如果说，1999 年至 2008 年是欧元区的"蜜月期"，那么 2010 年前后欧债危机的爆发，则意味着欧元区进入磨合期与停滞期。在笔者看来，欧债危机的爆发，至少暴露出欧元区的制度设计方面面临两大挑战，或者说是两大缺陷。

挑战之一是，当外围国家与中心国家面临不同的经济周期时，外围国家便丧失了进行逆周期调整的货币政策工具。与此同时，财政联盟的缺失使得中心国家不能对外围国家进行足够的转移支付，这无疑会加剧外围国家面临的负面冲击。例如，欧债危机爆发后，南欧国家事实上需要扩张性货币政策与欧元贬值来缓解危机冲击。但掌控着欧洲央行货币政策的德国却觉得这样做可能会加剧自身的通胀压力，最终欧元区并未出台对南欧国家有利的货币政策。按道理而言，德国、法国应该对南欧国家进行财政转移支付，但各国的财政政策事实上只对自身负责，国内政治压力决定了转移支付的渠道是阻滞的。

挑战之二是，欧元区内部的国际收支失衡愈演愈烈，且对欧元区内的顺差国缺乏制衡手段。虽然全球国际收支失衡在 2008 年之后的十年显著缓解，但欧元区内部依然存在显著的经常账户失衡。德国、荷兰等国家有着显著的经常账户顺差，而南欧国家普遍面临显著的经常账户逆差。欧元区内部目前缺乏纠正成员国经常账户失衡的机制，对德国这样的顺差国而言，尤其缺少约束机制。持续的经常账户失衡，既意味着资源错配，也会加剧逆差国的债务负担，最终为债务危机的爆发埋下伏笔。

综合考虑上述成就与问题，笔者认为，未来欧元区的扩张速度将放缓，甚至不排除欧元区成员国收缩的可能性。首先，欧元区国家必须加强内部整合，包括创建跨国财政转移支付机制甚至是财政联盟（尽管短期内实现的可能性较小），促进各种要素在欧元区内的自由流动（尤其是劳动力），约束欧元区内的经常账户失衡等。其次，由于整合过程是痛苦的，欧元区的一些边缘国家可能会发现，放弃欧元而重新使用国别货币可能是一种利大于弊的选择，这些国家可能会选择退出欧元区。边缘国家的退出将提高欧元区内剩余国家的一体化程度。虽然英国并非欧元区成员国，但近期英国脱欧这一事件未来可能会成为导致欧元区"缩水"的诱因之一。最后，尽管欧元区未来可能会变小，但欧元并不会消失。如前所述，欧洲主要国家已经意识到，只有推动欧洲经济体一体化，才能够实现持久和平，维持国际地位，这就意味着，欧洲货币一体化进程将展现出螺旋性上升的路径。

美国经济真的很糟糕吗？[①]

2015年12月至2018年12月，美联储在三年时间内加息9次。然而，在2019年7月底与9月中旬，美联储已经连续降息两次。美联储货币政策由紧趋松，自然意味着美国经济的上一轮复苏趋于终结，美国经济甚至开始面临新的下行压力。当然，近期市场热炒的还是美国国债收益率曲线倒挂。2019年5月23日至9月27日，美国3月国债收益率与10年期国债收益率已经连续3个月倒挂。而迄今为止，美国2年期国债收益率与10年期国债收益率，则仅仅在2019年8月底出现过三天倒挂。国债收益率倒挂，意味着国债市场投资者对美国经济增长前景感到悲观，其操作呈现出集中在短期的特点。

然而，美国经济真的很糟糕吗？

美联储货币政策的目标包括充分就业、通货稳定与经济增长。美国失业

[①] 本文写于2019年9月。

率（季调）在 2019 年 4 月、5 月达到过 3.6% 的近 50 年最低值，而 6 月、7 月、8 月也连续 3 个月保持在 3.7% 的极低水平。2019 年 1 月至 8 月，美国新增非农就业人数月均为 16.7 万人，尽管低于 2018 年月均 20.4 万人的水平，但与 2017 年月均 17.5 万人也相差不大。尽管 2019 年年初至 2019 年 9 月，美国 CPI 同比增速除 4 月外均低于 2.0%，但 7 月、8 月也均为 1.8%。更重要的是，美国核心 CPI 同比增速截至 2019 年 8 月已经连续 18 个月位于 2.0% 及以上。2019 年 6 月至 8 月，核心 CPI 同比增速连续 3 个月上升。以上分析意味着，从劳动力市场与通货膨胀这两个角度来看，美国经济尚未出现明显减速的状况，就业与物价均位于美联储的舒适区间。

2019 年第二季度，美国 GDP 同比增速为 2.3%，这是自 2017 年第二季度以来的最低增速，但依然与 2016 年至今的 GDP 同比增速均值持平。2019 年第二季度，美国 GDP 环比增速折年率为 2.0%，要比 2016 年至今的 GDP 环比增速折年率均值低 0.5 个百分点。但无论如何，2.0% 的增速依然接近甚至略高于市场公认的美国经济潜在增速（1.8% 左右）。换言之，虽然美国经济增速近期略有下降，但降幅并不大，显著失速的现象还未发生。

不过，从美国 GDP 增长的结构来看，2019 年第二季度美国经济增长的确存在隐忧。2019 年第一、二季度美国 GDP 环比增速折年率分别为 3.1% 与 2.0%。其中，私人消费的贡献在第一、二季度分别为 0.8% 与 3.0%，私人投资的贡献分别为 1.1% 与 -1.2%，净出口的贡献分别为 0.7% 与 -0.7%，政府支出的贡献分别为 0.5% 与 0.8%。不难看出，私人投资与净出口对经济增长的贡献率在 2019 年第二季度均由正转负，且下降幅度较大。其中，私人投资对经济增长的拖累是自 2009 年第三季度以来最大的。这就意味着，特朗普政府减税政策并未带来企业投资的持续复苏，企业投资未来可能持续拖累美国经济增长。而随着中美贸易摩擦的进一步升级，未来净出口对美国经济的贡献可能持续为负，甚至继续下降。

高频先行数据也能大致印证上述判断。美国供应管理协会（ISM）发布的制造业 PMI 指数在 2019 年 8 月跌至 49.1，这是该指数自 2016 年 9 月以来首次跌破 50 这一荣枯线。截至 2019 年 8 月，制造业 PMI 指数已经连续 5 个月下跌，这意味着美国制造业投资增速未来可能继续下行。此外，美国密歇根大学消费者信心指数自 2019 年 6 月以来总体呈现下跌态势，在 2019 年 8 月甚至跌破 90（该指标上次跌破 90 还是在 2016 年 10 月），这意味着未来一段时间，消费对经济增长的高贡献恐怕难以为继。

美国金融市场在 2019 年 1 月至 9 月内继续保持强劲态势。总体来看，道琼斯指数、标普 500 指数与纳斯达克指数 2019 年 1 月至 9 月呈现出波动中略微上升的趋势。美国 10 年期国债收益率则由 2019 年年初的 2.7% 下降至 2019 年 9 月的 1.7% 左右。美元指数 2019 年以来震荡上行，由 2019 年年初的 96 上升至 2019 年 9 月的 99，短期内破百也有可能。如果说金融市场是实体经济的风向标，那么债券市场的走势的确反映了投资者的担忧，但股市与汇市走势依然强劲。

总体而言，我们可以得出以下几个主要结论：第一，从美联储关注的三大目标来看，目前美国劳动力市场与通货膨胀均处于理想状态，而经济增长虽略有下行，但总体水平并不低；第二，近期美国经济增长的结构的确令人担忧，特别是私人投资与净出口的贡献下降较快，未来仍有可能继续下行；第三，高频先行指标的走势更加令人担忧，未来美国投资与消费有双双走软的可能性；第四，美国金融市场总体上表现依然强劲，但债市的牛市意味着投资者信心的下降。

综合以上结论，我们认为，在 2019 年最后一个季度及 2020 年年初，美联储的降息节奏可能放缓，例如，由 2019 年第三季度的两次，减缓为一个季度一次。美联储仍将处于观望态度，并且会努力为未来的经济下行节约政策"子弹"。等到美国劳动力市场、通货膨胀与经济增速同时下行之时，美联储的加息节奏才会再度加快。

投资前景广阔，不确定性犹存
——新兴市场越南调研观感[①]

2018年10月中旬，中国社会科学院世界经济与政治研究所国际投资研究室的相关团队，赴越南胡志明市对中国企业对越南的直接投资状况进行了调研。我们走访了中国制造型企业、物流型企业、中资金融机构、中国商会、中国使领馆，也与越南相关智库的学者进行了座谈。这次调研获得的信息量很大，笔者各方面的观感也颇丰。

越南的国土面积约为33万平方公里，略低于中国云南省。截至2018年10月，越南的人口约为9650万人，很快就会突破1亿。越南人口的年龄结构非常年轻，目前65岁以上人口占比仅为5.5%，15岁至64岁人口占比约为69.3%，15岁以下人口占比为25.2%。与中国相比，越南的人口年龄结构要年轻很多，这意味着越南既是一个劳动力丰富的国家，也有着潜力无限的国内市场。2016年，越南的人均GDP为2186亿美元，为中国的1/4左右，这意味着越南的劳动力成本相比中国依然要便宜得多。

2013年至2017年这5年间，中国GDP增速的均值为7.1%，而越南GDP增速的均值高达6.2%。2018年，越南GDP增速可能在近30年来首次超过中国（上一次越南GDP增速超过中国还是在1989与1990年）。如此之高的经济增速，使得越南成为东盟地区增长最快也最富活力的经济体之一。

东亚国家与地区是在越南投资最多的群体。韩国与日本均在越南有大量的直接投资，且产业布局相对比较高端。中国台湾在越南的投资仍以OEM（Original Equipment Manufacturer，贴牌生产）为主。中国企业对越南的直接

[①] 本文写于2018年10月。

投资，至少要比韩国、日本的同行晚5年。

截至2018年，中国企业对越南的投资浪潮大致有三波，且具有典型的贸易壁垒规避性特征。第一波浪潮大致发生在10年前，当时美国对一些中国出口产品（如钢管）实施了反倾销、反补贴的双反调查；第二波浪潮大致发生在三四年前，这与当时TPP谈判不断推进有关（如耐克与阿迪达斯均把企业从中国大陆转移至越南）；第三波浪潮则发生在当前，这与2018年以来中美贸易摩擦不断加剧显著相关。换言之，截至2018年，中国企业对越南的直接投资具有很强的订单转移性质。

从目前来看，中国企业对越南的直接投资，所属行业依然以纺织、服装、鞋类、农业等为主。受贸易战影响，中国家具行业对越南的相关投资明显增加。目前中国电子行业对越南的投资依然较少。不过，包括日本、韩国、美国等国家在内的电子企业，均已经在越南大规模建厂。2017年，越南手机出口额达到了450亿美元，占到全球智能手机产量的1/10，手机也超过了原油，成为越南的最大出口产品。河内与胡志明市，都正在成为全球电子行业成品的加工中心。根据2018年花旗银行所做的相关调查，中国台湾的很多电子企业受到中美贸易战的影响，都在考虑把制造基地从中国大陆转移至越南。

越南为何有潜力成为全球范围内中美贸易战的最大受益国之一（可以与墨西哥相提并论）呢？大致原因如下。第一，截至2018年，越南与其他国家之间签署了16个FTA[①]，尤其是与欧盟国家、日本、韩国等发达国家和地区之间均签署了FTA。尽管越南与美国之间尚未签署FTA，但美国对越南的纺织品限额逐年增加。此外，越南也是TPP及缩水版TPP的成员国。这就使得越南对于中国企业来说具有很强的吸引力。在全球贸易体系碎片化、发达国家贸易保护主义显著加剧的背景下，在越南投资建厂，可以有效地规避发达国家的贸易壁垒。第二，综合越南工人的平均成本与工作效率，越南劳动力

---

① FTA：自由贸易协定。FTA即Free Trade Agreement的缩写。

在劳动密集型行业的性价比还是相对较高的。相比于柬埔寨的工会，越南工会的力量较弱，在劳资谈判方面更容易与企业、政府达成和解。第三，越南具有数量众多的年轻化人口，国内消费市场的发展潜力也不容小觑。

这里有必要澄清一下中国大陆一些企业对越南投资环境的误解。第一，越南的人均工资并不像有些企业想象的那样低，而且近年来上涨较快。例如，尽管胡志明市的最低工资标准是每月1200元人民币左右，但实际的平均工资水平已经达到每月3000元左右。在有关政府部门的要求与推动下，越南工人的年均工资增幅在6%~7%。因此，即使在东盟范围内，越南的劳动力成本并不具备显著优势。第二，除了劳动力成本上涨很快之外，由于越南投资的企业限制增加，越南工业用地的地价上涨也相当之快。第三，越南政府对相关投资在技术水平、环境标准方面的要求，要比想象中的严格得多。很多在越南投资的外资企业，在技术与设备上都是全球最先进的。例如，越南有些工业区要求要达到A级排放标准，相关要求甚至要比中国大陆有些工业区更高。此前中国台湾某家钢厂出现了向海中排放工业废水，毒死大面积鱼群的案例，引发了民众愤怒，被迫罚款5亿美元及整改一年。第四，一些中国企业试图在越南使用不正当的经营手段（如向某些官员行贿，没有办理正式的生产经营许可等），这些手段事后往往被证明行不通，甚至导致企业血本无归。第五，越南民众并没有很强的反华仇华情绪。2014年的"5·13"事件，受损最重的其实是中国的台资企业，而一个重要背景其实是越南员工不太适应台资企业的管理模式与等级文化。来自中国大陆的企业，整体上遇到的冲击非常有限。

截至2018年，越南政府对FDI企业依然有着较为严格的监管，尤其对中资企业而言。例如，之前越南政府不允许外资设立独资贸易企业，这个限制在2017年才刚刚放开。又如，目前中资商业银行只允许在越南境内设立一家分行，且不允许成立具有独立法人资格的子银行。再如，越南政府严格限制外资企业雇佣的外籍岗位数量，且刻意对境外员工的工作签证保留着烦琐的审批程序。

不过中越关系还是相当微妙的。考虑到长期以来的边境问题、历史上的战争、当前在南海问题上的矛盾等因素，越南政府、媒体与学者对来自中国的影响依然比较警惕。例如，越南人不太接受"一带一路"的提法，对来自中国的贷款也心存警惕。又如，炒作中国的负面问题（如一些中国企业的产品质量不过关）在越南的媒体上很有市场。再如，中国国企对越南的投资相对比较有限，目前主要集中在工程建设、电力领域。中国国企对港口、采矿等行业的投资很有兴趣，但在越南很难推动。此外，越南人也很担心，如果大量中国企业将越南作为规避中美贸易战的"第三方通道"，那么可能会引发美国人的反感与政策调整。

在对中资金融机构的调研过程中我们发现，在2015年"811"汇改之后，为了遏制人民币对美元贬值压力，中国央行显著收紧了国内资金流出的管制，这加剧了中国企业在越南初创企业的融资难度。众所周知，初创企业在境外缺乏经营历史与抵押品，外资金融机构是不愿意贷款的。过去海外初创企业可以采取中国境内母公司提供抵押品或保函，再由中资金融机构的外国分支机构提供贷款的"内保外贷"方式。然而在最近两年，这种"内保外贷"的方式由于涉及跨境担保与放款，受到了较为严格的限制，导致中资企业在越南初创公司的融资难度显著加剧，尤其是对于中小民营企业而言。

第二章
波动与趋势：全球金融市场变化与金融风险

欧盟银行业风云再起[①]

2016年6月24日英国脱欧公投的结果仍在持续扰动全球金融市场。英镑汇率与英国股市的下跌并不出人意料，但事先市场可能没有想到的是，英国脱欧把欧盟银行业捅了个大窟窿。2016年年中，意大利银行业急转直下，德国银行业、瑞士银行业风雨飘摇，欧盟银行业大有山雨欲来风满楼之势，酿成银行业危机的概率正在激增。

英国脱欧公投当天，英国富时100指数跌幅仅为2.76%，而意大利富时指数跌幅却高达12.48%。难怪有评论说，英国点了一把火，把意大利后院给烧着了。市场投资者之所以在股市上给意大利投反对票，实则出于以下原因。

首先，自欧债危机爆发以来，意大利经济增长持续低迷，基本面表现远远落后于其他欧盟大国。2016年第一季度，意大利GDP同比增速仅为1.0%，显著低于英国（2.0%）、德国（1.6%）与法国（1.3%）。从2016年2月起至6月，意大利已经连续5个月处于CPI同比增速为负的通缩状况，这一表现也弱于其他欧盟大国。截至2016年5月，意大利的失业率仍然高达11.5%，显著高于法国（10.2%）、英国（5.0%）和德国（4.2%）。此外尤

---

① 本文写于2016年7月，与周学智合作完成。

其令人担忧的是，2015年年底，意大利政府债务占GDP的比例高达132.7%，显著高于法国（96.1%）、英国（87.9%）与德国（71.2%）。这意味着未来意大利实施扩张性财政政策的空间已经非常狭窄。

其次，意大利政局一直动荡不安。贝卢斯科尼闹剧在市场上留下的不良印象还未淡去，市场上已经把关注的焦点放到2016年10月的意大利公投上了。这次公投的主题并非脱欧，而是针对政治制度改革。时任意大利总理伦齐所在的中间偏左政党民主党在2014年4月提出政治改革议案，但由于议案未能得到法案立即生效所需的2/3议会通过票，根据宪法规定，需要举行公投来决定议案是否成为立法。如果公投否决改革法案，伦齐承诺将辞去总理职务，意大利就可能重现政治乱局。此外，一旦失去这位重要的中间派领导人，意大利的民粹运动可能会持续加剧。

再次，意大利银行业问题非常严重。据统计，意大利银行坏账率高达17%，是美国银行不良率的10倍。意大利银行业坏账高达3600亿欧元，不良贷款规模占到欧元区银行业坏账的1/3，以及欧元区上市银行坏账的一半。而目前最危险的意大利第三大银行西耶那银行（Banca Monte dei Pashci di Siena）的坏账高达469亿欧元。而来自信用违约互换（Credit Default Swaps，CDS）市场的价格显示，该行违约概率高于60%。

最后，尽管2016年意大利政府密集出台了抑制危机扩展与救助银行的措施，但核心救助计划遭到来自德国与欧盟的反对。其一，意大利银行监管部门宣布，从2016年7月7日起，在未来三个月内禁止卖空西耶那银行股票；其二，意大利政府在欧盟争取到了一个最高限度1500亿欧元的政府担保项目，该项目能够为那些资不抵债的银行提供流动性支持；其三，伦齐政府提出了一个400亿欧元的银行重组基金方案，这一预防性资本重组意味着政府直接动用财政资金救助银行。然而，这个银行重组基金方案遭到了德国与欧盟的断然拒绝。这是因为，根据2015年欧盟实施的《银行复苏与清算指导原则》，在纳税人救助之前，应该先由银行股东和债权人进行救助。而意大利政府的苦衷却在于，意大利家庭储户拥有该国银行业 1/3 的债券。由于散户债券投资者占比太高，因此使用债权人自救规则十分困难。

全球市场对于意大利银行业的担忧，进一步扩展至整个欧盟的银行业及全球银行业。来自美国的数据研究公司 FactSet 的数据显示，2016 年以来，全球 20 家顶尖银行损失了 4650 亿美元的市值，相当于全部市值的 1/4。德意志银行、瑞士信贷、巴克莱银行与苏格兰皇家银行的市值缩水均超过一半。

市场的焦点集中在德意志银行身上。德银股票在过去一年已经下跌了 60%，2016 年市值不到 200 亿欧元，仅为净资产的 1/3。来自 CDS 市场的价格显示，德银违约概率超过了 30%。德银不仅是德国最大的商业银行，也是全球最重要的商业银行之一。一方面，在 IMF 于 2016 年 6 月底发布的《金融系统稳定性评估》报告中，德意志银行成为系统性风险的最大净贡献者（排名随后的是汇丰和瑞士信贷）；另一方面，在美联储 2016 年对银行业的考核中，德银的美国子公司连续两年没有通过美联储的压力测试。美联储认为，该行的资本规划过程极为羸弱，在弥补劣势与满足监管期望方面未能取得足够进步。德银的总资产高达 1.64 万亿欧元，但净资产仅为 600 亿欧元。如此之高的杠杆率，意味着只要负债方出现小幅损失，德银的资本金就可能告罄。截至 2016 年 7 月，德银主要面临两大问题：一是没有大规模的零售银行和信用卡业务来平衡其风险高与规模大的投行业务；二是德银在衍生品市场上的风险暴露巨大。截至 2013 年年底，德银的衍生品持仓合计超过了 54 万亿欧元，是德国 GDP 的 20 多倍，是欧元区 GDP 的 5 倍多！

除德银外，德国另一家地区性银行的状况也令人担忧。受大宗商品市场持续低迷导致全球航运业陷入严重萧条的影响，资产总额约为 300 亿欧元的不莱梅州立银行（Bremer Landesbank）因持有巨额不良航运业贷款组合而面临巨大压力，2016 年上半年该银行发行的可转债惨遭抛售，这意味着如果没有政府安排的救援，那么该行将面临破产清算风险。

欧盟银行业风险仍在发酵，是否会酿成一场系统性银行危机，取决于欧盟成员国能否在迅速救助银行的问题上达成一致,并且是否会迅速采取集体行动。即使不酿成系统性危机,欧盟银行业的动荡加剧也已经加剧了全球范围内的风险规避行为,这一事件可能产生以下影响:一是可能推迟美联储加息时机(尽管2016年6月美国非农就业数据表现良好);二是可能进一步推高发达国家国债、美元、日元与黄金等避险资产的价格;三是可能加剧包括人民币在内的新兴市场货币的贬值压力;四是可能加大包括中国在内的新兴市场国家的资本外流规模;五是可能加大全球范围内汇率战、贸易战的冲突强度。

黄金与原油价格为何齐涨?[①]

2016年年初至2016年9月,全球金融市场上出现了一种比较独特的现象,也即风险资产与避险资产价格齐涨。众所周知,风险资产是与经济周期走势正相关的顺周期资产,避险资产是与经济周期走势反相关的逆周期资产。按照常理,风险资产与避险资产的运动方向应该是相反的,那为什么这段时间全球金融市场上出现了"美股与美债齐飞,黄金共原油一色"的局面呢?本文试图以黄金与原油为例,来尝试着说明风险资产与避险资产价格齐涨的缘由。

2015年12月31日至2016年9月6日,伦敦金属交易所黄金现货价格由每盎司1060美元上涨至每盎司1337美元,涨幅约26%;同期内伦敦布伦特原油现货价格由每桶38美元上涨至每桶47元,涨幅约24%。2016年年内,截至9月6日,黄金与原油的现货价格最高点分别出现在7月6日与6月8日,分别达到每盎司1366美元与每桶53美元。

---

① 本文写于2016年9月。

如何分析大宗商品的价格走势呢？笔者认为，可以从以下包括五个要素在内的框架来展开分析。前两个要素分别是供给与需求，任何商品的价格决定都离不开供求关系。第三个要素是计价货币的汇率走势，由于全球大宗商品价格的计价货币主要是美元，因此美元汇率走势也会影响美元计价的大宗商品价格。美元升值将会导致大宗商品的美元价格下降，反之亦然。第四个要素是全球投资者风险偏好的变化。通常而言，投资者风险偏好上升将会推升风险资产价格、压低避险资产价格，反之则反是。第五个要素则是对全球流动性变化的预期。一般而言，对未来流动性将会放松的预期，将会推升各类资产价格，而对未来流动性将会紧缩的预期，将会压低各类资产价格。

不难看出，在上述五个要素中，除了各类商品自身的供求之外，全球投资者风险偏好的变化，对风险资产与避险资产的价格影响是反向的，这也恰好是正常情况下风险资产与避险资产价格呈现反相关的重要原因之一。不过，美元汇率变化及对未来流动性变化的预期，对风险资产与避险资产的价格影响是同向的。因此一个合理的猜测就是，在2016年推动黄金与原油价格齐涨的，很可能就是计价货币与流动性预期这两个因素在起作用。

事实的确如此。

首先，从供给与需求来看。2016年，全球经济增长依然低迷。根据世界银行的预测，2016年全球经济增速可能仅有2.6%，显著低于2015年的3.1%。尽管美国、英国经济出现了一定复苏，但包括中国在内的大多数国家的经济增速仍在下行。换言之，全球需求依然疲软。从供给来看，黄金的供给非常稳定，而全球原油的供给也呈现稳定态势。地缘政治冲突的加剧并未导致全球原油供应链的紧张。因此，供给与需求要素并非导致这次黄金与原油价格上涨的主要因素。

其次，从计价货币汇率走势来看，2015年12月31日至2016年9月6日，美元指数由98.6下降至94.8，贬值了4.0%。美元指数在2016年年底的最低点，出现在5月2日，数值为92.6。大致来看，从2016年年初至5月初，美元指数呈现出波动中下行的特征；而从5月初，美元指数呈现出波动中微升的特征。导致前一阶段美元指数下行的主要因素，是受国内经济复苏存在不确定性的影响，美联储在2016年上半年没有加息。而导致后一阶段美元指数微升的主要因素，是随着美国经济数据的好转，关于美联储加息的预期正在升温。不难看出，黄金与石油价格的先升后降格局，与2016年美元指数的先降后升态势，存在密切联系。

最后，从对全球流动性变化的预期来看，在2016年上半年，随着全球经济的持续疲软，以及部分发达国家的增长乏力、动荡上升，全球流动性趋于更加宽松的态势。例如，2016年年初日本央行加入负利率的阵营。又如，6月份的英国脱欧公投既加剧了英国央行降息的预期，也加强了美联储可能继续推迟加息的预期。此外，欧洲央行与日本央行的量化宽松政策也在2016年上半年继续加强。然而，从2016年下半年起，尤其是七八月来，伴随美国国内就业数据的进一步改善，以及美联储高层官员对于货币政策变动的措辞的变化，关于美联储可能在下半年加息一次的预期开始升温，对于全球流动性的预期开始收紧。因此，今年以来黄金与石油价格的先升后降格局，与同期内全球流动性变动预期由宽松转为趋紧，也存在密切联系。

从2016年第四季度起，未来一段时间内，全球黄金价格与原油价格将会何去何从呢？首先，我们认为，如果不发生意外状况（如地缘政治冲突加剧），供给与需求依然不会成为2016年下半年或2017年黄金与石油价格变动的主要因素；其次，我们认为，未来一年半时间内，随着美联储加息预期的增强或加息的到来，美元指数在波动中上升是大概率事件，而这将会打压黄金与原油价格；再次，与上述判断相对应，未来一段时期内全球流动性状况可能呈现总体宽松的格局，但一旦美联储加息预期增强，流动性预期也会相应变动，这种总体宽松的流动性格局将会托底原油与黄金价格；最后，从投资者风险偏好来看，我们认为，未来一段时间，随着欧盟银行业问题加剧、全球地缘政治冲突上升，投资者风险偏好可能下降、避险情绪可能增强。因此，未来全球风险资产与避险资产相比，前者发生下调的压力可能更大。

综上所述，我们认为在未来一年半时间内，全球石油价格可能呈现低位盘整态势，价格区间在每桶40~60美元；全球黄金价格可能呈现先降后升格局，价格区间在每盎司1100~1500美元。

审慎应对全球债务水平的上升[①]

根据IMF在2018年4月发布的最新全球经济展望，全球经济增速在2017年达到了3.8%，这是自2011年以来全球经济的最快增速。不过全球经济复苏背后也并非没有隐忧，而全球债务水平的快速上升正是其中的最大隐忧之一。

BIS（国际清算银行）的数据显示，全球非金融部门信贷占GDP的比重，已经由2008年9月底的197.2%上升至2017年9月底的244.7%，在10年时间内大致上升了50个百分点。同期内，发达国家非金融部门信贷占GDP的比重由231.8%上升至277.1%，而新兴市场国家的该比重则由109.7%上升至191.9%。不难看出，自美国次贷危机爆发以来的10年里，新兴市场国家债务水平的上升远快于发达国家。

在2008年9月底至2017年9月底，新兴市场国家的家庭部门债务占GDP的比重由20.7%上升至38.9%，政府部门债务占GDP的比重由32.0%上升至48.5%，非金融企业部门债务占GDP的比重由57.0%上升至104.3%。从中可以发现，第一，过去10年内，新兴市场国家三大部门债务占GDP的比重均显著上升；第二，新兴市场国家非金融企业与家庭部门债务的上升速度要显著快于政府部门。

---

① 本文写于2018年4月。

同期内发达国家的家庭部门债务占 GDP 的比重由 76.8% 下降至 76.2%，政府部门债务占 GDP 的比重由 69.3% 上升至 109.2%，非金融企业部门债务占 GDP 的比重由 85.6% 上升至 91.7%。从中可以发现，第一，过去 10 年内，发达国家家庭部门杠杆率略微下降，政府部门与企业部门杠杆率有所上升；第二，发达国家政府部门杠杆率的上升显著快于非金融企业部门。

过去 10 年内，导致新兴市场国家与发达国家杠杆率上升的共同因素大致如下。

第一，自全球金融危机爆发以来，全球主要国家均采取了扩张性的财政货币政策来进行应对。扩张性的财政政策无疑会直接导致政府部门杠杆率的上升；第二，全球主要央行的低利率政策与量化宽松政策显著压低了全球融资成本，这会促进企业部门加大融资力度，进而导致企业部门杠杆率的上升。

通过上述比较可以发现，新兴市场国家加杠杆的力度显著高于发达国家，导致这一差异的主要因素如下。

首先，发达国家的家庭部门债务水平在全球金融危机爆发时已经不低，且导致美国次贷危机形成的重要原因之一则是美国家庭通过加杠杆购买房产而引发了房地产市场泡沫。因此，全球金融危机爆发之后，部分发达国家的家庭部门经历了一轮痛苦的去杠杆的过程。相比之下，新兴市场国家家庭部门的杠杆率在 10 年前很低，因此其杠杆率在低利率环境下不降反升。其次，过去 10 年内，总体上新兴市场国家的经济增速显著高于发达国家，总需求的强劲使得新兴市场国家的企业部门更加愿意加杠杆。

由于全球债务水平在过去 10 年来上升显著，随着主要国家货币政策正常化的进行，全球利率水平有望显著上升，这将加剧部分高债务国家还本付息的压力，最终对经济增长与金融稳定产生新的冲击。换言之，未来部分高债务国家的去杠杆可能影响经济增长，而经济增长的放缓将加剧上述国家去杠杆的压力，进而形成恶性循环。

为了避免上述不利情景的出现，有关国家可以采取的主要对策包括：第一,通过加强宏观审慎监管措施来抑制金融机构的过度放贷行为,避免杠杆率进一步上升;第二,如果本国经济增速快于全球水平,那么可以加快本国货币政策正常化的速度,以主动促进特定部门的去杠杆;第三,加快国内结构性改革的力度,提振全要素生产率对经济的贡献,降低对以信贷刺激拉动增长的依赖;第四,提前做好准备以应对去杠杆可能带来的金融市场震荡。

美国次贷危机对中国金融控风险的重要启示[①]

光阴荏苒,世事如棋。转眼间,距离美国次贷危机爆发已经有10年之遥。美国经济已经摆脱危机走向复苏,美联储自2014年至2017年,成为全球范围内唯一主动紧缩货币政策的大国央行。在2008年美国次贷危机爆发之际,笔者曾经是国内最早对这次危机展开系统研究的学者之一。10年之后笔者发现,重新审视美国次贷危机的经验教训,可以为当前中国应对系统性金融风险提供重要的借鉴作用。

我们可以从美国次贷危机中总结出以下五条重要的经验教训。

第一,在危机爆发前,学者、分析师与政策制定者一片乐观,认为系统性金融危机已经消失,市场上充斥着"这次不一样"(This time is different)的情绪。在次贷危机爆发前的近20年内,全球经济处于所谓的大缓和(great moderation)时代,全球经济增长处于高位,通货膨胀率处于可控状态,发达国家已经多年没有爆发过金融危机。以美联储前任主席格林斯潘为代表的观点认为,金融市场可以最优地配置资源,不会产生重要的金融扭曲,没有必要对金融机构加强金融监管。事实上,正如美国学者莱因哈特与罗高夫所指出的那样,在每次大规模金融危机爆发之前,市场都盲目乐观,认为"这次

---

① 本文写于2017年4月。

不一样",不会重蹈过去金融危机的覆辙。然而,自 1929 年大危机以来最严重的全球金融危机,还是在 2007 年至 2008 年不期而至了。正如马克·吐温所言:"历史不会重复自己,但总是押着相似的韵脚。"

第二,无论是货币政策还是传统金融监管,都忽视了系统性金融机构的重要性及金融机构之间错综复杂的关联,以至出现了"大而不倒"(too big to fail)或者"太过关联而不能倒"(Too connected to fail)的系统性风险。在美国次贷危机前,美联储货币政策主要关注通货膨胀与经济增长,而忽视了系统性金融风险的积累。正如格林斯潘所言,在泡沫破灭之前,我们怎么能知道这是一个泡沫呢?此外,分业监管的金融机构只顾着在自己的"一亩三分地"中对单个机构进行微观审慎监管,而忽视了金融机构混业经营的风险及机构之间过于复杂的相关关联中蕴含的风险。美国次贷危机的爆发生动地证明,如果货币政策不能与宏观审慎监管有效地配合,监管机构之间不能进行充分的协调,那么将造成巨大的灾难。

第三,在次贷危机爆发之前,美国市场上涌现出在住房抵押贷款支持证券(MBS)基础上不断衍生出来的担保债务凭证(collateralized debt obligation,CDO)、CDO 平方、CDO 立方等复杂的衍生产品,这增强了金融脆弱性并导致了风险的累积。过于复杂的、链条过长的金融衍生产品通常会带来两种不良后果:其一,切断了最终产品的投资者对基础资产及全链条产品架构的了解渠道与风险认知,从而不能充分评估最终衍生品的风险;其二,投资者对外部独立评级机构的过度依赖,酿成了评级机构的道德风险与逆向选择,最终为危机的爆发推波助澜。

第四,次贷危机爆发之后出现的流动性短缺(liquidity shortage)与信贷紧缩(credit crunch),揭示出众多金融机构在危机爆发前过度依赖批发市场进行融资(wholesale financing)可能面临的风险。事实上,在美国次贷危机爆发之前,无论是对冲基金、杠杆收购基金等影子银行金融机构,还是商业银行旗下的结构性投资载体(SIV)与管道(Conduit)等表外机构,都非常依赖发行资产支持商业票据（ABCP）等短期批发性融资工具进行融资，这固然会降低金融机构融资成本，但加剧了金融机构的期限错配。更重要的是，一旦特定事件爆发（如雷曼兄弟倒闭），导致批发性融资市场萎缩，上述金融机构就会面临流动性枯竭问题，从而不得不开启被动去杠杆进程，进而陷入抛售资产（fire sale）与去杠杆之间的恶性循环。换言之，批发性融资市场的繁荣与枯竭成为美国次贷危机的重要放大器。

第五，众所周知，美国次贷危机爆发的直接原因是房地产泡沫的破灭，而危机爆发前美国房地产泡沫的产生，背后反映了美国政府通过鼓励低收入群体加杠杆买房来缓解贫富差距拉大的危险努力。正如印度中央银行前任行长拉詹在其代表作《断层线》（Fault Lines）中所揭示的，自 20 世纪 80 年代以来，美国的贫富差距不断拉大。为了缓解贫富差距造成的社会矛盾，同时节约美国政府开支，美国政府选择了鼓励低收入阶层通过举借各种贷款来购买房产的做法，这种贷款被称为次级抵押贷款（subprime mortgage），而这最终为次贷危机的爆发埋下了种子。这是因为，在低收入阶层大规模借款购房的时期，美国联邦基金利率处于低位。而随着 2004 年至 2006 年联邦基金利率的上升，住房抵押贷款利率水涨船高，造成低收入阶层无力偿付，导致次级抵押贷款违约加剧。

从上述分析中不难看出，美国次贷危机的经验教训，能够为当前中国避免系统性金融危机的爆发，提供重要的经验。

第一，应该高度重视中国金融体系爆发系统性危机的风险，而不要过分夸大中国国情的特殊性。 截至 2017 年 4 月，仍有很多学者、分析师与政策制定者认为，中国不可能爆发系统性金融危机。他们的主要论据包括，中国有着很高的居民储蓄，中国政府的资产负债表上有着庞大的净资产，中国政府有着很强的动员各种资源的能力，中国经济依然有着巨大的增长潜力等。然而，正如笔者之前所述，在很多国家爆发金融危机之前，市场上都充斥着"这次不一样"的乐观情绪，而最终无一例外地都遭遇了危机。2016 年年底的中央经济工作会议将"控风险"作为 2017 年中国政府宏观政策的重点之一，当前一行三会均在集中出台金融控风险与去杠杆的政策，这表明中国政府已经充分意识到潜在风险的严峻程度。中国政府近期控风险的努力无疑是值得赞赏的。

第二，应该打破一行三会之间分业监管的格局，加强监管机构之间的协调，构建具有中国特色的系统性宏观审慎监管体系。近年来，中国特色的影子银行体系大行其道，已经从过去的"理财产品—通道业务—非标资产"的主流模式，演进为"同业业务—委外投资—标准化资产"的主流模式。在这些影子银行产品中，银行、证券、保险等金融机构已经密切关联到一起，使得分业监管格局难以对之进行充分监管。当然，近期一行三会都将去杠杆、防风险作为重要任务，全面监管已经成为大势。然而，如果一行三会在加强监管的过程中缺乏统一协调，可能会造成力度过猛、引发不必要的金融风险的问题。因此，中国的一行三会亟须加强协调，特别是通过建构制度化的协调机制来形成一致性、系统性的宏观审慎监管体系。

第三，应该尽量避免形成过于复杂、链条过长的交易结构与产品结构。当前，为了规避金融监管，金融机构之间的各种同业业务大行其道。例如，中小银行通过发行同业存单与同业理财募集资金，通过委托机构投资者进行资产管理的模式来开展投资。而为了同时满足投资标准化资产与追逐收益率的需求，又通过各种方式来放大杠杆（如分级基金、债券质押等），造成业务与产品层层嵌套、彼此关联的格局。在特定冲击下（如流动性收紧或者债市违约加剧），这就容易造成投资者集体抛售资产的踩踏格局。因此，充分借鉴美国次贷危机的经验教训，限制过于复杂、链条过长的交易结构与产品价格，加强所谓的"穿透式监管"，有助于防控中国的金融系统性风险。

第四，应高度关注金融机构过度依赖批发性融资而可能造成的风险。2016 年、2017 年以来，为了实施"弯道超车"，中国部分城商行、农商行与股份制银行开始依赖发行同业存单来急剧扩张负债与资产规模。发行同业存单的利率固然很低，但通过这种短期融资得到的资金来源并不稳定，而且面临着银行间市场利率显著上升的风险。从 2016 年至 2017 年，同业存单发行利率已经由 3% 左右上升至 5% 左右，这使得上述中小银行面临着负债成本上升甚至"负债荒"的冲击。此外，这些中小银行还面临着资产质量恶化、金融监管加强的风险。这些风险的叠加，在 2017 年可能导致部分扩张过于迅猛的中小银行面临破产清算的威胁。近期，银监会发文要控制商业银行同业负债占总负债的比重，说明监管当局已经充分认识到过度依赖批发性融资的风险。

第五，应该避免试图通过激活资产市场，诱导居民部门加杠杆来帮助企业部门去杠杆。 2017 年中国的国民总杠杆率并不高，但企业部门杠杆率却位居全球前列。在国内外最终需求持续低迷的背景下，企业部门去杠杆无疑是大势所趋。但企业部门去杠杆会加剧商业银行的不良贷款压力，最终中国政府不得不通过自身加杠杆的方式来帮助银行脱困。而近年来，中国政府试图在通过激活股市与房地产市场，诱导居民部门加杠杆的方式来帮助企业去杠杆。这种做法其实与次贷危机前美国政府通过鼓励低收入群体贷款买房的做法有相似之处。2015 年下半年股市暴跌，已经使得之前加杠杆的散户投资者亏损惨重。而未来一旦中国房价下跌，通过高杠杆买房的投资者可能再度遭遇亏损。换言之，鼓励居民部门加杠杆的做法可能加剧资产价格的膨胀，而一旦资产价格破灭，不但会引爆系统性危机，而且可能损害中国经济长期可持续增长的基础。在需要自身加杠杆来应对潜在金融风险的时候，政府应该主动承担相应责任。正如社保基金理事会前任理事长楼继伟先生所言，中国居民杠杆率已经不低，进一步鼓励居民部门加杠杆的做法并非明智之举。

次贷危机归去来兮。"悟已往之不谏，知来者之可追。实迷途其未远，觉今是而昨非。"中国政府只有充分借鉴历史上其他国家的经验教训，才能更好地避免系统性金融危机的爆发，维持中国经济的可持续增长，从而更好、更快地避开中等收入陷阱，实现两个百年的伟大目标。

2018年部分新兴市场国家货币贬值的基本面探源[①]

2018年年初至2018年6月，由于美国经济持续向好，劳动力市场持续紧张及核心通胀率逐渐上行，一方面，市场对于未来一段时间美联储加息次数的预期有所增加；另一方面，美国10年期国债收益率由2018年年初的2.4%左右上升至2018年6月的2.9%左右。受上述因素推动，2018年以来，美元无论兑发达国家货币还是兑新兴市场国家货币，都呈现出明显的升值态势。

尽管美元兑大多数货币汇率的升值幅度都是比较温和的，但美元兑少数几个新兴市场国家货币的升值幅度却相当大，特别是美元兑阿根廷比索、兑土耳其里拉与兑俄罗斯卢布的汇率。在一段时间内，阿根廷、土耳其与俄罗斯国内甚至出现了股、债、汇三杀的不利状况。为什么同样是美元升值的外部冲击，对这几个国家的负面影响却格外显著呢？本文试图探寻上述国家货币显著贬值的国内基本面特征。

如果用本币兑美元汇率的月平均水平来衡量，2018年1月至5月，阿根廷比索、土耳其里拉与俄罗斯卢布兑美元汇率分别贬值了34%、15%与6%。如果用BIS发布的实际有效汇率指数（2005＝100）来衡量，2018年1月至5月，土耳其的实际有效汇率贬值了8%，而阿根廷的实际有效汇率反而升值了17%（这主要受到阿根廷国内通胀率高企的影响）；2018年1月至4月，俄罗斯的实际有效汇率贬值了6%（其实俄罗斯实际有效汇率的贬值几乎完全发生在2018年4月）。

从过去的历史经验来看，如果一个国家存在持续的经常账户逆差，那么一旦短期资本流动的方向发生转变（由流入转为流出），该国就可能由国际收支大致平衡突然转变为国际收支双逆差，而这通常会导致本币兑美元的显著

[①] 本文写于2018年6月。

贬值。我们发现，阿根廷与土耳其的确存在持续的经常账户逆差。2010年至2017年，阿根廷连续8年面临经常账户逆差，且经常账户逆差占本国名义GDP的比重由2010年的0.4%上升至了2017年的4.9%。土耳其则在2002年至2017年面临连续16年的经常账户逆差。2017年第四季度，土耳其经常账户逆差占本国名义GDP的比重高达6.8%。相比之下，俄罗斯的经常账户余额持续为正。进入21世纪之后，俄罗斯仅仅在2013年第三季度与2017年第三季度短暂地出现过经常账户逆差。

为了限制本币兑美元的大幅贬值及其引发的不良后果，新兴市场国家通常会动用外汇储备来干预外汇市场。因此，外汇储备的充足程度也会影响市场关于该国稳定本币汇率能力的预期。截至2017年年底，阿根廷、土耳其与俄罗斯外汇储备余额占本国名义GDP的比重分别为8%、10%与22%。有关文献提出过这样一个"拇指法则"，即衡量一个新兴市场经济体的外汇储备是否充足，要看该国外汇储备是否达到了GDP的10%。用这个法则来衡量，则俄罗斯的外汇储备要远比阿根廷与土耳其充足。

如果一个国家举借了大量以美元计价的外债，那么一旦本币兑美元汇率大幅贬值，该国的真实外债负担就会显著攀升，甚至引爆债务危机，并进而导致本币继续大幅贬值。截至2017年年底，阿根廷、土耳其与俄罗斯的外债占本国名义GDP的比重分别为37%、53%与33%。不难看出，在外债压力方面，土耳其的问题要比阿根廷与俄罗斯严重得多。

新兴市场国家国际金融危机的历史表明，如果一个国家同时面临经常账户赤字与政府财政赤字的双赤字格局，那么这个国家则更容易爆发货币危机。事实上，2006年至2017年，土耳其持续面临财政赤字，而阿根廷与俄罗斯在过去三年（2015年至2017年）也面临着持续的财政赤字。不过，截至2017年年底，阿根廷、土耳其与俄罗斯政府债务余额占名义GDP的比例分别为51%、28%与13%，均低于60%与90%的双重国际警戒线。

从相对购买力平价来看，如果一国出现较高的通货膨胀（尤其是恶性通货膨胀），则该国货币对美元汇率通常会显著下跌。而一旦本币汇率显著下跌，则又会导致更大的输入型通胀压力，使得通货膨胀火上浇油。截至2018年4月，阿根廷、土耳其与俄罗斯的CPI同比增速分别为26%、11%与2%。不难看出，阿根廷高通胀与本币贬值的互动更为严峻。

通过上述基本面比较，我们基本上可以得出以下结论，即俄罗斯的经济基本面相对稳健，而阿根廷与土耳其的基本面均有较大问题，这也是截至2018年6月俄罗斯卢布兑美元贬值幅度要比另外两种货币更加温和的原因所在。

上述新兴市场国家近期货币显著贬值，也给包括中国在内的其他新兴市场经济体提供了以下经验教训：第一，由于短期资本流动是变动不居的，要维持本币汇率稳定，最好能够保持一定的经常账户顺差；第二，保持较为充足的外汇储备水平，有助于增强市场对于本币汇率的信心；第三，应将一国的外债水平保持在适度范围内，尤其是要控制短期外债的占比；第四，要尽量避免财政赤字与经常账户赤字的双赤字格局；第五，要维持本币汇率稳定，一国政府应该尽量避免出现高通胀。

为什么2019年美元指数不会太弱？
——从四个历史经验说起[①]

当前市场上大多数分析师认为，2019年美元指数将显著下行。主要理由大致如下。第一，美国经济增速在2019年可能会明显减速，无论是过度平缓的国债收益率曲线，还是近期低于预期的PMI数据，似乎都说明了这一点；第二，美联储加息周期即将结束，认为2019年加息次数低于两次的人越来越多；第三，本轮美元指数上升周期持续的时间已经很长。如果从2008年4月

---

① 本文写于2019年1月。

（当时美元指数最低为 71）算起，那么到现在本轮美元上升周期，已经持续了将近 11 年，这个时间已经显著长于美元指数上升的前两个周期了。

上述观点当然具有一定的合理性。不过，上述理由可能忽视了关于美元汇率的两个特征事实。第一，汇率从来都是比较两个经济体的相对基本面，而非一个经济体的基本面运动所决定。例如，即使美国经济发展减速，但如果其他主要经济体减速更快，那么美元汇率未必会贬值。第二，美元除了是美国的国别货币，还是最重要的全球储备货币之一，美国金融市场是全球规模最大、深度最深、广度最广的金融市场，这就意味着，美元一直是全球最重要的避险货币。每当全球经济波动性加剧或者全球金融市场动荡加剧之时，美元通常会受到投资者的青睐。在这种情况下，美元指数的表现通常不会太差。

基于以下四个历史经验，笔者认为，2019 年的美元指数可能既不会大涨，也不会大跌，而可能是围绕 95 的中枢水平呈现宽幅震荡。

历史经验之一，美元周期的拐点通常滞后于联邦基金利率的拐点。1971 年美元与黄金脱钩之后，迄今为止出现了三次美元周期（先下跌后上涨），如图 1 所示。从历史上来看，前两次美元周期由盛转衰，第一次发生在 1985 年 2

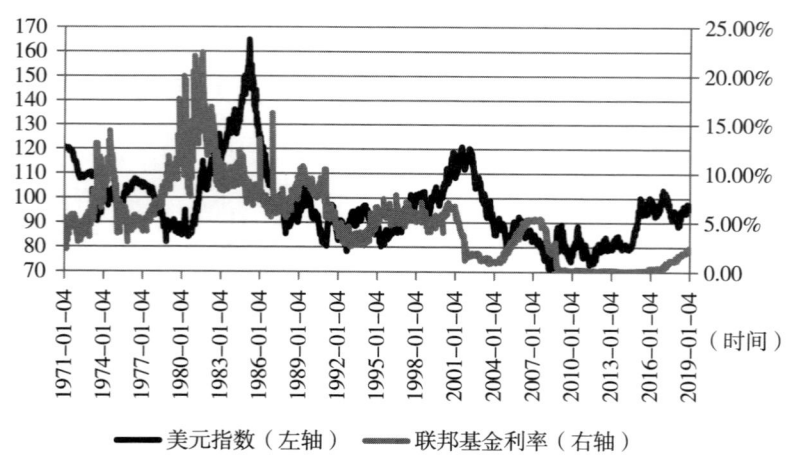

数据来源：Wind。

图 1 美元指数与联邦基金利率

月，第二次发生在 2001 年 7 月。有趣的是，这两次美元周期的顶点都滞后于联邦基金利率的顶点（第一次为 1981 年 7 月，第二次为 2000 年 5 月）。考虑到 2019 年美联储仍有两次左右的加息，且 2019 年美联储可能会加快缩表的进度，本轮联邦基金利率应该还没有到达高点（目前为 2.40% 上下）。如果历史经验仍然有效，那么这意味着美元指数在 2019 年显著下跌的概率较低。

历史经验之二，在美国股市动荡之时，美元指数的表现通常都不会太差。 相关逻辑在于，美国股市动荡通常会引发全球股市动荡，全球投资者会相应地增配避险资产，而美元资产是绕不开的避险资产。在 1996 年至 2001 年、2008 年至 2010 年这两次美国股市动荡明显加剧期间，美元指数的表现要么显著上升，要么水平震荡，如图 2 所示。尽管 2018 年美股波动率已经有所加剧，但 2018 年只能算美股牛熊交替的阶段。2019 年，美股的波动性可能会进一步加剧，美股可能会真正进入熊市第一年。在这一背景下，全球投资者的避险需求将非常强烈，而日元、瑞郎等资产规模太小，满足不了投资者广泛的避险需求。美元有望再度成为投资者避险的重要选择。

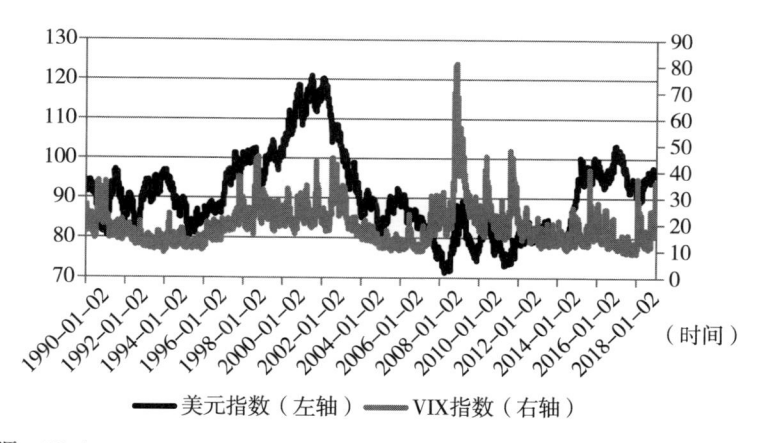

数据来源：Wind。

图 2　美元指数与 VIX[①] 指数

---

① VIX：volatility index，"恐慌"指数，即波动率指数。

历史经验之三，在全球不确定性加剧的背景下，美元指数的表现通常都比较强劲。这个逻辑依然是，美元是全球重要的避险货币。在 2007 年下半年至 2011 年、2014 年下半年至 2017 年年初、2018 年 3 月至今这三个时期内，全球经济政策不确定性指数均显著上升，而在这三个期间，美元指数的表现都很强劲，如图 3 所示。展望 2019 年，中美贸易摩擦的演进依然面临较大的不确定性，中东的地缘政治冲突仍在发酵，俄乌冲突明显升级，朝核问题也有重新抬头的可能。全球地缘政治冲突与全球经贸冲突均可能加剧，这意味着全球范围内对美元的避险需求依然强劲。

数据来源：Wind。

注：由于全球经济政策不确定性指数仅有月度数据，为了相互匹配，本图中使用的美元指数为名义广义美元指数，而非其他图中的美元指数。

图 3　名义广义美元指数与全球经济政策不确定性指数

历史经验之四，美元指数的表现与全球经济增速大致呈现反向关系。当全球经济增速处于较高水平时，美元指数通常处于下行空间；而当全球经济增速较为低迷时，美元表现通常比较强劲，如图 4 所示。例如，在美元指数由盛转衰的 1985 年和 2001 年的前三年（1982 年至 1984 年、1998 年至 2000 年），全球经济均出现了持续强劲的复苏。尽管 2017 年与 2018 年的全球经济增速均为 3.7% 左右，但 2019 年全球经济增速有望回落至 3.5% 上下。在全球经济强劲复苏仅昙花一现、未能继续维持的前提下，美元指数显著下行的概率是较低的。

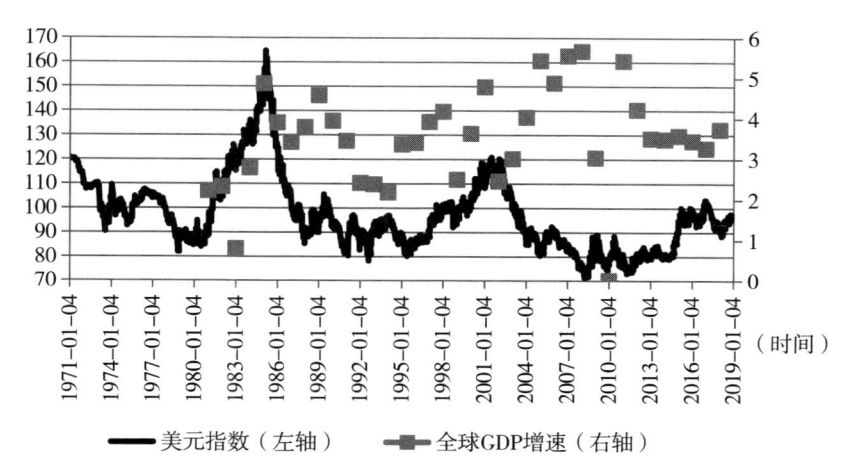

图 4　美元指数与全球经济增速

数据来源：Wind。

综上所述，在联邦基金利率尚未到达转折点，美股波动性可能继续加大，全球经济政策不确定性仍在高位，全球经济增速再度下行的背景下，美元指数出现单边大幅下行的概率较低。此外，考虑到美元指数中美元对欧元的权重最高，而欧洲经济与金融市场在 2019 年的表现不容乐观。而在 2017 年与 2018 年，主导美元指数变动的双边汇率都是美元兑欧元汇率。因此笔者认为，2019 年美元指数很可能会在 95 的位置呈现双向盘整。这进一步意味着，其一，全球大宗商品与黄金在计价货币层面面临的压力要比 2018 年小，但也未必不会反转；其二，人民币汇率所面临的外部贬值压力要比 2018 年更小，但也未必不会反转。

美元指数长周期可能正在牛熊切换[①]

自1971年8月15日尼克松总统宣布美元与黄金脱钩以来,美元指数迄今为止经历了"三落三起"的长周期。最近这轮美元上行周期始于2008年4月并持续至2019年3月,长度已经超过12年,是三次美元指数上升长周期中持续时间最长的一次。

过去几年,在国内学者与分析师们屡屡看空美元指数之时,笔者总是对美元指数走势保持乐观,认为美元指数显著下跌的概率很低,甚至可能继续保持强势。例如,从2016年到现在,笔者与另一位首席经济学家朋友曾就年度美元指数走势打赌,我一直赌升,他一直赌降。2016年与2018年,我胜;2017年,我败。2019年年初至2019年3月,美元指数总体上仍在上升。

过去几年我持续看好美元指数,主要基于三个历史经验:其一,在美联储结束加息周期之前,美元指数通常不会持续下跌;其二,如果全球经济增速非常低迷,美元指数表现通常强劲(这意味着美元是反周期资产);其三,在全球范围内的不确定性上升时(这经常会导致金融市场动荡),美元指数表现通常强劲。

从这三个角度来分析,不难看出美元指数为什么强势。首先,2013年下半年至2018年年底,从宣布即将开启货币政策正常化到美联储九次加息,美联储总体上在不断收紧货币政策。其次,在2008—2012年的全球金融危机之后,全球经济增速总体上非常低迷,处于所谓的长期性停滞状态。根据世界银行的数据,全球经济增速由2010年的4.3%缓慢下跌至2016年的2.6%,而2018年也仅为3.0%。相比之下,美国经济增速却在2015年与2018年两次达到2.9%,为最近13年内(2006—2018年)最高水平。最后,自特朗普在

[①] 本文写于2019年3月。

2016年年底大选获胜以来，全球范围内至少有三重不确定性交织上升并相互加强：一是发达国家国内政治不确定性加剧（美国总统大选、德国默克尔连任、法国"黄马甲"运动、英国脱欧）；二是中东地缘政治冲突加剧（尤其是美伊冲突）；三是中美贸易摩擦加剧。

不过，笔者的看法正在转变。如下证据表明，2019年可能是美元指数长周期牛熊切换的一年。而从2020年开始，美元指数可能会步入新一轮下降长周期。

证据之一，美联储已经开启了降息周期。2019年7月月底，美联储宣布降息25个基点。这是十余年来美联储首次降息。更加意味深长的是，本次降息发生在美国经济基本面依然稳健的背景下，这被认为背离了过去美联储的决策逻辑。市场普遍认为，这是特朗普屡次对美联储施压的结果，美联储货币政策独立性已经受到损害。这也是美联储四位前任主席集体撰文呼吁应保持美联储货币政策独立性的原因所在。但无论如何，市场倾向于认为美联储的决策风格已经发生改变，到2019年年底之前可能还有1~3次降息。

证据之二，美国经济增速已过拐点，美国经济与全球经济增速之差未来可能持续下降。2016—2018年，美国经济年度增速由1.6%上升至2.9%，而全球经济年度增速仅由2.6%上升至3.0%，美国经济与全球经济增速之差，过去三年分别为-1.0%、-0.8%与-0.1%，呈现持续缩小之势。美国经济表现优于全球，这是美元指数能够持续上升的重要原因之一。然而，各方面数据显示，2019年美国经济增速可能下降至2.0%左右，美国经济增速与全球经济增速之差，在未来几年可能重新下降。这意味着美元作为反周期货币的特点，在未来几年将没有过去几年那么突出。

证据之三，尽管未来一段时间内全球不确定性依然在上升，但特朗普政府当前的奇葩行事风格正在削弱美元作为避险资产的公信力。一方面，虽然美元早在1971年就与黄金脱钩，但市场依然对美元币值保持信心，根源在于市场认为美联储是独立的负责任的货币政策决策机构。而如前所述，近期美联储降息已经意味着其独立性的削弱，这无疑会加大市场未来对于美元购买力下滑的担忧；另一方面，美元作为避险资产的底气之一在于，美国作为全球最重要的经济体，一直在为全球提供各种公共产品，例如提供最终消费市场，提供金融产品，维持全球多边秩序稳定，维持全球地缘政治平衡，等等。而特朗普政府在上任后急剧趋向单边主义、保守主义、民粹主义与功利主义，这些行为已经从事实上严重损害了美国的全球领导力，最终必然会损害全球市场对美元的信心。

需要指出的是，即使美元指数开启了长周期下行通道，这种下跌也不会是平滑的，而是涨涨跌跌、起起伏伏的。在2019年下半年，美元指数仍可能在93~99范围内高位震荡。但从2020年起，美元指数跌至90以下的概率将会显著上升。

美元指数步入下行长周期，未来至少有两重含义：第一，有利于包括人民币在内的新兴市场货币汇率的稳定；第二，如果将全球经济继续低速增长、全球不确定性依然居高不下、美元指数高位回落三重因素结合考虑，那么未来一段时间内黄金价格则有望显著上涨。

鹰鸽转换尚未彻底，降息进程仍不确定[①]

2019年7月31日，美联储宣布降息25个基点，将联邦基金利率由2.25%~2.50%下调至2.00%~2.25%。与此同时，美联储宣布将停止缩表的时间由2019年10月提前至8月。但有趣的是，美联储主席鲍威尔在宣布降息的同时却指出，这并非意味着美联储真正步入降息周期，未来美联储可能在"降息—加息—降息"的过程中徘徊。美联储主席这种首鼠两端的表态让市场

---

① 本文写于2019年8月。

有些担心，市场认为美联储的鸽派态度不及预期，未来降息节奏可能会打折扣。因此，在降息之后，市场上反而出现美股收跌、美国短期国债利率上升、美元指数不跌反涨等反常现象。

本次美联储降息的逻辑，的确与过去几轮美联储开启降息周期的逻辑有着显著差异。从历史经验来看，美联储通常是在国内经济增速明显下滑的前提下开启降息周期的。而截至2019年第二季度，美国经济运行依然高于潜在增速，美国失业率依然接近历史最低点，而关于消费与投资的高频数据在6月份还出现了反弹。

本次美联储降息时间明显提前，这也是导致市场怀疑美联储货币政策独立性已经受到损害的原因所在。特朗普上台以来，已经多次向美联储施压，他认为货币政策紧缩太快，影响了美国经济复苏，并加剧了股市下跌压力。而由于目前美联储公开市场委员会空缺席位较多，给了特朗普通过提名美联储委员而影响货币政策的空间。虽然市场对于降息可能带来的短期好处依然期待，但同样担心提前降息可能加剧资产价格泡沫与经济过热，从而在未来导致更大程度的损失。鲍威尔之所以在宣布降息的同时表态暧昧，恰好说明了美联储不愿意被外界认为其独立性受到了损害，这也说明美联储由鹰派转为鸽派的过程尚未彻底完成。

美联储提出的本次降息的三个理由分别是：全球经济增速下行，贸易摩擦存在潜在冲击，通货膨胀率显著低于2%的目标。不难看出，前两个理由更多是源自全球视角，且更多是预防性的，因为无论全球经济增速下行还是贸易摩擦加剧，迄今为止尚未导致美国经济增速显著下降。这也是市场将本次美联储降息视为"预防式降息"的原因。至于2%的通胀目标，由于美国经济在过去十余年均未持续达到2%的通胀目标，因此目前已经有很多学者认为，2%的通胀目标对美国而言可能过高了，因此不能将此作为美联储必须降息的理由。

正是由于美联储本次降息是预防性的，因此，除非在2019年第三季度美国经济增速继续减速至2%以下，否则美联储未必会在10月份继续降息。当然，也有分析指出，由于美联储降息未及预期，可能会导致美国股市持续下跌，从而迫使美联储不得不在10月份降息。这其实是一种倒因为果的错误推论。认为美联储会持续降息的预期本身就可能是判断失误，不能以这个错误的判断为前提，来推断未来美联储的政策举措。换言之，未来一段时间内（可能延续两个季度至四个季度），美联储的降息进程仍面临较大程度的不确定性。

虽然美元指数在美联储宣布降息之后不跌反涨，但笔者认为，未来一段时间美元指数将面临幅度较小的下跌压力。毕竟美国经济增速已过拐点，且美联储收紧货币政策的进程也大致结束。如果中美贸易摩擦没有重新激化，那么美元指数高位回落将是大概率事件。笔者认为，2019年下半年美元指数有望在94~99的区间内继续双向盘整。美元指数的温和回落，意味着黄金的美元价格在未来有望继续温和上升。

美元指数未来震荡走弱，将有助于人民币兑美元汇率的稳定。考虑到中国央行依然有较强的意愿与能力维持人民币兑美元汇率的短期稳定，再加上美元指数本身可能温和回落，尽管2019年下半年中国出口增速可能继续下行，但笔者认为，下半年人民币兑美元汇率将继续在6.6~7.0的区间震荡盘整，人民币兑美元汇率破7的概率会进一步下降。

有观点认为，美联储降息将为中国央行打开降息空间，因此中国央行可能跟随美联储的降息步伐。笔者认为，目前做出这一判断为时尚早。中国央行更多是根据国内经济形势来确定货币政策基调的。2019年7月30日召开的中央政治局会议表明，中国货币政策仍将维持松紧适度（温和放松）趋势。笔者的判断是，2019年下半年中国央行仍将主要通过降准与公开市场操作的方式来开展货币政策操作。考虑到维持汇率稳定及房价稳定的需要，中国央行调整降低基准存贷款利率的动机都不会太强。真正可能发生的降息是在公开市场操作利率（如 SLF 与 MLF 利率①方面），未来有望下调 15~25 个 BP（基点）。

综上所述，美联储在 2019 年 7 月底的降息符合市场预期，但不及市场预期。美联储将依然在独立性与非独立性之间进行艰难的挣扎，因此鹰鸽转换在短期内难以彻底实现。未来二至四个季度内，美联储降息进程尚不确定，目前还不能做出每个季度降息一次的预测。美联储降息总体上会导致美元指数温和走弱，这有利于人民币兑美元汇率的短期稳定。短期内中国央行跟随美联储调降基准利率的概率较低，中国的货币政策放松将仍以降准与公开市场操作为主。

2020年黄金价格还能大幅上涨吗？②

2019 年年初，笔者曾旗帜鲜明地提出 2019 年美元指数不会走弱，但黄金价格有望显著上涨的判断。③④ 2018 年年底至 2019 年 12 月 2 日，美元指数由 96.07 微升至 97.86，伦敦金属交易所（LME）黄金现货价格由每盎司 1282 美元上涨至 1461 美元，上涨了 14.2%。仔细观察黄金价格在 2019 年的走势，便不难看出，其可以分为三个阶段（见图 1）：2019 年年初至 2019 年 5 月底，黄金价格基本上处于横盘整理阶段；2019 年 6 月初至 2019 年 9 月初，黄金价格快速上涨，这一阶段的涨幅超过了 20%；2019 年 9 月初至 11 月初，黄金价

---

① SLF 与 MLF 利率：都是央行设立的货币政策工具，SLF（standing lending facility）是常备借贷便利，MLF（medium-term lending facility）是中期借贷便利。SLF 利率的主要作用是提高货币调控效果，有效防范银行体系流动性风险。MLF 利率的主要作用是调节金融机构中期融资成本，间接降低社会融资成本。
② 本文写于2019年11月。
③ 张明等，《为什么 2019 年美元指数不会太弱》，平安证券首席宏评第 57 期，2019 年 1 月 16 日。
④ 张明等，《为什么我们当前看好黄金——一个研判黄金价格走势的分析框架》，平安证券宏观研究框架系列之六，2019 年 4 月 16 日。

格震荡回落，跌幅超过 5%。

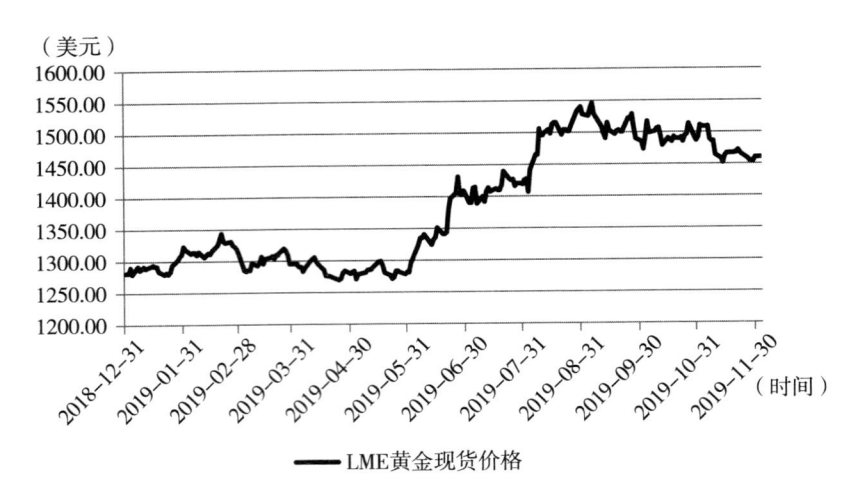

图 1　2019 年黄金现货价格走势

数据来源：Wind。

到了 2019 年年底，投资者开始思考 2020 年的大类资产配置。在黄金价格已经显著上涨的背景下，自然而然地，投资者将思考 2020 年黄金价格走势是会延续 2019 年的价格走势呢，还是会掉头向下。

要回答这一问题，我们首先需要建立一个黄金价格走势的分析框架，然后运用这个框架来解释为何 2019 年黄金价格能够显著上涨，最后再分析导致黄金价格上涨的旧因素能否持续，新因素是否会产生。这样才能对 2020 年的黄金价格走势做一个大致客观的预测。

笔者在 2013 年发表的一篇相关学术论文中曾经提出一个解释黄金价格运动的分析框架。[1] 简言之，这个分析框架认为，特定变量与黄金价格存在显著相关性，且这个变量自身运动趋势的可预测性较强的主要变量包括美国通货膨胀率、美国实际利率、美元汇率，以及金价和美国 CPI 的比率。

---

[1]　张明，《全球黄金价格的波动趋势与影响因素》，《金融评论》，2013 年第 4 期，第 33~47 页。

最近几年，尽管美国失业率已经降至过去几十年历史最低水平，但无论美国名义通胀率还是核心通胀率，都处于非常稳定的水平。因此，通胀率变化不是最近几年黄金价格变动的重要驱动因素。

如图2所示，2019年全球黄金价格走势与美国10年期国债收益率走势呈现出惊人的负相关。2019年美国10年期国债收益率走势也可以分为弱势盘整（2019年年初至2019年5月初）、急速下行（2019年5月初至2019年9月初）、震荡中温和回升（2019年9月初至11月初）这三个阶段。不难看出，10年期国债收益率走势的三阶段恰好与黄金价格走势的三阶段一一对应。因此我们可以说，2019年黄金价格大涨的重要原因是美国长期利率下行。

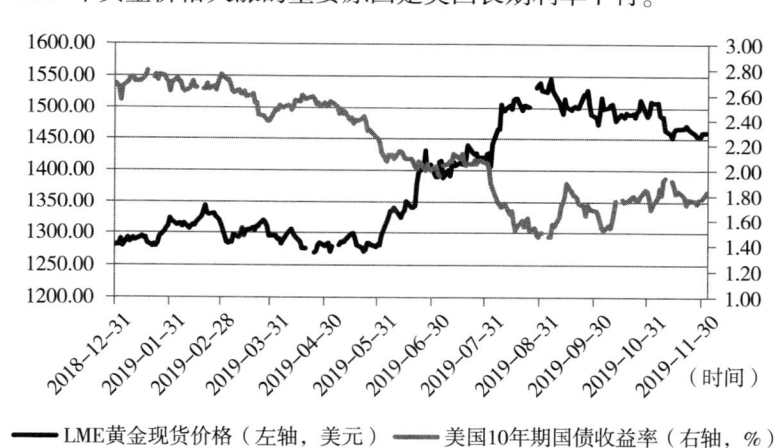

数据来源：Wind。

图2　2019年黄金价格与美国10年期国债收益率走势

如图3所示，2019年全球黄金价格走势与美元指数走势的相关程度并不高。虽然按照逻辑而言，当美元指数上升时，以美元计价的黄金价格走势会下降，反之亦然。但从现实来看，2019年6月底至9月初，发生了黄金价格与美元指数双双强劲上涨的局面。这说明在2019年，美元指数不是导致黄金价格上涨的主要驱动因素。

黄金作为一种避险资产，具有在不确定性加剧的环境中保值增值的特点。因此，当全球不确定性显著上升时，黄金价格也可能因此上涨。这也是我们

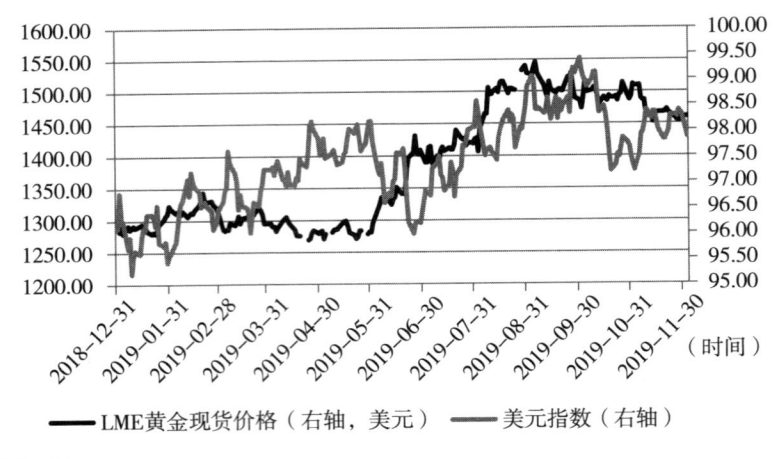

数据来源：Wind。

图3　2019年黄金价格与美元指数走势

在2019年年初看多黄金的原因之一，斯时，中美经贸摩擦愈演愈烈，中东地缘政治冲突显著上升，英国脱欧进程扑朔迷离。事实上在2019年5月至8月，全球经济政策不确定性指数显著上升，这引领了黄金价格在这一阶段的大幅上涨，如图4所示。因此，在2019年，不确定性加剧也是导致黄金价格上涨的重要驱动因素。

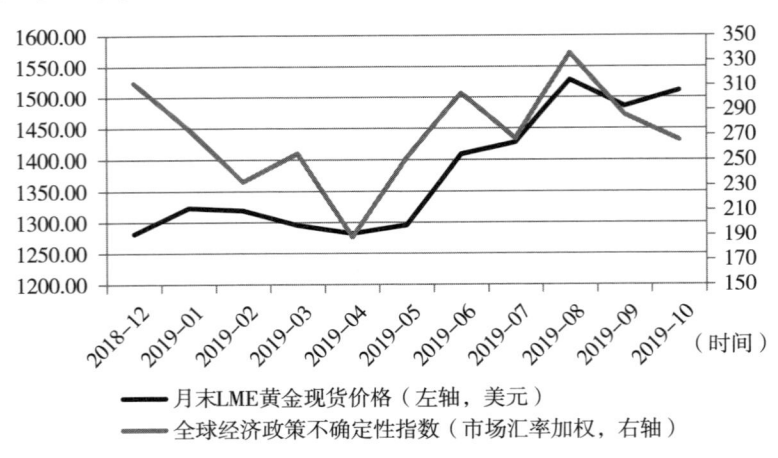

数据来源：Wind。

图4　2019年黄金价格与全球经济政策不确定性指数走势

综上所述，在 2019 年，导致黄金价格大幅上涨的主要因素有二：一是美国 10 年期国债收益率的显著下滑；二是全球经济政策不确定性的明显加剧。由此可知，黄金价格在 2020 年的走势，也取决于我们对美国长期利率、全球经济政策不确定性与美元汇率走势的基本判断。

笔者对上述关键变量在 2020 年的走势的基本判断如下。第一，在 2020 年，美国 10 年期国债收益率的下行空间明显不如 2019 年。在 2019 年年初，美国 10 年期国债收益率高达 2.8%，而 2019 年 11 月为 1.8% 左右。2020 年美国经济增速有望温和回落，但可能仍在 2.0% 上下，因此 10 年期国债收益率较难突破 1.5% 的历史最低水平。这意味着 2020 年 10 年期美债收益率下行区间难以超过 30 个 BP。第二，2020 年全球经济政策不确定性有望适度缓解。美国大选年份临近，笔者认为特朗普与中国达成第一阶段经贸协议，暂时缓和美伊冲突，集中力量处理国内问题的概率更高。第三，2020 年，美元指数表现不及 2019 年，将转为温和回落，但跌破 90 的概率不大，在 91~96 范围内波动的可能性更高。

因此笔者认为，2020 年黄金价格难以延续 2019 年的上涨态势。但是考虑到上述关键变量的走势，黄金价格大幅下跌的概率也不高，更可能呈现出水平大幅震荡的态势。而到 2021 年，随着美国经济增速与美元指数出现更大幅度的回落，黄金价格可能会重拾涨势。

Libra 的潜在影响及与中国版数字货币的比较[①]

Libra 从创设之初就声称，将致力于推进普惠金融。这个动机在当今世界似乎很容易产生共鸣。此外，挂钩一篮子主权货币，没有货币政策，遵守各

---

① 本文写于 2019 年 11 月，为杨晓晨和张明合作完成。杨晓晨，中国科技大学国际金融研究院全球经济与国际金融研究中心研究员。

国监管要求，分散化的管理形式，无一不在尽力向各方示好。但是，Libra 真能如其所称的那般普惠和无害吗？

一、发展初期的讨论——对 Libra 普惠性的质疑

Libra 白皮书描述了当今金融体系的三类问题：手续费繁杂、贷款利息过高、银行账户可得性低。Libra 亦致力于解决这些问题。但稍加分析就不难发现，其中存在诸多逻辑疑点。

第一，Libra 服务如何覆盖没有银行账户的客户？对银行账户可得性低的用户而言，尽管可以通过网络快速开通 Libra 账户，但账户中 Libra 币需要通过兑换或者他人转账获得。在没有银行账户的情况下，本国货币与 Libra 币兑换大概率上只能通过现金交易。Libra 运营采取了"Libra 协会—经销商"的二元模式，经销商如何能建立如此强大的网络来满足现金交易需求，进而是否会产生非官方的 Libra 区域代理商，甚至在实质上演变为黑市呢？

第二，白皮书中用数个案例说明传统金融贷款利息高，是否意味着 Libra 未来将引入低成本的小微贷款服务呢？众所周知，作为支付系统和贷款机构，两者无论是在牌照、管理模式方面还是在对金融体系的影响方面，均存在显著不同。若其目前规划中就包含了贷款功能，那么对其评估的深度和广度也应大大增强。

第三，Libra 的综合使用成本是否比银行低廉仍有待讨论。区块链系统的确不涉及高额的转账和电汇费用，但其他费用依然存在。例如，Libra 储备由一篮子货币组成，这意味着用任何币种"申购/赎回"都须买入或卖出储备货币篮子，从而面临换汇费用，包括手续费和因汇率波动产生的换汇损失。尽管换汇工作大概率交由经销商完成，但产生的费用并不会凭空消失，只不过将隐含在 Libra 与各个币种的兑换率中，该费用对于本国货币为非 Libra 储备货币的用户而言或将更加明显。另外，Libra 并不生息，因此使用者持有 Libra 币就要承担生息的机会成本，损失的利息收入也同样需要计入 Libra 的综合使

用成本中。

二、具备一定规模后的讨论——Libra 对现有经济体系的潜在冲击

若 Libra 真能顺利成为诸多国家的主流数字货币，则世界经济的现有秩序很可能被打破。首先是 Libra 将为小型经济体引入非国家化的货币局制度；其次，对大型经济体而言，更多可能表现为 Libra 的货币乘数所带来的通胀压力；再次，类似于 ETF[①] 基金的设计将产生大量中间状态的资产形态，Libra 的流动性管理会为全球市场带来新的不确定性；最后，如果 Libra 开展信贷业务，那么问题将更加复杂化。

1. 非国家化的货币局制度

货币局制度在全球范围内有诸多案例，但 Libra 这种跨国界的货币局制度安排尚属首次。对主权国家而言，在境内同时采用两种货币将产生诸多问题。Libra 没有独立的货币政策，并不代表它没有货币政策：锚货币的利率和汇率水平将在很大程度上影响 Libra。尽管 Libra 宣称不会向货币持有人派息，无须担心利率问题，但它与其他货币的兑换比例会始终处于动态变化中，即 Libra 的"汇率"问题暂时还无法避免。从实践角度看，货币局制度只适合特定类型的小型开放经济体，而 Libra 将其不加区分地强行引入各国是否会产生有益的后果呢？

对小型经济体而言，问题或较为严重。为了维持币值稳定，Libra 目前选择的储备货币篮子为 5 种相对强势的货币（美元 50%、欧元 18%、日元 14%、英镑 11%、新加坡元 7%）。根据汇率形成机制，Libra 与某国主权货币的兑换率将取决于 Libra 锚货币国家与该国的货币政策、国际收支和中长期经济发展

---

① ETF：exchange traded fund，交易型开放式指数基金，是一种在交易所上市交易的，基金份额可变的一种开放式基金。

状况。因此，某国主权货币可能与 Libra 形成较为稳定的兑换比例，也有可能形成背离。在单一货币的条件下，某一国的货币即使再弱势，在外国货币与国内经济方面依然具有一定程度的隔离机制。但如果引入 Libra，则会将强势货币直接导入境内流通市场。该做法可能会导致以下三个问题。

其一，国内计价体系采用双重标准，容易造成商品市场价格混乱。不同于 IMF 的特别提款权（SDR），Libra 直接面对的是生产者和消费者。因此绝大多数原材料、半成品和产成品可同时使用 Libra 和本币进行结算。若这两种货币不能维持相对稳定的兑换率，则会在商品市场造成混乱，使得价格失灵，进而向生产链上游传导，对该国流通环节和生产制造环节造成较为严重的影响。

其二，Libra 可能对本币产生挤出效应。这种效应非但不能普惠大众，反而会造成社会不稳定及财富转移。Libra 的底层资产是大国储备货币，与小国货币相比具有明显的稳定性和流动性优势。当两种货币可以同时使用时，居民自然会选择更便捷、更稳定的币种，即所谓的"良币驱逐劣币"。兑换过程对应着该国本币在外汇市场卖出并买入储备货币，这将导致该国货币存在贬值压力。本币贬值将使其与 Libra 的兑换率变低，从而更加激励本国居民换取 Libra 以寻求资产保值。于是该国将形成这样一种尴尬局面：越早将手中的本币换成 Libra，便可以越早享受到相对较高的兑换率；越晚兑换，则兑换率越低。这样的局面一旦形成，一方面将造成本币恐慌性抛售，另一方面会在实质上导致社会财富的再分配，由晚兑换者（普罗大众）向早兑换者（先知先觉的富裕人群）转移。

其三，小型经济体或将失去货币政策独立性。当两种货币同时使用时，其兑换率需要尽量维持稳定，以保障市场平稳运行。但 Libra 背后对应的是若干大国货币，要保持一致，就要使本国货币政策尽量服从于大国的货币政策，这无疑等价于 Libra 把货币局制度强行引入这些小国。但由于国家间经济周期、经济结构与外部环境的明显差异，跟随大国的政策可能会给这些小国带来难以估量的问题。

2. Libra 的乘数效应

对大型经济体而言，较大的经济体量或可在相当大程度上避免小国可能出现的上述问题。但 Libra 的运行模式同样会给大国带来新的挑战。笔者认为，Libra 货币所具备的"乘数效应"或许最值得讨论。这个问题最早由麻省理工学院的 Alex Lipton 等人提出，但并未被冠以"乘数效应"的说法。在传统货币体系中，乘数效应是由于商业银行通过连续不断的信贷活动产生的，市场上最终的货币供应量将数倍于央行发行的基础货币。Libra 没有信贷活动，是否意味着没有乘数效应？对大国（尤其是储备货币国家）而言，Libra 在向市场投放数字货币的同时也会用对应的储备货币来购买高等级债券等有价证券。换言之，这部分储备货币并未被储藏起来，而是重新回到了这些国家的金融市场，进入流通环节。此举等同于将用于购买 Libra 的本币在市场上复制了一倍：一半以 Libra 形式流通，另一半以本币形式流通，这将给上述国家带来一定的通胀压力。

3. Libra 的流动性管理

白皮书强调 Libra 不会对使用者付息，那么对用户而言，就会面临两个现实问题：需要使用时余额可能不够；账户中闲置大量 Libra。由此可见，在闲置时尽快将 Libra 转为生息资产，在需要使用时又可快速变现，是使用者对 Libra 的基本要求。现金同样存在这个问题，但现金可在银行按需存取，其背后是银行体系高度发达的流动性管理系统。为了达到风险和收益的平衡，银行体系从监管层面就对流动性管理有很强的约束，各银行自身也有一整套成熟的管理体系，这样才能满足各方的流动性需求。

在流动性管理方面，Libra 面临的情况更加复杂。如图 1 所示，整个系统涉及 4 种资产形态：各国本币、储备货币组合、金融资产、Libra 货币。前三种都是现实资产，相互转换需要与全球金融市场产生实在的联系。当其体量足够大时，就会对金融市场产生重大影响。银行的流动性管理主要考虑不同资产类型的占比，以及与负债端的相互匹配。管理工作虽然较为繁杂，但主要基于同一币种，因此依靠境内的若干市场交易就可完成匹配。上述 Libra 的三种现实资产形态决定了其必须在多个国家的金融市场和全球外汇市场同步操作。不仅在资产端涉及不同国家不同类型资产的配比，在负债端同样涉及不同币种间的流动性综合把控，其复杂度可见一斑。

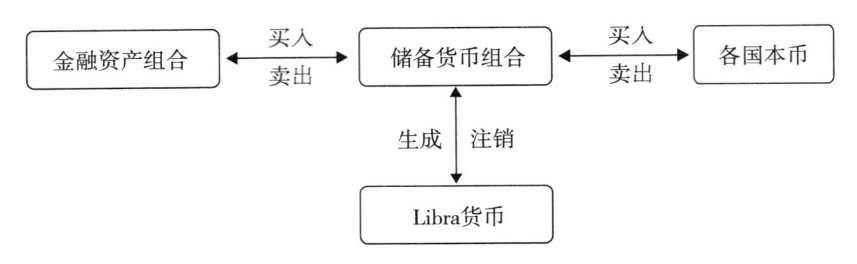

图 1　Libra 不同资产形态的转换过程

当规模足够大时，Libra 的流动性管理至少会对全球市场产生以下三方面影响。

第一，外汇市场波动性增大。各国本币与储备货币组合之间的兑换将较为频繁，并形成一股力量，使得各储备货币走势的一致性增强。但是作为储备货币的国家在经济发展阶段、货币政策等方面均存在较大差异，汇率走势本来未必趋同，但 Libra 带来的这种趋同力量会打乱外汇市场原本形成的定价逻辑，从而加剧市场波动。

第二，影响金融市场定价逻辑。尽管可能不会追涨杀跌，但 Libra 储备货币仍然会作为国际"热钱"的一部分参与到跨境资本流动中。当储备货币组合转为金融资产组合时，会更加偏好高信用等级的低风险资产，从而导致这些资产的收益率下降。由于高信用等级产品往往是其他产品定价之"锚"（如美债），所以从效果上看，Libra 规模扩大将带动低风险金融产品收益率下行，信用扩张；而规模收缩又会导致大量卖出，使收益率上行，信用收缩。这将给储备货币国家的货币政策传导带来新的变量，增大市场的不确定性。

第三，金融脱媒。作为支付手段，Libra 本质上是将在银行体系流转的价值导向 Libra 网络。如上文所述，Libra 的乘数效应将法币的价值复制了一倍：一半存于 Libra 网络上，另一半以储备资产的形式继续在传统金融体系中存续。这种模式导致本该参与银行信用创造的货币脱媒至 Libra 中，形成金融体系的"表外资产"。此举无疑会使 Libra 在某种程度上与商业银行形成竞争关系，降低银行在金融体系中的作用，从而使传统的金融监管模式面临较大挑战。

尽管在美国众议院听证会上，项目负责人马库斯竭力否认 Libra 是一只 ETF 基金，但其目前公布的运营模式与 ETF 的确有太多相似之处，尤其是两者都需要申购并最终都是购买资产组合。与 ETF 类似，Libra 理论上也存在两种获取方式：申购新的份额，从二级市场购买转让份额。白皮书目前没有提及二级市场转让的方式，但从效率角度考虑，申购/赎回方式需要反复换汇并买卖资产，产生大量成本；不如建立二级市场交易机制，在负债端进行微调，而不涉及底层资产的反复调整，这样有利于整个系统的流动性管理。但建立二级市场是否有利于保持 Libra 币值的稳定，也是一个有待讨论的问题。

4. 潜在的信用创设能力

尽管 Libra 目前声称只用于支付，但如果其规模扩大，那么我们并不能防止其提供一些带有信用创设功能的服务模块，如类似"微粒贷"或"花呗"的小额消费信贷业务。其开展此类业务的模式可以非常灵活，可以不由 Libra 协会出面，而在经销商层面为用户提供贷款。我们甚至不妨大胆猜测，信贷业务是 Libra 未来发展的必由之路，因为如前所述，其在白皮书中就将部分地区贷款利息过高明确作为希望解决的问题。

如果 Libra 进行信用创设，那么无疑会给全球金融体系带来重大影响。在传统金融体系中，信用创设和货币发行是通过"央行—商业银行"两层结构相互配合来完成的。央行负责投放基础货币，并承担最后贷款人角色。商业银行直接面对终端客户，完成信用创设、吸收存款等一系列具体工作。在 Libra 系统中，协会和经销商的关系有可能会演变成央行和商业银行的关系。一旦开展信用创造，首先意味着 Libra 系统具有了不通过上缴储备货币就新增资产的意愿和能力，即 Libra 不再与储备货币严格挂钩，其价值基础就发生了根本性的转变：从稳定币变成类主权货币。Libra 协会则将实际成为超主权的央行。

那么，这种超主权央行是否会成功呢？货币是央行的负债。央行之所以能够发行货币，是因为其底层有国有资产和未来税收作为价值支撑。布雷顿森林体系之所以最终解体（美元脱钩黄金），背后还是因为人们相信美国所掌握的黄金数量不再能够支撑其货币发行。但 Libra 一旦脱离了储备资产，底层并无其他价值基础。即便被全球广泛使用能算作价值基础，Libra 也将演变成典型的庞氏骗局，最终难逃失败的命运。

因此，Libra 要解决贷款可得性低和利率高的问题，自己创造信用的方式或许并不能带来好的结果。笔者认为 Libra 有两种其他方式或可尝试。其一，与商业银行合作，Libra 担当支付工具和信息采集的媒介，使得银行将服务扩展至金融服务欠发达的地区。其二，由经销商先行按照 100% 的比例缴纳储备金，获取确定数量的 Libra 货币，再加一定的利息或手续费转让给需要贷款服务的用户。用户在规定期限内以 Libra 币或本币形式将本金偿还给经销商。这样，Libra 系统就不涉及信用创设的问题，所谓贷款只是经销商将自己持有的存量 Libra 币借出，这样就避免了 Libra 与储备资产脱钩的问题。

三、Libra 与中国央行数字货币的比较

在 Libra 饱受争议之时，中国人民银行拟推出的央行数字货币 DCEP（digital currency electronic payment，数字货币电子支付工具）却在如火如荼地进行，且很快会进入实际发行阶段。虽然同为数字货币尝试，但 Libra 和 DCEP 所选择的模式和最终目标却完全相左。

通过表面的设计来观察，可以发现二者存在诸多不同。在信用基础上，Libra 背后是储备货币池的价值；而 DCEP 背后是人民币的主权货币信用。在使用范围上，DCEP 仅替代 M0，即流通现金；而 Libra 还涉及 M1 甚至部分 M2 的领域。在使用方式上，DCEP 可实现"双离线支付"，且不强制绑定账户；但 Libra 必须在线认证，并且基于明确的账户概念。在组织形式上，Libra 核心部分以协会形式运行，成员间协调重大事项费时费力；而 DCEP 核心部分完全由央行负责管理，决策程序简单高效。在监管适应上，尽管 Libra 竭力讨好包括美联储在内的各国央行，但目前全球主流监管机构对其仍然疑虑重重，听证和论证之路漫漫无期；DCEP 则由中国人民银行主导推出，在国内有天然的"监管许可"，因此可以集中精力快速推进。

通过逻辑推演可以发现，二者可能导致的后果也大不相同。在管理方式上，Libra 货币将逐步脱离传统金融系统，即"金融脱媒"；但 DCEP 则将传统银行体系无法单笔追踪的现金交易逐步纳入管理范围，我们不妨称之为"现金返媒"。在对市场的影响上，Libra 会使金融市场复杂化，加剧市场波动，降低货币政策有效性；而 DCEP 由于增强了对 M0 的统一管理，因此会在很大程度上帮助央行实现货币政策目标。在国际影响上，Libra 储备资产大概率以美元为主，因此会增强美元在全球的优势地位，对非储备货币国家的主权货币或许会形成一定打压；DCEP 完全用于人民币的 M0 替代，因此从理论上讲对外汇市场没有重大影响，在不对他国货币产生不利影响的前提下，可为人民币国际化深入实施创造有利条件，为增强我国的国际地位并提升话语权发挥积极作用。

综上所述，尽管表面上 Libra 和央行数字货币 DCEP 都是尝试将货币扩展至数字领域，使日常支付更加便捷，但实际上，从技术、模式、结果等方面分析，二者完全朝着相反的方向各自前行。当然，二者均没有正式上线，我们也只能基于现有公开材料进行理论分析及逻辑推演。产品真正上线之前，大量技术调整在所难免。数字技术终归只是工具，笔者衷心希望数字货币大规模推广后的唯一导向是让生活变得更好。但最终能否如愿，我们拭目以待。

第三章

边打边谈：不断升级的中美贸易摩擦

中美贸易摩擦难以避免，中国如何应对至关重要[①]

2017年，全球经济迎来自2008年美国次贷危机爆发以来最好的一年。在2017年，经济复苏终于从少数国家扩散到大多数国家，全球经济呈现协同复苏局面，这带来了全球贸易与短期资本流动的回暖。在2017年，除美联储之外，中国央行、英格兰银行也开始收紧货币政策，欧洲央行、日本央行相继释放会在未来收紧货币政策的信号，全球央行的货币政策由分化转为集体收紧，这也是美元指数显著回落的原因。在2017年，欧元区大国在选举方面的政治风险没有变为现实，荷兰、法国、德国的国内大选中，极左与极右政党最终都败给了主流政党。在2017年，地缘政治冲突最终被证明是可控的，无论是中东问题还是朝核问题，最终并未酿成大的冲突。

2018年上半年，全球经济却急转直下，呈现出如下新的特点。第一，全球经济由协同复苏再度转为分化。在发达国家中，除美国经济依然维持较高增长外，欧元区、英国、日本经济增速均呈现显著回落态势。第二，随着全球经济增长重新分化，全球货币政策也由预期中的集体收紧转为重新分化。仅有美联储仍在持续收紧货币政策，中国央行的货币政策已经开始发生调整，

[①] 本文写于2018年8月。

欧洲央行、日本央行也推迟了收紧货币政策的计划。全球货币政策由多家收紧转为美国一家收紧，这也是美元指数在2018年重新走强的重要原因。第三，全球地缘政治冲突明显加剧。美国在2018年第二季度宣布退出伊核协议的行为，直接将全球油价中枢水平每桶推高了20美元左右，并给全球经济带来新的滞胀压力。第四，中美贸易摩擦明显加剧，并有在未来继续升级的态势。中美贸易摩擦将削弱美国、中国等增长较快的经济体对全球其他经济体的需求外溢效应，从而不利于全球贸易与全球经济的复苏。

客观而言，尽管事先确有一些征兆，但中美贸易摩擦从2018年3月至8月如此激化，却是之前大多数人没有预料到的。从经济基本面来讲，2017年全球经济协同复苏，导致美国的货物贸易逆差在2017年重新达到了8000亿美元以上的历史峰值，这是特朗普政府挑起贸易战的背景之一。然而，特朗普政府挑起中美贸易摩擦，有着更深层次的目的与诉求。笔者认为，中美贸易摩擦的表面原因是，中国对美国有着庞大的货物贸易顺差，而美国政府试图通过各种措施来降低这一贸易失衡。更深层次的原因则是，美国政府对中国经济的技术进步与产业升级心存忌惮，试图通过贸易摩擦来阻断中国的技术进步与产业升级。最深层次的原因则是，美国政府感受到来自中国的竞争压力，试图通过贸易摩擦来遏制中国经济的崛起，以长时间保持美国经济的全球霸主地位。

中国国内存在一种观点，即当前的中美贸易摩擦原本是可以避免的，如果中国政府延续过去韬光养晦、隐藏实力的策略，避免在国际社会和多边层面与美国进行对抗，中国就有可能不会成为美国的眼中钉、肉中刺。这种观点有一定合理性，却可能低估了中美贸易摩擦的必然性。事实上在过去一个世纪以内，作为全球霸主的美国，一直对可能挑战自己地位的国家心存警惕，竭尽全力进行打压。这种打压与经济体制和意识形态固然有关系，但更大程度上却主要取决于两国之间相对实力的比较。美国除了会打击经济体制与意识形态方面的对手，也会打击自己的盟友。正如现实主义国际关系理论所预测的那样，守成大国与新兴大国之间必然会发生冲突，而不论两国在经济体制与意识形态方面相同还是相异。

自 20 世纪初以来，可能挑战美国全球领袖地位的国家或国家群体，先后是德国、苏联、欧盟与日本。德国在两次世界大战中败北，主动终结了自己挑战霸主之旅。"二战"之后，美国与苏联之间进行了旷日持久的冷战，直至苏联解体。而欧盟与日本的经济实力可能威胁到美国之时，美国也都发动了双边贸易战。通过美欧贸易战与美日贸易战，美国都在一定程度上抑制了对方经济的快速增长。令人印象尤其深刻的自然是 20 世纪 80 年代的美日贸易战。1985 年日本政府被迫签署了广场协议，同意通过日元兑美元大幅升值来缩小日本对美国的贸易顺差。为了对冲本币大幅升值对经济增长的不利影响，日本央行实施了持续宽松的货币政策，最终造成了巨大的房地产泡沫与股市泡沫。当两个泡沫在 20 世纪 90 年代初期相继破灭之后，日本经济陷入三个不景气的 10 年。因此，与其说日本强劲增长时代的终结始于 1990 年，不如说始于 1985 年的广场协议。

自全球金融危机爆发期间中国经济总量超越日本之后，中国经济的快速崛起就已经引起了美国政府的警觉与重视。事实上美国政府对华整体政策发生重大转变的时机，并非发生在特朗普上台之后，而是发生在奥巴马总统任职期间。在奥巴马政府执政期间，至少有两个重要的战略举措是针对中国的。其一，奥巴马政府实施"亚太再平衡"战略，意图是抑制中国在亚太地区（尤其是南海地区）的影响力的上升；其二，奥巴马政府大力推动 TPP 与 TTIP 倡议，意图是在 WTO（世界贸易组织）之上重新建构一套更高标准的国际贸易投资规则，把中国排除在外。奥巴马政府的上述举动，意味着美国对华总体战略已经从"接触"（engagement）转为"遏制"（containment）。而特朗普政府挑起的中美贸易摩擦，事实上延续了而非否定了奥巴马政府的对华策略。事实上即使不是特朗普上台，而是希拉里上台，美国对华的强硬政策恐怕也不会发生改变。

上述分析意味着，随着中国经济的快速崛起，守成大国（美国）与新兴大国（中国）之间的摩擦不可避免。即使这种摩擦不以贸易战的形式表现出来，也会以其他摩擦的形式表现出来。这也意味着，中美贸易摩擦注定会长期化、复杂化，短期内通过达成一揽子协议来妥善解决的概率很低。既然中美贸易摩擦可能长期化、复杂化，那么中国政府应对中美贸易摩擦的方式就显得至关重要。总体而言，中国政府应通过加快改革开放而非闭关自守的方式来应对中美贸易摩擦，应该通过依赖多边合作而非单纯双边对抗的方式来应对中美贸易摩擦。中国政府应该按照预定计划来继续推动国内结构性改革，防范系统性金融风险，而不应被中美贸易摩擦的外部冲击乱了方寸。

尽管在过去 10 年中国经济增长取得了亮丽的成绩，然而自 2008 年以来，几乎反映经济增长效率的各种指标（如劳动生产率增速、全要素生产率、民营企业投资收益率等）均持续下降。在经济增长效率持续下降的背景下，中国经济增速能够保持稳定增长，这意味着投入了更多的资源。这种模式无疑是不可持续的。此外，实体投资回报率下降，也是过去几年金融空转与脱实入虚的重要原因。而能够持续提升经济增长效率与实体投资回报率的，唯有结构性改革。

在 2013 年的三中全会决议中，本届政府给出了结构性改革的宏伟蓝图。例如，以混合所有制改革为关键词的国有企业改革，以使用权流转为关键词的土地改革，以市场化与开放为关键词的金融改革，以及对民间资本开放服务业部门，等等。过去几年，国企改革、土地改革与服务业部门开放的节奏明显慢于金融改革的节奏，这既是造成金融空转与金融资源脱实入虚的原因，也是造成系统性金融风险上升的原因。因此，从 2016 年年底开始，中国政府开始了金融强监管的努力。不出意外的话，在系统性金融风险基本上得到控制之后，结构性改革就会如期展开。

然而，中美贸易摩擦的加剧，使得中国经济的外部环境显著恶化。一方面，中美贸易摩擦将降低中国贸易顺差，进而影响经济增长；另一方面，中美贸易摩擦也削弱了国内机构投资者的信心，造成国内股市显著下跌。换言之，中美贸易摩擦的加剧使得中国的经济增长与金融稳定均面临负面冲击。这恰恰是中国宏观经济政策从 2018 年第二季度起开始调整的原因。

目前中国经济面临一个新的三难选择。在外部环境不确定性显著增强的前提下，中国政府要同时实现控风险与稳增长的目标，变得越来越困难。当前的政策指针正从控风险的一级朝着稳增长的方向在摆动。然而，中国政府必须努力避免宏观政策的过度放松。一旦宏观政策过度放松，中国政府防控系统性金融风险的努力就可能受到损害，中国结构性改革的节奏也可能再次放缓，甚至暂停或逆转。

因此，保持政策定力，对中国政府而言至关重要。在中美贸易摩擦不可避免，未来冲突可能升级的背景下，中国政府应该把控风险、调结构的目标放在稳增长之前。事实上，只要没有出现大规模失业，只要没有爆发系统性财政或金融风险，中国政府就应该适当容忍经济增速的下滑，而继续保持控风险与调结构的方向不动摇。换言之，中国政府不应该被中美贸易摩擦的爆发乱了阵脚，而应该以"我"为主，继续推动系统性风险防控与实体经济结构性改革。唯有如此，中国经济才能继续保持持续较快增长。

除了对内加快改革之外，中国政府也应该坚定不移地推动对外开放。在风险可控的前提下，中国政府可以适当加快国内金融市场对欧洲、日本等其他发达国家和地区与新兴市场国家和地区机构投资者的开放。中国政府应该进一步优化国内外商直接投资环境，对外商直接投资企业实行真正的国民待遇。中国政府应加大对知识产权的保护力度，这样既有利于通过市场对价来引进外国先进技术，也有利于激励国内技术的自主创新。中国政府应坚定地通过 G20、WTO 等国际多边组织来维护自身合法权益，并积极推动新一轮的贸易与金融全球化。

中美贸易摩擦暂时平息的潜在经济影响[①]

2018年上半年，刘鹤副总理团队赴美谈判取得了重要成果，中美双方就双边贸易问题达成了框架性协议，中美贸易摩擦短期内升级为贸易战的概率显著下降。美国财长姆努钦表示，中方承诺显著增加对美国农业和能源产品进口，而美方则会叫停对中国输美产品加征关税的计划。

中美双方就贸易问题达成和解，无论是对于中美两国经济还是对于全球经济而言，自然都是好事。一方面避免了中美双方将贸易争端升级为投资争端甚至金融争端的风险，也没有颠覆"经贸关系是中美关系的压舱石"这一拇指法则。另一方面降低了全球经济增长面临的一个重要的不确定性，使得本轮全球经济复苏中断的概率显著下降。

然而，我们也不宜对这一事件做出过于乐观的解读。

首先，随着中国经济的崛起开始挑战美国的核心地位，美国精英阶层的对华整体策略已经由"接触"转为"遏制"，美国挑起贸易战的目的并非就贸易谈贸易，中美双边冲突将长期化与复杂化。因此，中方应该做好打持久战的准备。[②]

其次，特朗普本人的执政风格变化很快，高度不确定，完全存在他哪天醒来，发个新的Twitter（推特）就否定了之前中美达成的共识的可能性。例如，特朗普在TPP问题、朝鲜问题、中东问题上就经常出现重大的政策反复。

最后，当前中美双方似乎仅就解决贸易问题达成了框架性协议，具体实施方案及进口规模还有待进一步的沟通与博弈。就中方而言，由于货物贸易

[①] 本文写于2018年5月。
[②] 张明等，《中美贸易战步向何方？中国政府应如何应对？》，平安证券宏观报告，2018年3月27日。

顺差占 GDP 的比重已经降至很低水平，且 2018 年第一季度已经于多年来首次出现经常账户逆差，究竟能同意多进口多少美国商品，还存在不确定性。就美方而言，在 2018 年下半年中期选举即将开始之前（特朗普的政治作秀还会继续），对中方做出让步的规模和及时性是否满意，也存在不确定性。此外，就中兴通信事件如何解决，以及 232 条款与 301 条款相关的制裁行为是否会终结，美方并未给出最终确定性表态。

不过，既然中美双方就贸易摩擦问题达成了框架性协议，这至少意味着短期内贸易摩擦升级的概率已经显著下降，这将给中国经济与金融市场带来哪些潜在影响呢？

第一，中美双方达成的协议可能导致短期内中国贸易顺差规模的下降，进而降低进出口部门对经济增长的贡献，使得中国经济增速短期内回落的格局进一步确立。众所周知，进出口部门对经济增长的贡献由负转正，是 2017 年中国 GDP 增速反弹的重要原因之一。根据商务部口径，2017 年全年中国货物贸易顺差累计为 4200 亿美元。如果未来中国显著增加对美国商品的进口，这意味着未来货物贸易顺差可能不升反降，对经济增长的贡献也可能再度由正转负。再考虑到中国国内控风险、去杠杆政策对基建投资与房地产投资的影响，2018 年下半年中国宏观经济增速的回落有可能会加快，单季 GDP 增速低于 6.5% 的概率可能显著上升。

第二，由于中方可能显著增加对美方农产品与能源的进口，这意味着未来一段时间中国通胀压力将显著减轻，CPI 与 PPI 增速都可能继续保持在低位。之前在中美贸易摩擦趋势性升级时，市场较为担心，随着中国减少对美国农产品的进口，食品价格（尤其是大豆价格）未来涨幅可能会加快。此外，2018 年 5 月前后全球原油价格上涨也是近期 PPI 增速反弹的原因之一。不过，如果中方开始加大进口美国食品与能源的力度，食品与大宗商品的价格上涨压力都会相应下降，中国经济陷入滞胀的担忧有望得到显著缓解。

第三，如前所述，经济增速的缓慢回落与通胀压力的温和下行，意味着中国货币政策操作可能边际性趋松，但稳健中性的基调不会改变。2018年第一季度中国央行货币政策之行报告中，将未来三大主要任务中的"去杠杆"换为了"调结构"，这被市场解读为央行货币政策操作可能放松的标志。诚然，如果短期内增长回落，通胀处于低位，且地方政府去杠杆政策限制了广义财政政策的宽松程度，那么货币政策的确可以进行边际调整，以实现稳增长的目的。此外，适当放松的货币政策可以与从严的金融监管政策相互配合，在"松货币、紧信贷"的背景下，既实现去杠杆与控风险，又能避免系统性金融危机的爆发。然而，考虑到去杠杆的任务依然繁重，且房地产市场调控仍处于关键时期，中国央行会非常注意控制货币政策的力度，以避免给了市场再度显著放松的预期。笔者认为，中美短期内在贸易问题上达成和解，可能会降低未来一段时间内央行在流动性管理方面的放松力度。例如，年内再次发生普惠式定向降准的概率与次数可能会由此而减少。

第四，来自一委一行两会的金融监管，存在边际上重新加强的可能性，而中国股市与债市将继续承受相应压力。在2018年春节后两会前，受到一行三会监管格局变动的影响，金融监管的力度一度显著放松。本来市场预计，在两会后监管可能重新加强，但事实上由于中美贸易战风险开始抬头，有关各方开始高度关注贸易战带来的各种风险，预期中的监管强化没有发生，这其实是导致二季度中国利率债市场表现火爆的最重要的原因之一。尽管如前所述，短期内经济增速的下降与通胀压力的回落，理论上可能导致10年期国债收益率的进一步回落，从而给债市与股市都带来利好。然而，如果贸易战风险的消退使得中国政府重新将控风险放在稳增长之前，那么各种监管新规的落地与实施仍将给债市与股市带来压力。再考虑到近期美国10年期国债收益率上升较快，在年内可能继续上升20~40个基点（从目前的3.0%上升至3.2%，甚至上升至3.4%），就意味着当前3.7%的国债收益率的下行空间已经非常有限。因此，就债市而言，我们维持利率债市场保持温和牛市、信用利差继续拉大的判断。就股市而言，我们也维持结构性行情概率高于单边趋势性行情的判断。

反击汇率操纵、无端指责，应对金融制裁、潜在风险[①]

2019年6月G20大阪峰会后，中美双方在上海的双边经贸磋商进展不及预期。在特朗普声称将于2019年9月1日起对价值3000亿美元的中国商品加征10%的关税后，离岸和在岸人民币兑美元汇率在8月5日早盘先后"破7"，同时也创出了自2008年上半年以来的汇率新低。随即在一天之内，美国财政部将中国列为"汇率操纵国"。此举意味着本已险象环生的中美贸易谈判出现了更大变数，双边贸易摩擦局面将变得更加复杂，不排除贸易摩擦向其他领域扩展的可能性。

一、美方将中国列为"汇率操纵国"具有明显的主观随意性

2015年，时任美国总统奥巴马签署了《贸易便利化和贸易执行法》。该法律对认定"汇率操纵国"设置了三个量化指标：一是该国对美贸易顺差达到200亿美元以上；二是该国经常账户顺差占本国GDP的3%以上；三是发生外汇净买入时进行持续单边干预，且干预金额在过去一年占到GDP的2%以上。当上述三个条件全部满足时，该国即可被认定为汇率操纵国。

根据美国2018年4月发布的《美国主要贸易伙伴外汇政策报告》，当时中国并未被认定为汇率操纵国。时隔一年多，中国的上述指标也没有发生实质性变化。2018年经常账户顺差占GDP不到1%。中国外汇储备在最近一年内一直稳定在3.0万亿美元左右，并没有明显的单边干预迹象。因此，中国并不符合美国对汇率操纵国的认定条件。美国财政部将中国列为"汇率操纵

[①] 本文写于2019年6月。

国"，是与自己的法律相矛盾的。

从时点上来看，美国财政部是在人民币"破7"的很短时间内就将中国列为汇率操纵国的。对汇率操纵国的判定标准，从三个量化指标简化成了"破7"。这种赤裸裸的主观随意性不仅损害了美国财政部的政策声誉，也毫无遮掩地暴露出美国打压中国的政治意图。

将中国武断地列为汇率操纵国，该做法事实上也是特朗普政府执政风格的缩影。不但财政部成为特朗普攻击中国的工具，特朗普对美联储的横加干预也引发了美国朝野诸多不满。美联储四位前主席——沃克尔、格林斯潘、伯南克和耶伦——联合发文《美国需要一个独立的美联储》，指出美联储及其主席应根据经济形势而非政治压力独立行动，文章暗指特朗普对美联储的干预损害了美国的经济和政治生态。换言之，特朗普执政风格的飘忽不定不仅造成了全球范围内的忧虑，也在美国国内引发了极大争议。

二、"破7"是人民币汇率形成机制更具弹性的体现

中美贸易摩擦不断加剧，对双方经济均造成了显著的负面影响。人民币兑美元汇率贬值，就是这种负面影响的直接表现之一。事实上从2018年年初起，中美贸易摩擦的演变就持续显著地影响着汇率走势。例如，随着2018年3月23日的中美贸易摩擦浮出水面，人民币兑美元汇率就从4月起显著下跌。过去一年半时间以来，每当中美贸易谈判释放出积极信号，人民币兑美元汇率就趋稳甚至升值；而每当中美贸易摩擦加剧，人民币兑美元汇率就面临新的贬值压力。而人民币兑美元汇率最近"破7"，正是发生在特朗普政府宣布对3000亿美元中国商品加征10%关税之后。

人民币"破7"也并非完全出乎市场预料。2005年"721"汇改后，人民币兑美元汇率开始进入持续升值阶段（美国次贷危机期间除外），并于2014年1月达到6.04的历史高位，历时近10年。这10年也是中国经济高速增长、贸易顺差规模较高的10年。此后，随着中国经济增速的下降，经常账户顺差

与 GDP 之比也较之前有明显下降。2015 年"811"汇改之后，人民币兑美元汇率虽有明显波动，但总体上显著贬值。在 2016 年 12 月及 2018 年 10 月前后，离岸人民币兑美元汇率距"破 7"也仅一步之遥。中美贸易摩擦加剧，恶化了中国的进出口前景与经济增长前景，人民币汇率跟随市场供求变动而"破 7"，也是自然而然的事情。

虽然中美贸易摩擦的演进仍然面临极大不确定性，但人民币汇率的整体稳定是可以预期的。首先，目前人民币兑美元汇率中间价定价机制遵循"收盘价+篮子汇率+逆周期因子"的三因素定价模式。该模式有助于保持人民币汇率的基本稳定。其次，中国的外汇储备规模依然庞大，在市场出现汇率恐慌式下跌时，有能力对外汇市场进行逆市干预。再次，中国资本账户尚未完全开放，中国央行对跨境短期资本流动的有效监管也是一道重要防火墙。最后，同时也非常重要的是，中国经济仍将保持合理高速增长，中国金融市场对外国投资者依然具有很强的吸引力。

可以预见的是，人民币汇率形成机制在未来将更加具有弹性。"7"一旦被破，这个心理关口也就失去了存在的意义。人民币汇率将根据中国经济基本面和外汇市场供求状况自由调整。人民币汇率弹性的增大，不仅将体现在日均波动率上升方面，也将体现为升、贬值交替更加频繁和短促。更具弹性的汇率一方面可以充分发挥市场调节机制作用，另一方面也有助于培养投资者的风险意识，促进外汇市场加速发展以及中国经济金融的国际化。

三、中美双边金融摩擦未来或将加剧

一国被列为汇率操纵国后，美国财政部将和该国进行谈判。若一年后该国汇率低估和贸易顺差问题仍未解决，美国总统可以对其采取多项行动，其中包括禁止美国的海外私人公司对该国任何项目提供融资，这一举措可以被理解为金融制裁的一种形式。由此可见，中美双边摩擦正在从贸易领域向货币金融领域扩散。而无论美国是否对中国进一步启动金融制裁措施，中国政府都有必要做好防范准备。这不仅有助于应对外部负面攻击，也有助于促进国内金融体系改革。

例如，在目前的全球支付系统中，纽约清算所银行同业支付系统（CHIPS）、环球同业银行金融电讯协会（SWIFT）等系统发挥着重要作用。其中，全球主要的美元跨境支付清算都要通过 CHIPS 来进行，而 SWIFT 属于报文系统，在全球主要银行和金融机构之间负责传递交易信息。虽然 SWIFT 属于国际中立组织，但美国在其中具有较大影响力。CHIPS 和 SWIFT 等平台在技术上支撑起了美元体系，同时也可能成为美国对外金融制裁的手段之一。譬如，一旦某经济主体被移出 CHIPS 系统，该经济主体将无法进行跨境美元交易；而如果该主体被移出 SWIFT 系统，则其所有外汇交易业务都会被中断。目前伊朗的金融系统已被移出 SWIFT，成为事实上的金融孤岛。

又如，美国对外金融制裁也可以通过"长臂管辖"来进行。美国政府对丹东银行和昆仑银行进行制裁即属典型案例。需要注意的是，一旦美国财政部将某经济体列入 SDN（specially designated nationals and blocked persons list，特别指定国民名单），那么与该经济主体有业务往来的其他经济主体也会被纳入其中，这意味着美国的此类金融制裁具有较强的传染性。这就可能导致如下问题：虽然某经济主体暂未被列入 SDN 名单，但只要存在被列入名单的可能性，其他机构就会由于担心被牵连而减少甚至拒绝与该经济主体进行业务往来。

美国已经通过上述手段对伊朗和俄罗斯等国发起了金融制裁。不过，考虑到中国实体经济与金融市场体量巨大，中美在经贸与金融方面的相互依存度较高，短期内美国对中国发起大规模、高强度金融制裁的可能性较小。但中国政府仍有必要未雨绸缪。

四、中国政府的应对策略

面对来自美国的潜在金融制裁措施，中国政府可以从以下方面做好应对。

第一，做好防范美国不同程度金融制裁的准备，保护国内受到金融制裁的相关机构。美国对中国发动一步到位式的金融制裁的可能性不大，但可能逐渐增加金融摩擦，也可能对中国特定金融机构进行点对点式的制裁。中国政府在面对金融制裁时，一方面应妥善应对，另一方面也应努力呼吁国际社会的关注与支持。同时，也应对国内受到制裁的金融机构予以实质性支持——这种支持不仅来自官方，也应来自同业。

第二，继续增强人民币汇率弹性，让人民币汇率在更大程度上由市场供求来决定，并积极与 IMF 等国际机构加强沟通交流。进一步增强汇率弹性，既有助于消除持续的贬值预期，也可以更好地发挥汇率对于中国宏观经济的减震器作用。明眼人都能看出，美国将中国列为汇率操纵国是非常不合理的，中国政府应加强与各类多边金融机构的沟通交流，争取获得这些机构的理解与支持，从而在国际范围内获得"得道多助"的优势。

第三，保持适当的跨境资本流动管制，防范出现违规大规模资本外流。中国未来的资本账户开放进程应根据形势变化而主动掌控节奏，以避免资本无序流动对人民币汇率与中国金融体系稳定产生的冲击。

第四，继续加强与其他国家的货币金融合作。在货币金融层面，西方国家并非铁板一块。虽然美国在 SWIFT 中具有较大的发言权，但并不意味着可以为所欲为。近日，SWIFT 全资中国法人机构成立，人民币成为 SWIFT 在全球范围内接受的第三种国际货币，这是一个非常成功的应对案例。近来一些欧洲国家也在尝试建立新的国际支付清算体系（以削弱美国的主导性），中国政府应该主动加强与这些国家的合作。

第五，也是最为重要的，要更好地应对美国的金融制裁，中国仍应以修炼内功为根本。对内加快推进结构性改革，对外在风险可控的前提下加快开放，以过硬的国内经济、金融实力来应对波诡云谲的外部环境，这才是我们应对外部不利冲击的万全之策。正所谓："他强由他强，清风拂山冈；他横由他横，明月照大江。他自狠来他自恶，我自一口真气足。"

第二篇

回望与自省：
中国宏观经济与金融

第四章

宏观大势：经济增长与结构变化

有重大改革，才有全新周期[①]

近来，关于中国经济是否正在（或即将）进入新周期的讨论非常火热。认为中国经济进入新周期的一方的主要观点包括：第一，自 2016 年第四季度以来，中国 GDP 季度同比增速已经连续三个季度反弹。2017 年的中国 GDP 增速（6.8%~6.9%）铁定将会超过 2016 年（6.7%），从而改变自 2011 年以来年度 GDP 连续下跌的态势。第二，从拉动经济增长的"三驾马车"来看，2014 年至 2016 年，消费对 GDP 的贡献已经连续三年超过投资，成为拉动经济增长的最重要引擎。第三，过去两年实施的供给侧结构性改革显著提振了工业企业利润增速，并进而导致企业开始积累库存与扩大资本开支。例如，2017 年上半年，中国工业企业利润累计同比增速达到 22.0%，显著超过 2015 年全年的-2.3% 与 8.5%。第四，与 2015 年、2016 年相比，2017 年至今的进出口增速出现了趋势性的好转。例如，2015 年与 2016 年中国月度出口同比增速的均值分别为-0.7% 与-5.5%，而 2017 年上半年回升至 8.5%；2015 年与 2016 年中国月度进口同比增速的均值分别为-14.2% 与-5.4%，而 2017 年上半年回升至 19.8%。

---

① 本文写于2017年8月。

笔者认为，要开展关于新周期的讨论，首先需要厘清大家讨论的新周期的时间维度。众所周知，经济周期有长周期、中周期与短周期之分。事实上，过去十余年，中国经济存在差不多三年一个轮回的短周期，这个周期主要与中国房地产行业每三年一个短周期有关，也与工业企业的库存周期有关。从短周期的视角来看，如果把2016年第一季度作为周期底部，那么本轮周期的上升阶段大致为2016年第一季度至2017年第二季度（6个季度），而下降阶段大致为2017年第三季度至2018年第四季度（6个季度）。事实上，正如笔者团队在今年5月的报告中所指出的那样，本轮企业库存周期已经在2017年第二季度见顶。①

因此，笔者认为，当前市场热议的新周期，指的不是中国经济的短周期，而是中国经济的中周期。如图1所示，从年度GDP增速来看，改革开放以来，中国经济大致经历了三个完整的中周期。从谷底至谷底来看，第一个周期的时间段为1981年（GDP增速为5.1%）至1990年（3.9%）；第二个周期的时间段为1990年至1999年（7.7%）；第三个周期的时间段为1999年至2016年（6.7%）。这三个周期的持续时间分别为9年、9年与17年。不难看出，第三个周期的持续时间，差不多是前两个周期的两倍。第三个周期谷底（2016年）的经济增速，低于第二个周期谷底（1999年），但显著高于第一个周期谷底（1990年）。由于2017年的经济增速高于2016年已经没有悬念，那么2017年是否意味着改革开放以来中国经济第四个中周期的开始呢？

笔者的答案是，未必。 中国经济的中周期变化并非线性单调的趋势。如图1所示，在1987年至1988年及2010年至2011年，中国经济都曾在趋势性下滑的过程中出现了短暂的反弹，但这两次经济反弹都没有能够持续。

那么，如何来判断经济反弹是可持续的还是难以持续的呢？笔者认为存

---

① 张明、陈骁、魏伟：《库存周期即将消退　产能周期尚未到来》，平安证券宏观专题报告，2017年5月18日。

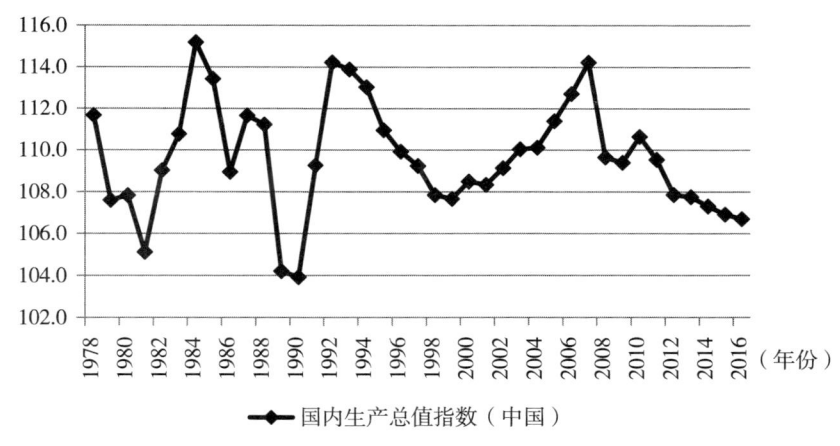

数据来源：CEIC。

图1 中国经济的中周期

在三个重要的判断标准：一是有没有重大结构性改革的发生来提振劳动生产率与全要素生产率；二是有没有实现对既有问题（如银行坏账、产能过剩、金融风险）的市场出清；三是有没有重大的国企改革发生，从而能够给民营企业带来全新的广阔的发展机会。

首先，能够从趋势上提振中国生产率增速的重大结构性改革，目前还没有发生。这是新的中周期尚未开启的理由之一。

从中长期来看，生产率增速变动是决定经济增速变动的最重要变量之一。从比较图1与图2中不难发现，1999年至2016年这一最近的中周期，与1999年至2016年中国劳动生产率增速的变动几乎一致。而2008年全球金融危机爆发之后中国劳动生产率增速的下降，事实上也是经济增速持续下滑的重要原因。

从中国经济的历史来看，能够导致生产率增速转跌为升的，唯有重大的结构性改革。事实上，导致中国经济在20世纪80年代初、20世纪90年代初及21世纪初走出三次新周期的核心原因，恰好是三次重大的结构性改革。20世纪80年代初改革的关键词是"承包"，包括农村的联产承包责任制改革以

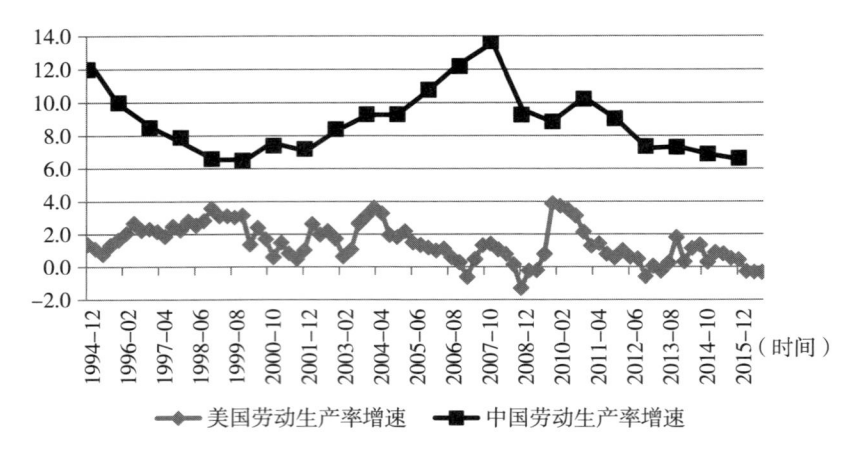

数据来源：CEIC。

图 2　中美劳动生产率增速之差

及城市企业的放权让利改革。20 世纪 90 年代初改革的关键词是"市场经济道路"，重大事件则是 1992 年邓小平南方谈话及 1993 年的十四届三中全会。20 世纪 90 年代末与 21 世纪初的重大结构性改革则包括：1998 年前后启动的国企改革（抓大放小与下岗分流）、1999 年前后启动的住房商品化改革及 2001 年年末中国加入 WTO。

如前所述，1999 年至 2017 年这个周期的持续时间显著超过了前两个周期，导致周期被拉长的一个重要原因是，自 2001 年中国入世后至今，能够从趋势上提振生产率增速的重大结构性改革迟迟没有发生。笔者认为，导致结构性改革长期缺位的一个重要因素，则是 2008 年全球金融危机的爆发使得上一届政府推迟了其任期内的结构性改革，而是转而诉诸 4 万亿元财政刺激与信贷放松。

最近几年以来，中国国内金融改革的步伐很快，但实体经济改革的步伐依然较慢。金融改革步伐快，造成金融机构混业经营加剧与流动性过剩。实体改革步伐慢，造成生产率增速及实体投资回报率节节下降。金融改革与实体改革的节奏错配，恰恰是当前系统性金融风险上升、金融空转与资金脱实入虚的根源。①

笔者期望，以十九大召开为契机，本届中国政府能够加速实体经济的重大结构性改革。潜在的结构性改革领域包括：国有企业混合所有制改革（尤其是地方国企以及央企的子公司）、风险可控的土地流转改革（类似于拉丁美洲土地银行的有关模式）、一些重要服务业部门（尤其是教育、医疗、养老、金融、电信）向民营企业真正加快开放等。

重大结构性改革的提速不仅能够通过提高实体投资回报率来改变金融空转、纠正资金脱实入虚并消化金融风险，而且能够通过提振生产率来开启中国经济的新周期。然而，在这些改革真正加速之前，判定新周期的到来有些为时尚早。

其次，当前中国实体经济与金融市场的扭曲与错配（如产能过剩、中小城市房地产高库存、国有企业与地方政府高杠杆、影子银行体系的潜在风险）尚未得到根本性的市场出清。这是新的中周期尚未开启的理由之二。

宏观经济学的要义之一，就是新周期开启的前提之一，就是旧模式的出清。只有让资不抵债的实体企业或金融机构通过各种方式（包括破产清算、政府救援、市场化处置等）修复了自身的资产负债表，只有当微观主体能够重新面临正确的市场激励，新的增长浪潮才有望到来。

这一点，我们在1998年至2000年的上一轮周期底部看得格外清楚。第一，中国政府大刀阔斧地改革了国有企业，实施了抓大放小与下岗分流，通过国有企业的收缩与重塑解决了国有企业的竞争力低下问题；第二，中国政府通过发行特别国债、注资四大资产管理公司、让资产管理公司以账面价值从四大商业银行手中收购不良资产的模式，重塑了国有商业银行的资产负债表；第三，通过住房商品化改革与实现中国加入WTO，为中国经济开启了房地产与出口导向两条新的增长途径。换言之，如果没有这一期间的国企改革、

---

① 张明、陈骁、魏伟：《纠正金融改革与实体改革的节奏错配》，平安证券2017年宏观半年度报告，2017年6月18日。

坏账清理、住房改革与加入WTO，就没有2000年之后中国经济的快速增长。

当前中国经济的系统性风险，从实体经济层面来看就是若干行业的产能过剩以及中小城市积累的大量待消化的房地产库存，从金融层面来看就是国有企业与地方政府的高杠杆以及影子银行体系的潜在风险。当前，中国政府的确已经开始出台措施以应对上述潜在风险，一方面，通过加速供给侧结构性改革来试图消化过剩产能，通过加速PSL①引致的棚户区改革来试图消化中小城市的房地产库存；另一方面，通过加强金融监管及加强一行三会之间的协调来预防系统性金融风险。然而，我们也不得不承认，消化过剩产能、过高库存与系统性风险是一个长期任务，难以一蹴而就，如果急功近利，则可能造成新的扭曲。

最后，国企混改进展不尽如人意，民营企业发展空间依然受限。这是新的中周期尚未开启的理由之三。

事实上，20世纪80年代初、20世纪90年代初与21世纪初前三次新周期的开启，都与民营企业获得了全新的广阔发展空间有关，事实上，过去30年，就是民营企业在增长贡献与就业贡献方面不断超越国有企业的历史。

然而，如下页图3所示，自2012年以来，中国民间投资增速持续下滑，由之前的30%以上下降至目前的不到10%。在2015年前后，民营企业投资增速降至国有企业投资增速以下，目前仍持续低于国有企业投资增速。至少在投资增速这个维度上来看，国进民退是我们不能回避的事实。

近年来加剧国进民退这一趋势的，有两个重要事件。事件一是2008年全球金融危机爆发后，中国政府出台了四万亿元财政刺激计划及相应的信贷放松。国有企业是这一波政府主导投资的最大受益者，而民营企业却是这一波政府主导信贷放松收缩时的最大受害者。事件二是最近两年的供给侧结构性改革。诚然，供给侧结构性改革在加速行业库存与产能出清、提振企业利润

---

① PSL：pledged supplementary lending的缩写，即抵押补充贷款，是由中国人民银行2014年创设的储备政策工具。

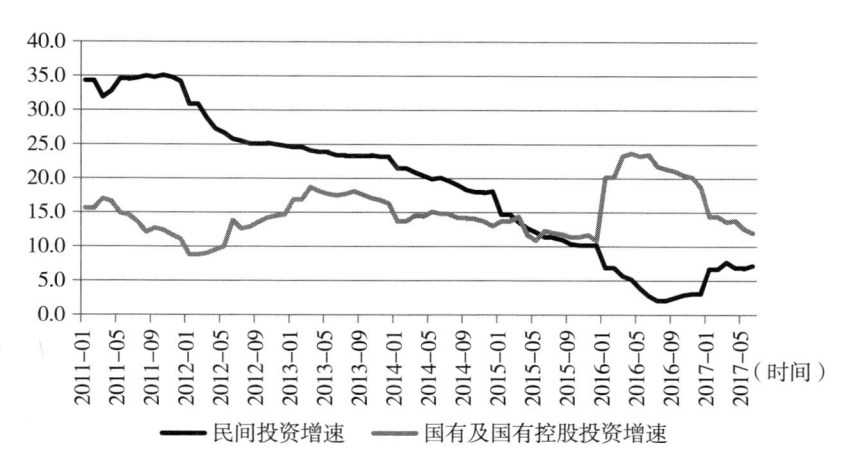

数据来源：CEIC。

图3 国有投资与民间投资的增速比较

率方面做出了很大贡献。但供给侧结构性改革的一个副作用却是，进一步强化了大中型国有企业在上中游行业的地位，进一步挤出了上中游行业的民营企业投资空间。

考虑到民营企业在体制机制上比国有企业更加灵活、在经营效率上高于国有企业、在对增长与就业的贡献上不容忽视，如果民营企业找不到新的发展空间，那么认为中国经济已经进入新周期的观点就显得不切实际。

笔者认为，考虑到目前制造业整体面临产能过剩、供给侧结构性改革进一步限制了民营企业对上中游行业的投资空间，那么未来民营企业投资的出路，将主要在服务业。因此，加速国有企业混合所有制改革，尤其是打破国有企业对教育、医疗、养老、金融、电信等若干服务业部门的垄断，真正向民间企业开放这些行业，这不仅能够刺激新一轮民间企业投资，而且有助于提振中国经济的生产率、改变金融空转与脱实入虚的格局。

综上所述，在十九大之后，中国经济确实有可能开启新一轮中周期。但中周期开启的前提，是重大结构性改革能否如期实施、实体风险与金融风险能否真正出清、民营企业能否找到新的发展空间。一言以蔽之，有重大改革才有全新周期，消极坐等新周期则是危险的一厢情愿。

中国经济：新三难选择下的艰难权衡[①]

国际经济学中有一个著名的三难选择（trilemma）或不可能三角（impossible trinity），即一个国家无法同时实现固定汇率制、资本自由流动与独立的货币政策。例如，对于过去的中国经济而言，一方面需要独立的货币政策，另一方面想维持人民币兑美元汇率的稳定，就不得不保持较为严格的资本账户管制。而对于当前（截至2018年8月）的中国经济而言，一方面仍然需要独立的货币政策，另一方面出于经济发展考虑而不得不逐渐开放资本账户，这就意味着必须显著增强人民币汇率机制的弹性。

笔者认为，中国的宏观经济事实上面临着一个新的三难选择。在这个不可能三角形中，一极是外部环境的确定性，一极是防控系统性金融风险，一极是宏观经济稳定增长。中国政府只能同时实现上述三个目标中的任意两个，而不得不放弃另外一个。

例如，中国政府之所以能够在2016年年底至2017年年初出台金融业去杠杆、控风险的举措，一个很重要的原因就是外部环境从2016年下半年开始显著改善，由此导致的贸易部门对经济增长的贡献，能够在一定程度上抵消金融业去杠杆、控风险对宏观经济的负面影响。换言之，在外部环境确定性较强时，中国政府能够较好地实现防控系统性金融风险与宏观经济稳增长之间的平衡。

2016年全年，最终消费支出、资本形成总额与货物和服务净出口三大引擎，对GDP增长的贡献分别为4.3%、2.8%与-0.4%。而在2017年，上述三

[①] 本文写于2018年8月。

大引擎对GDP的贡献分别为4.1%、2.2%与0.6%。不难看出，受到全球经济协同性复苏的拉动，贸易部门对经济增长的贡献在2017年提高了整整1%，这完全弥补了金融控风险导致的投资对经济增长的贡献的下降（仅0.6%）。2017年与2016年相比，消费对经济增长的贡献也下降了0.2%。这就意味着，最终使GDP增速由2016年的6.7%上升至2017年的6.9%的唯一真正原因，其实是外部环境改善而带来的贸易部门的贡献。

然而到了2018年上半年，中国经济的外部环境可谓急转直下。一方面，全球协同复苏的格局未能得到维持，反而重新分化。例如，除了美国之外，欧元区、英国、日本等国家和地区的经济增速均出现下滑。又如，受美元指数走强与投资者风险情绪下降的影响，阿根廷、俄罗斯、土耳其、巴西、南非等新兴市场经济体重新面临资本大量流出，本币剧烈贬值与资产价格显著下跌的冲击。另一方面，中美贸易摩擦显著加剧。双方第一轮加征关税已经开始实施，未来双方冲突有可能进一步加剧。考虑到中国对美国的贸易顺差占到中国整体贸易顺差的一半以上，中美贸易摩擦加剧可能会显著压缩中国的贸易顺差。

在上述两方面外部环境的不利冲击下，贸易部门对中国经济增长的贡献无疑会再度由正转负，这就会使贸易部门对增长的贡献不仅不能继续对冲防控系统性金融风险对经济的负面影响，反而会造成贸易部门冲击经济，以及防控系统性金融风险冲击经济的共振格局，这无疑会使中国政府在宏观经济稳增长方面面临更加严峻的局面。

事实上，在2018年上半年，最终消费支出、资本形成总额与货物和服务净出口三大引擎对GDP增长的贡献分别为5.3%、2.1%与-0.7%。不难看出，贸易部门对GDP增长的贡献在2016年至2017年上半年的净变化是-1.3%！而2018年上半年GDP增速能够稳定在6.8%的唯一原因则是，消费的贡献与2017年相比提升了1.2%。有趣的是，2018年6月的社会消费品零售总额累计同比增速（9.4%）要低于2017年6月的水平（10.4%）。唯一能够解释消费对GDP的贡献不降反升的原因是，居民对服务品的消费显著上升。然而，这一点缺乏高频数据的验证。

更令人担忧的是，一系列高频金融数据在近期显著下行，这预示着中国经济增速在2018年下半年很可能显著下滑。例如，2018年7月的M1与M2同比增速分别仅为5.1%与8.5%，显著低于2017年7月的15.3%与8.9%，以及2018年1月的15.0%与8.6%。此外，2018年2月至7月，中国M1同比增速已经连续6个月低于M2同比增速。从历史经验来看，M1增速持续低于M2增速，通常意味着经济周期即将进入衰退期。又如，受金融监管加强与影子银行资产回表影响，在2018年5月、6月、7月，社会融资规模增量已经连续三个月显著低于人民币贷款增量，这意味着整个影子银行融资体系的坍塌，以及中小企业融资难、融资贵的问题将进一步加剧。

在相关政策没有显著变化的前提下，中国经济增速在2018年下半年有望显著下行。一方面，中美贸易战的加剧很可能进一步压缩中国的整体贸易顺差，而中国出口增速的下降通常会带动制造业投资增速的下行。另一方面，针对地方政府债务的管控将导致基建投资增速加速下行，而房地产市场调控将导致房地产投资增速逐渐下行。此外，在居民可支配收入增速没有显著上升，居民部门收入分配失衡显著拉大，居民部门过去10年已经显著加杠杆的大背景下，很难指望消费对经济增长的贡献能够进一步提升。因此，如果政府政策没有显著变化，中国GDP增速在2018年第三季度就可能降至6.5%左右，甚至在第四季度进一步下降至6.3%上下。

不过从2018年第二季度起，尤其是自2018年7月以来，中国政府的宏观金融政策已经发生了显著变化。我们可以从四个层面来概括这种变化。

首先，从货币政策来看，中国央行在2018年4月、6月分别进行了两次定向降准。在2018年5月，央行扩大了MLF的抵押品范围。在2018年7月国务院常委会召开之后，央行显著扩大了MLF的资金规模。此外，市场还传言，央行对商业银行进行窗口指导，要求商业银行用通过MLF获得的资金去购买信用评级较低的企业债。换言之，央行在流动性操作方面已经变得更加积极。

其次，从财政政策来看，由于2018年上半年地方政府专项债的发展进度显著低于预期，从2018年7月起，中国政府开始敦促地方政府加快专项债发债速度。此外，地方融资平台在融资方面面临的约束明显松动，尤其是地方融资平台在在建项目方面面临的融资约束更是显著放松。当前，"财政部提供信用，央行提供流动性"的新的定向宽松政策似乎已经成型。

再次，在金融监管方面，从2018年第二季度开始，金融监管的节奏已经明显放缓。从近期出台的资管新规及理财新规细则来看，规则的严厉程度显著低于此前的市场预期。

最后，近期人民币汇率出现了显著贬值。人民币兑美元汇率由2018年5月底的6.4144贬值至2018年8月16日的6.8946，两个半月内贬值了7.5%。人民币兑CFETS货币篮子的汇率指数则由2018年6月15日的97.85贬值至2018年7月31日的92.41。值得一提的是，近期人民币兑美元与兑CFETS货币篮出现的双贬现象，应该是2016年年初央行引入CFETS货币篮之后首次出现。近期人民币汇率的贬值，一方面与美元指数持续走强有关，另一方面则与美联储在持续收紧货币政策，而中国央行则从2018年第二季度起开始放松货币政策有关。人民币汇率的贬值，的确有助于缓解中美贸易战对中国贸易部门的不利冲击，但同时也可能加剧国内股市与债市的波动。

上述四方面的政策调整，意味着中国政府的政策指针，在外部环境不确定性显著增强的背景下，正在从防控金融系统性风险的方向，摆向宏观经济稳增长的方向。这种政策重心的调整，一方面的确有助于稳定2018年下半年的宏观经济增长，但另一方面则可能损害中国政府防控系统性金融风险的努力。

诚然，截至2018年8月中国央行的政策放松，都冠以"定向"的标签。但众所周知，货币政策本身是一种总量型政策，期待货币政策能够精准实现"调结构"的目标，是非常不现实的。例如，尽管市场传闻央行通过窗口指导鼓励商业银行购买低等级企业债，但事实上商业银行并未显著增加对低等级企业债的购买，而是一窝蜂地大量增持平台债。这就意味着，商业银行依然认为地方财政最终会为平台债买单。又如，央行降准的一大目的是鼓励商业银行增加对中小企业的贷款。但事实上，一方面，商业银行依然认为向中小企业贷款风险很高；另一方面，表外资产回表会挤占大量的资本金与拨备，最终商业银行依然不会显著增加向中小企业的贷款。

更令人担忧的是，当前一二线城市的房地产市场正蠢蠢欲动。一二线城市房地产市场目前普遍缺乏库存，而刚需却持续存在，目前依然在靠限购限贷来维持市场大致稳定。然而，央行持续放松货币政策，很容易让潜在购房者形成房价将继续上涨的预期，这可能会造成新一轮上涨压力。例如，2018年年中的这几个月，北京的二手房市场就呈现出明显的回暖特征。随着货币政策的放松，2018年下半年的一大重要风险就是，房价上涨压力重新由三四线城市传导回一二线城市。而如果一二线城市房价出现新一轮上涨，就意味着中国金融系统性风险不降反升。

地方政府债务快速攀升，是中国金融系统性风险的另一个重要表现。根据笔者近期的估算，截至2017年年底，如果把地方政府隐性债务（大约24万亿元人民币）包含进来，那么中国政府的整体债务将达到56万亿元人民币，约为GDP的67%。这也恰恰是中国政府从2016年年底起开始大力整治地方政府债务问题的核心原因。在2017年上半年，通过对PPP①、地方融资平台举债的限制，中国地方政府债务已经基本企稳。然而，财政政策未来的放松很可能使得地方融资平台重新开始大规模举债，最终导致地方政府债务再度攀升。

换言之，在外部环境不确定性增强的前提下，中国政府的政策重心转为稳增长，这可能会损害中国政府之前关于防控系统性金融风险的努力。这正是新三难选择的核心之所在。

---

① PPP：public-private partnership 的缩写，即政府和社会资本合作，是公共基础设施中的一种项目运作模式。在该模式下鼓励私营企业、民营资本与政府合作，参与公共基础设施建设。

那么，中国政府应该如何破解新三难选择呢？我们的核心建议是，其一，要尽量避免外部环境继续恶化；其二，要坚定防控系统性金融风险的大方向；其三，出于稳增长目的的宏观政策要松紧适度，一定要坚决避免过度放松。在一定程度上，中国政府应该适度容忍较低的经济增长速度。

我们的具体建议如下。

首先，中国政府在贸易问题上应该努力避免与美国形成"以牙还牙"式的全面对抗格局，仍应主要通过加快改革开放来应对外部环境的不确定性。一方面，中国政府应该主动团结欧洲、日本、澳大利亚等其他发达国家和地区与新兴市场国家；另一方面，中国政府在与美国政府谈判的过程中，应该注意方式与策略。

其次，中国政府应该向市场明示，防控系统性金融风险的大方向不会动摇，目前的宏观政策与监管节奏调整仅仅是缓解去杠杆政策对增长与市场造成的冲击，而非逆转去杠杆政策的方向。

再次，中国政府应该继续坚持对房地产市场的调控，而且应尽快采取在一二线城市扩大供给的方式来缓解房价上涨压力。

然后，中国政府应该避免财政政策与货币政策的过度宽松，以免重蹈2014年甚至2009年的覆辙。

最后，中国政府应该通过加快国内结构性改革的方式来改善经济增长效率，提升潜在经济增速及增强市场主体信心。

新中国成立70年来宏观经济的增长成就与结构变化[①]

2019年是新中国成立70周年。这70年内，中国人民在中国共产党的带领

---

① 本文写于2019年9月。

下，轰轰烈烈、筚路蓝缕地建设中国特色社会主义。中国特色社会主义建设既取得了辉煌的成就，也经历过动荡与曲折。本文将从宏观经济增长、经济结构变化、人口结构变化与货币金融这四个角度，来总结与梳理新中国成立 70 年来中国宏观经济所取得的伟大成就，以及中国经济面临的一系列结构性变化。

一、宏观经济增长

新中国成立 70 周年以来，中国经济总量与人均收入均显著增长，如图 1 所示。中国现价 GDP 由 1952 年的 679 亿元增长至 2018 年的 90.03 万亿元，中国的人均 GDP 则由 1952 年的 119 元增长至 2018 年的 64 644 元。不过，无论是 GDP 总量的增长，还是人均 GDP 的增长，绝大部分都发生在改革开放的 40 年内。

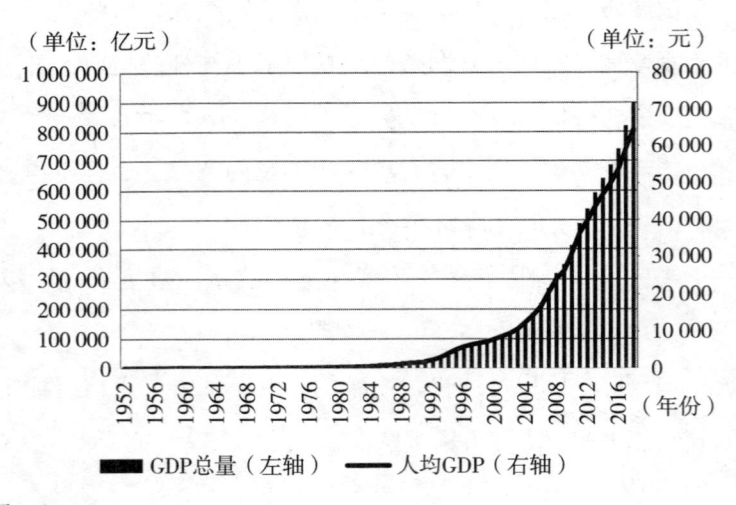

数据来源：Wind。

图 1 中国 GDP 总量与人均 GDP 的年度变动

1953 年至 2018 年这 66 年间，中国 GDP 年均增速为 8.4%。在 1953 年至 1977 年，中国 GDP 年均增速为 6.5%，而在 1978 年至 2018 年，中国 GDP 年均增速上升至 9.5%。从图 2 中也可以看出，在进入 21 世纪之后，中国 GDP 增速的波动性显著下降。这一方面与国内外环境变化有关，另一方面也反映了中国政府宏观调控水平的提高。从通胀（GDP 平减指数）变化来看，中国通货膨胀率有一次超过了 20%（1994 年），有四次超过了 10%（1961 年、1985 年、1988 年、1993—1995 年）。进入 21 世纪之后，中国通货膨胀水平与 20 世纪 80 年代和 20 世纪 90 年代相比显著下降。

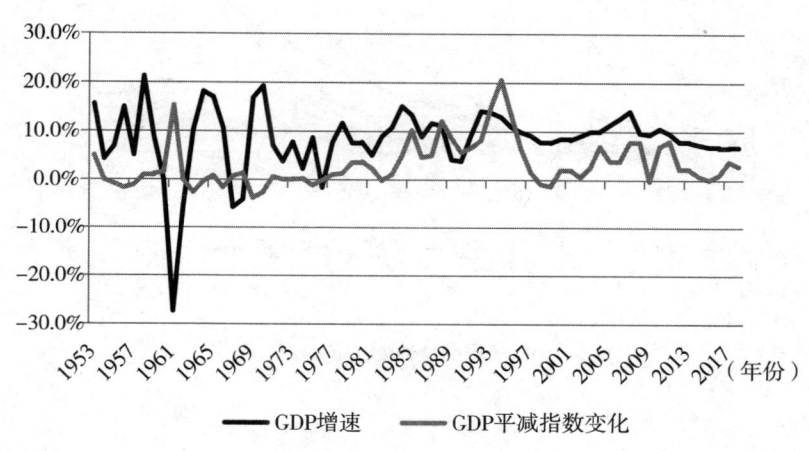

数据来源：Wind。

图 2　长周期中国经济增速与通胀状况

中国经济在改革开放以来长期持续快速增长，使得中国经济总量在全球的排名逐渐上升。如图 3 所示，中国 GDP 总量分别在 2005 年、2006 年、2007 年与 2010 年赶超法国、英国、德国与日本，一举成为全球第二大经济体。如此之快的赶超速度，在全球经济发展史上可谓罕有其匹。更重要的是，中国经济总量与美国之间的差距正在不断缩小。1957 年中国经济总量仅为美国的 9.2%，1978 年中国经济总量仍然仅为美国的 9.3%，但 2018 年中国经济总量已经达到美国的 66.2%（见图 4）。不过，中国人均 GDP 目前距离美国仍有较大差距，1957 年、1978 年与 2018 年，中国人均 GDP 分别为美国人均 GDP 的 2.5%、2.2% 与 15.6%（见图 5）。从上述分析中不难看出，中国经济对美国经济的赶超，不论从总量意义还是人均意义来看，均完全发生在改革开放这 40 余年内。这充分说明了改革开放对中国经济增长的重要意义。

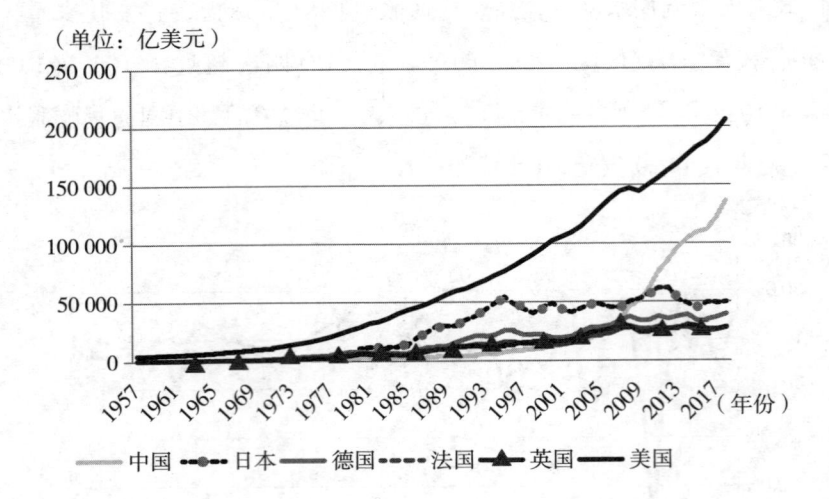

数据来源：CEIC。

图3　中国大国地位的崛起（GDP 总量）

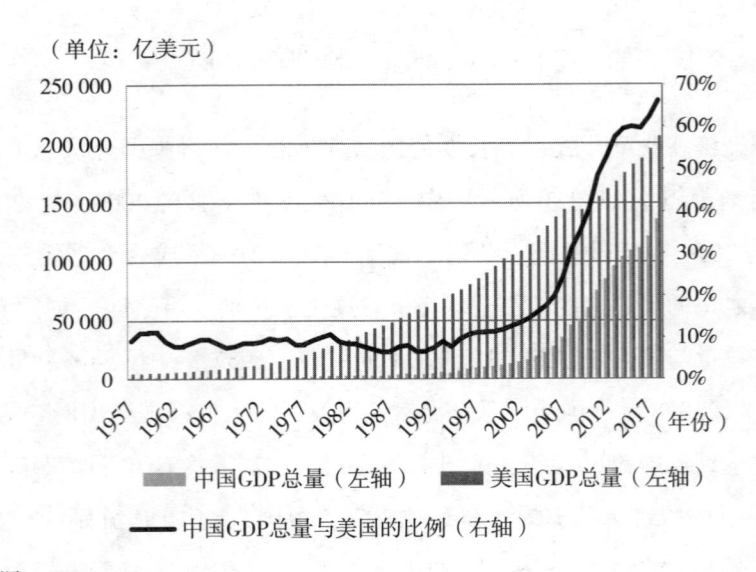

数据来源：CEIC。

图4　中国对美国的追赶（GDP 总量）

（单位：美元）

图5 中国对美国的追赶（人均GDP）

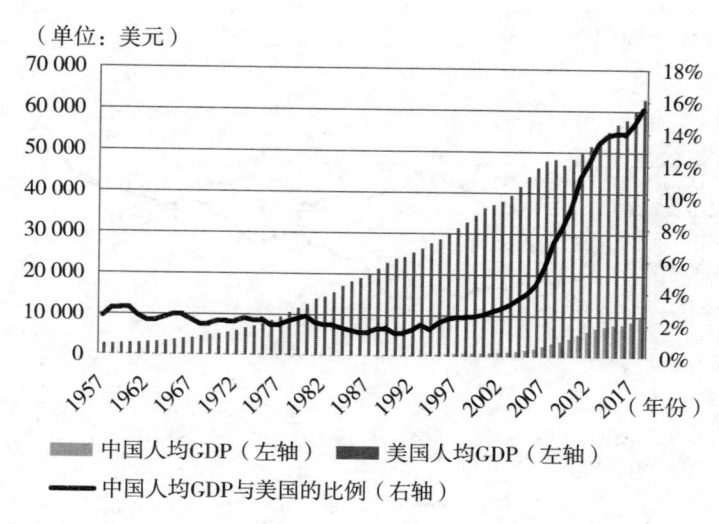

数据来源：CEIC。

二、经济结构变化

在新中国成立之初，中国是一个典型的农业国。1952年，中国农业产出的GDP占比达到50%，且农业的就业占比高达84%。总体而言，在新中国成立70年以来，农业的产出与就业占比持续下降，而制造业与服务业的产出和就业占比则持续提升。不过值得一提的是，就该产业产出占GDP的比例而言，制造业的上升阶段主要在改革开放之前，而服务业的上升阶段主要在改革开放之后，如图6所示。从具体时点来看，从1970年起，制造业产出占比持续超过农业，成为中国产出占比最高的行业，这意味着中国经济正式进入工业化时代；从2012年起，服务业产出占比持续超过制造业，成为中国产出占比最高的行业，这意味着中国经济正式进入后工业化时代。

不过，中国就业结构的变动严重滞后于产业结构的变动，如图7所示。尽管农业就业占比持续下降，但直到2011年，服务业就业占比才超过农业，到2014年，制造业就业占比才超过农业。事实上，农村人口向城市的流动、农业人口向制造业与服务业的流动，一直是改革开放40年来中国非常重要的经济现象与社会现象。

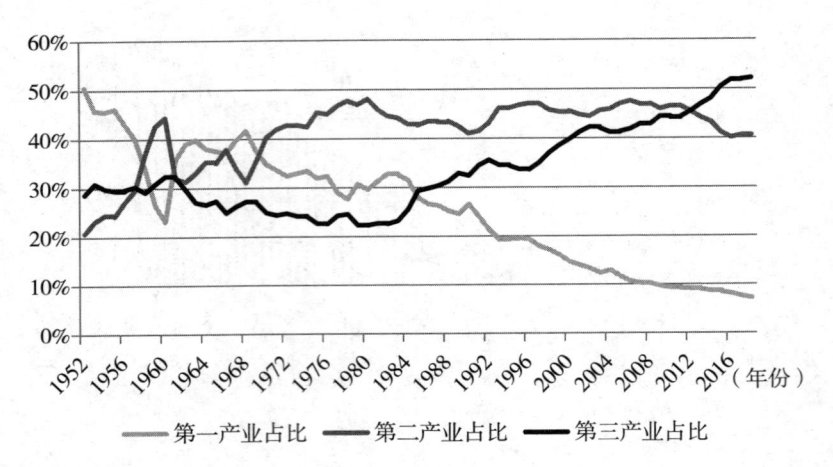

图6　三大产业在GDP中的占比变化

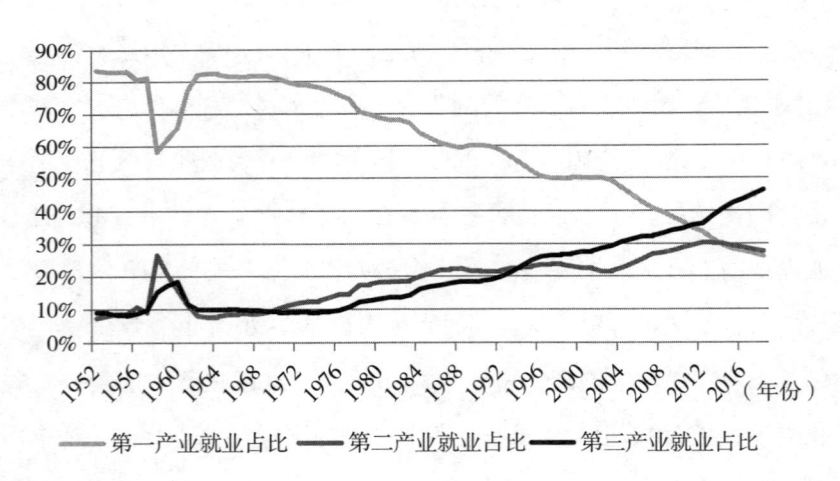

数据来源：Wind。

图7　三大产业就业占比的变化

数据来源：Wind。

我们也可以用支出法来分析三大最终需求占GDP比重的变化。总体而言，1962—2010年，最终消费支出占GDP的比例持续下降，由1962年的83.8%下降至2010年的48.5%；资本形成总额占GDP的比例持续上升，由

1962年的15.1%上升至2011年的48.0%，如图8所示。不过，从2011年至今，最终消费占GDP的比例重新持续上升，而资本形成总额占GDP的比例总体上趋于下降。货物与服务净出口占GDP的比例在2007年一度达到了8.6%的峰值，但自2007年开始逐渐下降，2018年仅为0.8%。

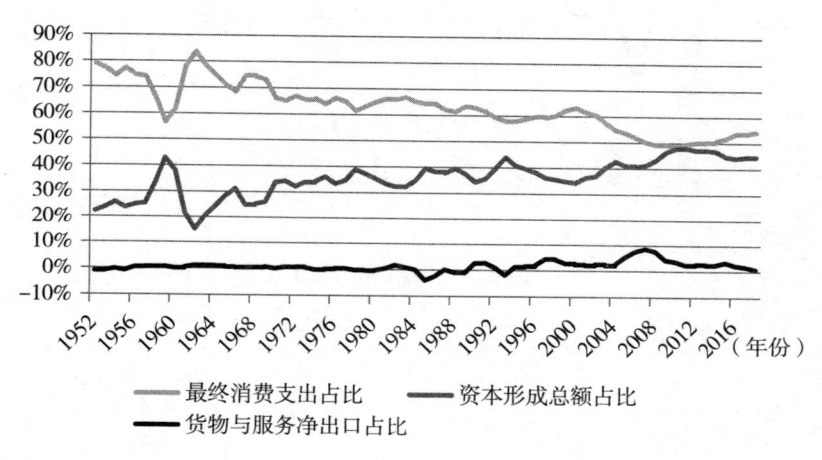

数据来源：Wind。

图8 三大支出占GDP的比例的变化

中国长期以来依靠投资驱动的经济增长模式，在很大程度上受到中国高储蓄率的支撑。中国国内总储蓄率在1962年至2010年总体上持续上升，由1962年的16.2%攀升至2010年的51.6%，如下页图9所示。不过从2010年至今，中国国内总储蓄率已经开始持续回落。

与货物和服务净出口占GDP的比例的变动相对应的，是中国贸易依存度的变化。中国贸易依存度从改革开放以来显著上升，并自中国加入WTO之后加速上升，在2006年达到64.2%的顶峰，如下页图10所示。但截至2018年，中国的贸易依存度已经下降至33.9%。这说明随着经济体量的扩张，中国经济增长对进出口的依赖程度已经显著下降。

数据来源：Wind。

图9　中国储蓄率的变化

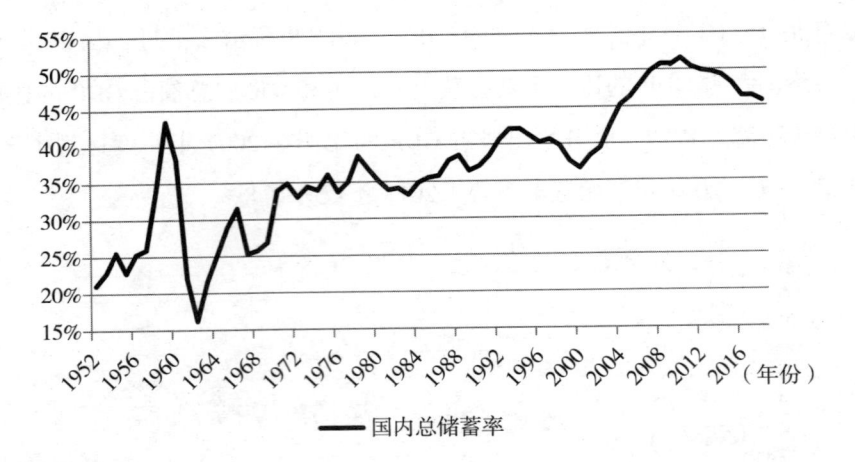

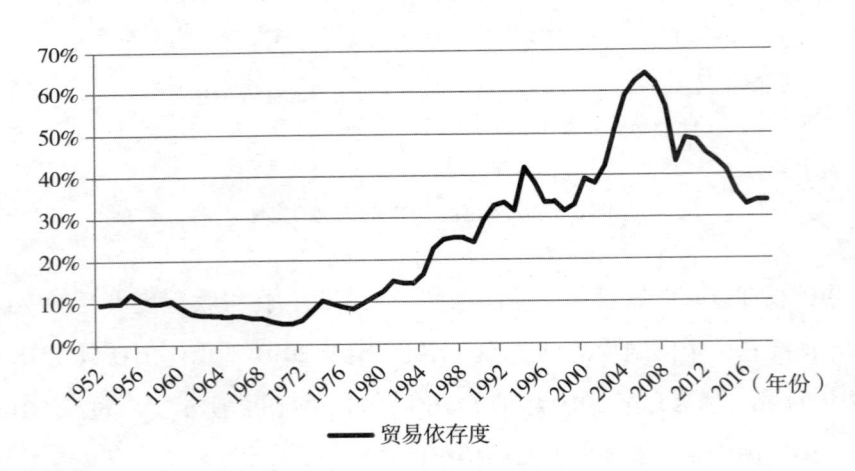

数据来源：Wind。

图10　中国贸易依存度的变化

从国民收入初次分配的部门占比来看，如图11所示，1996—2008年，居民部门占比总体上持续下降，由67.2%下降至57.6%，降低了大约10个百分点。而同期内，企业部门占比则由12.8%上升至28.3%。但从2008年至今，居民部门占比转为上升，而企业部门占比转为下降。而1992—2016年，政府部门占比先降后升，1995年是最低点。

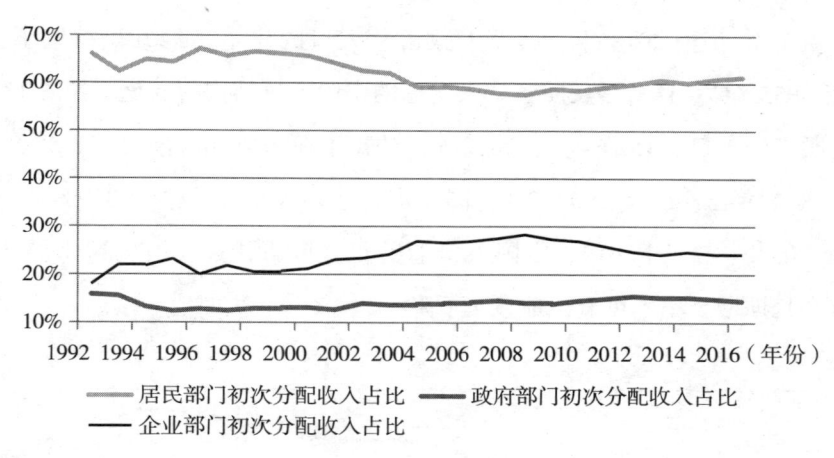

图11 三大部门初次分配收入占比的变动

数据来源：Wind。

三、人口结构变化

1949—2018年，中国人口总量由5.4亿人增加至14亿人（见图12）。其

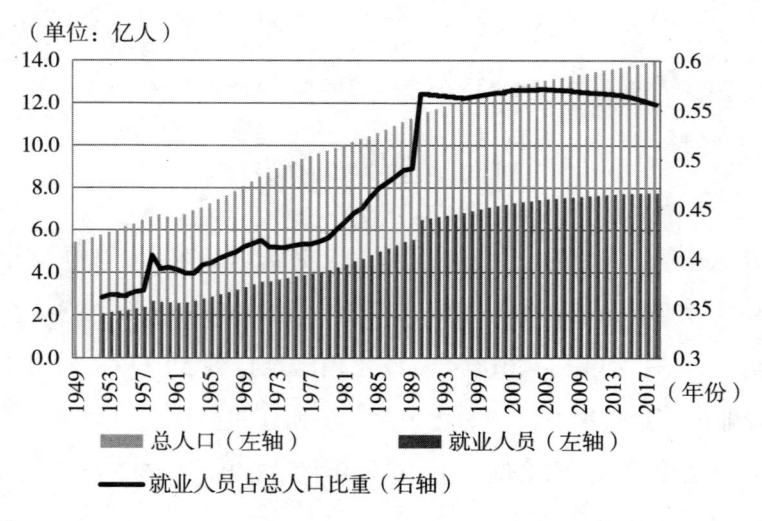

图12 中国人口总量与就业人数的变动

数据来源：Wind。

中就业人数占总人口的比重，则由1949年的36.1%上升至2014年的57.1%。不过，从2014年至2018年，就业人数占总人口的比重已经开始持续下降，2018年为55.6%。这背后反映了令人忧虑的中国人口结构的变化。如图13所示，中国工作人口（15~64岁）占总人口的比重在2010年达到了74.5%的顶峰，到2018年已经下降至71.2%。同期内，老年人口占比则由8.9%上升至11.9%。在未来二三十年内，中国人口老龄化程度将快速攀升，这将导致中国经济中长期增长率不可避免地显著下降。

数据来源：Wind。

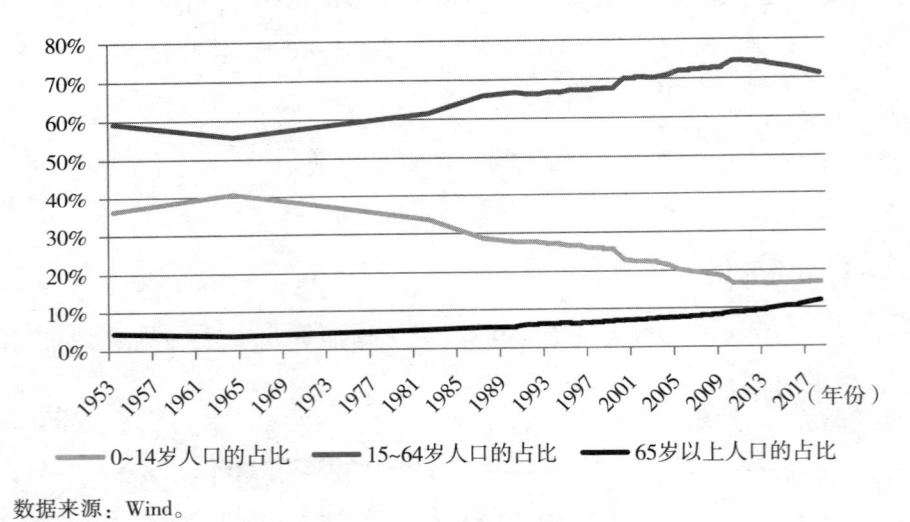

图13 人口年龄结构的变化

随着中国产业结构的变化，大量农民工进入城市工作，中国城市化进程在改革开放后显著提速。中国城镇人口占比在1949年仅为10.6%，到1977年上升至17.6%，而到了2018年，该比例已经达到59.6%，如图14所示。国有企业非但不是吸纳农民工的主力军，反而还在向社会释放劳动力。国有企业就业占城镇就业的比例，由1978年的78.3%持续下降至2018年的14.3%，如图15所示。

数据来源：Wind。

图 14　中国城市化率的变动

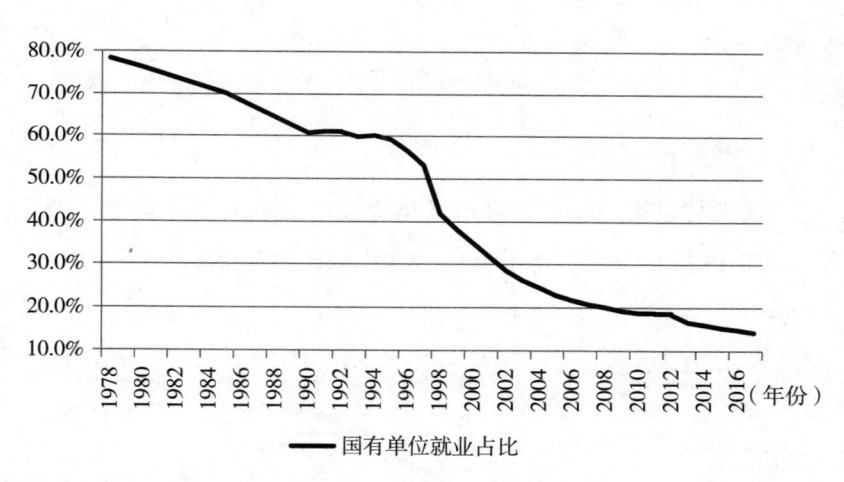

数据来源：Wind。

图 15　中国国有企业就业占比

劳动生产率的变动在一定程度上可以反映经济体增长的效率。尽管全员劳动生产率增速在 2000 年之前波动率很大，但 1979 年至 2007 年，全员劳动生产率增速总体上是上升的，由 1979 年的 5.4% 上升至 2007 年的 13.7%，如图 16 所示。但在 2007 年至今这段时间内，全员劳动生产率增速总体上持续下降，截至 2018 年已经跌至 6.6%。劳动生产率增速的持续下降，说明技术

115

进步的速度已经赶不上劳动力成本的上升速度，这意味着经济增长效率的持续放缓，值得我们格外重视。

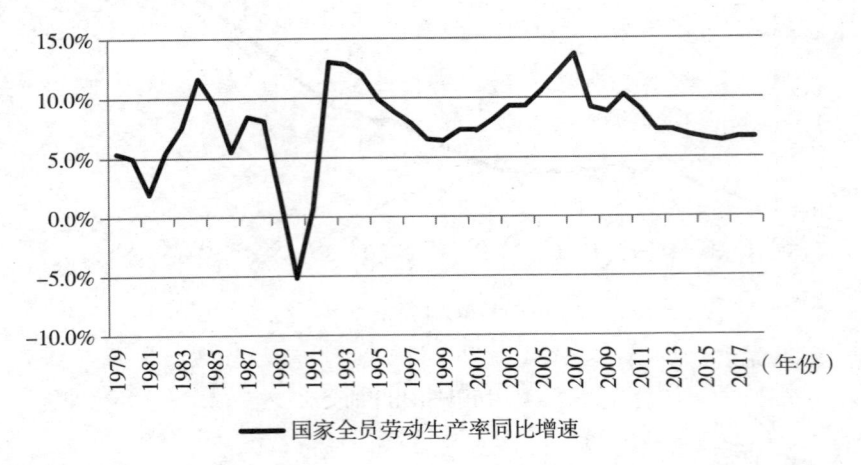

数据来源：Wind。

图16 劳动生产率的变动

四、货币金融

自改革开放以来，随着价格市场化的推进，中国经济的货币化程度不断提高。如图17所示，广义货币M2占GDP的比例在1985年至2016年不断攀

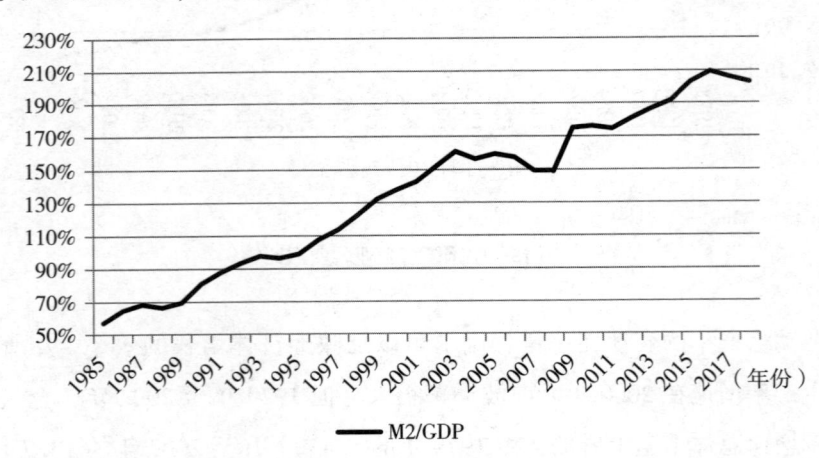

数据来源：Wind。

图17 中国M2占GDP的比例的变化

升，由1985年的57.1%上升至2016年的209.5%。有观点将M2占GDP的比例的上升归结为中国央行货币超发的结果，并认为这是导致中国房价持续上涨的根源。其实，M2占GDP比例持续上升，与中国银行业主导金融机构、资本市场不够发达的格局密切相关。值得注意的是，受近年来中国政府金融去杠杆、控风险行动的影响，中国的M2占GDP的比例在2017年、2018年已经持续下降。

图18反映了中国各金融市场发展的相对规模。不难看出，商业银行目前仍是中国金融市场上的主导力量。商业银行总资产占GDP的比例高达300%。总体而言，中国股市总市值占GDP的比例在2000年至2018年期间没有显著进展，2018年股市总市值占GDP的比例与2000年基本持平。相对于股市，中国债市的发展程度要稍快一点（债市市值占GDP的比例由2002年的23.1%上升到了2018年的64.9%），但和商业银行总资产相比依然不够快。中国公募基金管理资产规模占GDP的比例的提升也很缓慢，截至2018年仅为14.5%。

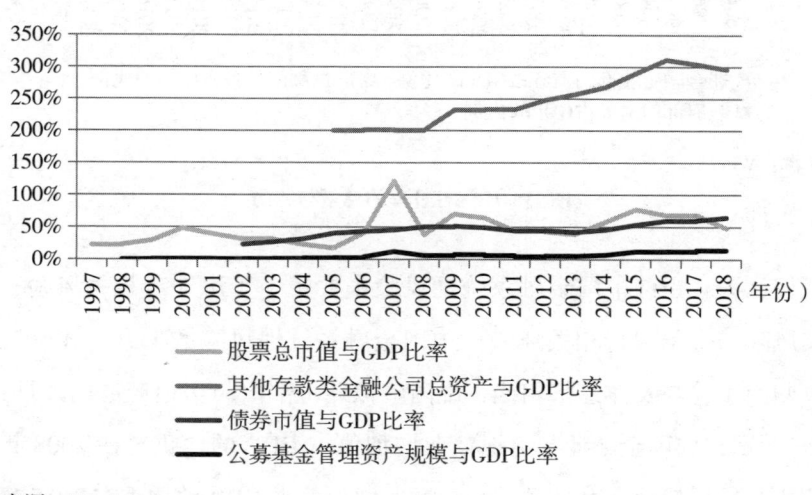

数据来源：Wind。

图18 中国各金融市场发展程度

1995年至2018年，中国经济总杠杆率由GDP的98%上升到了244%。杠杆率上升得最快的时期分别为1995—2003年及2008—2017年（见图19）。从部门分布来看，当前中国的杠杆率主要集中在企业部门（2018年高达GDP的154%）。不过，过去10年来居民部门的杠杆率的上升也不容忽视（2008—2018年，居民部门债务由GDP的18%上升至53%）。杠杆率的快速上升意味着金融风险的积聚与显性化。而从2016年年底起，中国政府已经开始了金融业降杠杆、控风险、严监管的行动。2018年中国国民经济杠杆率已经开始不升反降。

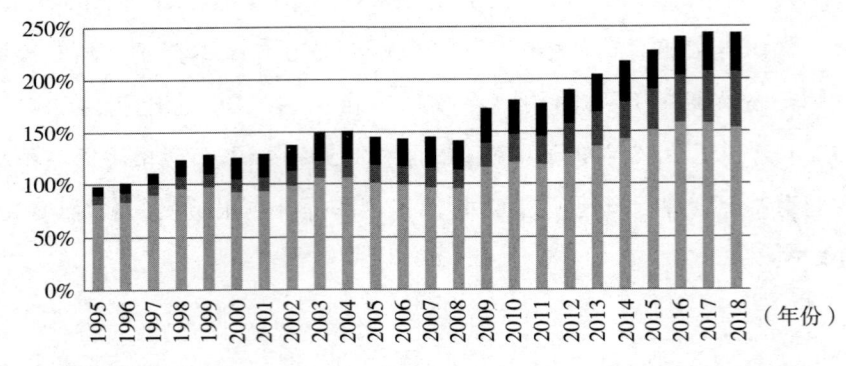

数据来源：Wind。

图19　中国杠杆率的总量与结构

我们认为，当前中国金融系统性风险主要集中于房地产相关风险、地方债相关风险与影子银行相关风险。中国金融系统性风险的上升，在一定程度上可以归因于，与实体经济相比，中国虚拟经济部门与房地产部门发展过快。如图20所示，中国金融业与房地产业增加值占GDP的比重，在2008年全球金融危机爆发后快速上升。尤其是金融业增加值占GDP的比重在2015年已经超过了美国金融业增加值占GDP的比重，这说明出现了较为明显的金融空转与脱实入虚。随着中国政府金融监管的加强，相关风险目前已经得到了初步

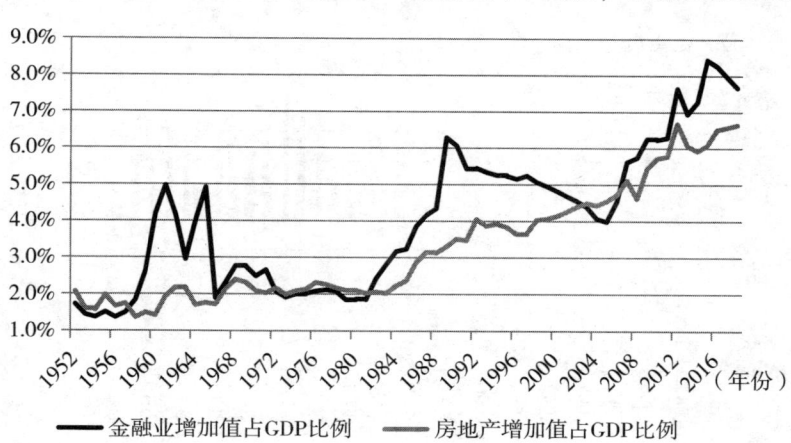

抑制。然而，系统性金融风险防范这一攻坚战尚未完成，依然任重道远。

数据来源：Wind。

图20 金融与房地产行业增加值占GDP的比例的变化

随着中国逐渐融入经济与金融全球化，中国国际收支的规模与重要性均在持续上升。在1999年至2011年，中国的国际收支曾经出现过持续的经常账户与非储备金融账户双顺差。在双顺差期间，资本持续流入，人民币面临升值压力，外汇储备持续增加，中国央行还不得不对外汇占款进行冲销。不过，如图21所示，自2012年至2019年，中国国际收支的波动性显著增强，一方面体现在经常账户规模持续缩小，另一方面体现在非储备性质金融账户余额的方向与规模大起大落。2014年至2019年，中国总体上面临短期资本外流与人民币汇率贬值压力（见图22）。为了防止人民币汇率过快贬值，中国央行曾经动用外汇储备干预市场，中国外汇储备距离顶峰时期缩水了大约1万亿美元。从短期来看，人民币兑美元汇率依然面临着一定的贬值压力（尤其是中美贸易摩擦重新加剧时）。从中长期来看，人民币兑美元汇率的运动方向将主要取决于中美经济基本面的变化。但随着人民币汇率市场化程度的增强，总体上人民币兑美元汇率在未来将呈现出双向波动之态势，人民币兑美元汇率在过去若干年持续单边升值或贬值的时代已经一去不复返了。

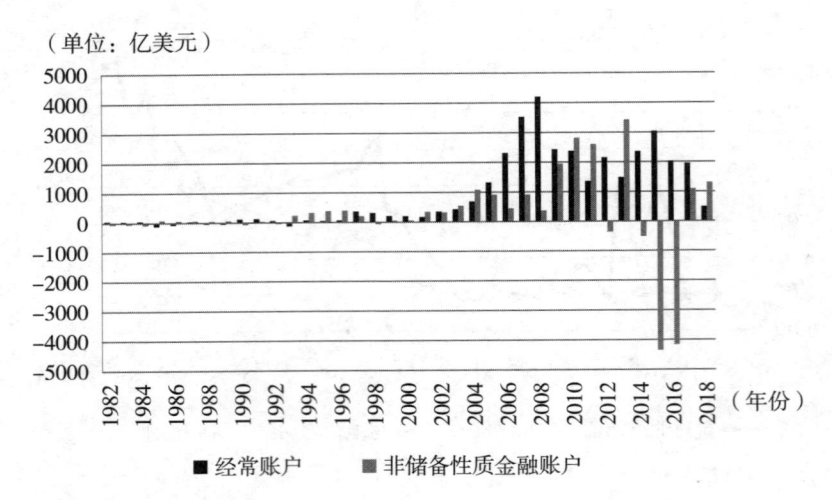

数据来源：Wind。

图 21　中国国际收支的结构性变化

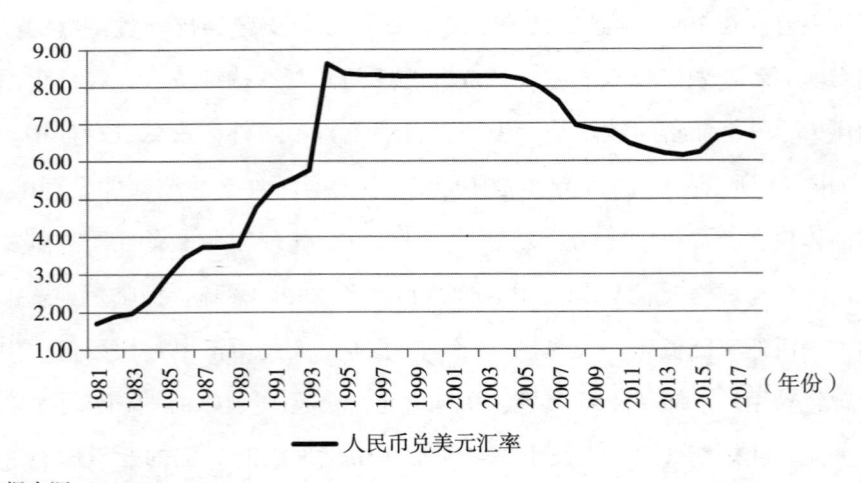

数据来源：Wind。

图 22　人民币汇率的变化

五个城市三角：新时代中国经济增长主引擎[①]

2019年12月16日，习近平总书记在《求是》杂志上发表了署名文章《推动形成优势互补高质量发展的区域经济布局》。文章指出，要正确认识当前区域经济发展新形势。经济发展的空间结构正在发生深刻变化，中心城市和城市群正在成为承载发展要素的主要空间形式。文章强调，要根据各地区的条件，走合理分工、优化发展的路子，落实主体功能区战略，完善空间治理，形成优势互补、高质量发展的区域经济布局。

事实上，中国改革开放的历史，也是特定区域率先发展与崛起，再带动其他区域实现协同发展的历史。在宏观经济增速趋势性下降、增长效率持续低迷、国际贸易摩擦与地缘政治冲突长期化和复杂化的大背景下，重新激活中国新一轮的区域一体化进程，促进中西部地区经济与东部地区经济进一步融合，消除区域之间的各种壁垒，锻造交易成本更低的全国大市场，既是中国经济确保持续增长、摆脱中等收入陷阱的重要保障，也是进一步焕发消费引擎获利、推动消费持续升级的重要举措。

中国政府长期以来都有进行区域发展规划的惯例，总结1978年至今五大区域的政策规划文件可知，珠三角发展最为领先，政策与地理优势得天独厚；长三角紧随其后且发展势头迅猛；京三角先天不足，后程发力，雄安新区颇具想象空间；西三角得益于西部大开发战略，规划按部就班；中三角起步最晚，政策支持力度相对较弱。总体而言，我国的区域经济规划存在重东部轻西部、重沿海轻内陆的特征，这与中国经济长期的外向型特征有关，也与五大经济区域本身的资源禀赋优势有关。区域自身特征与政策支持的差异，客观上导致了中国区域经济发展的不平衡。

[①] 本文为张明、郭子睿合作完成，写于2019年12月。郭子睿，平安证券宏观研究员。

上述五个重点区域，每个地区都由三个重点城市组成核心城市群：大湾区的广州、深圳、佛山；长三角的上海、杭州、南京；京三角的北京、天津、雄安；中三角的合肥、郑州、武汉；西三角的成都、重庆、西安。每个城市三角中都有一个制造中心、一个金融中心、一个研发中心，三者有机互补，并带动整个区域经济的协同发展。有趣的是，京三角、长三角、珠三角由北向南一路排开，类似一张弓的弓背；西三角、中三角与长三角沿长江由西向东一路延伸，类似一支在弦的箭。新时代中国区域经济一体化的五大核心区域，正在弯弓搭箭，将助力中国经济新的腾飞。

在经济总量方面，长三角综合经济实力最好，经济总量、财政支出、房价均排名第一，人口密度、人均GDP靠前，债务压力适中；珠三角次之，优势主要在于人均GDP所代表的经济增长效率和质量较好，政府债务压力较小；京三角各方面分化明显，政府支出规模较大且政策支持效率较高，但人口密度较大且平均房价较高，人均GDP显著偏低；中三角和西三角实力较前三个城市群有显著差距，西三角各方面均不突出，中三角优势在于人均GDP较高，政府债务压力较小。

在经济结构方面，从生产端和需求端两个角度观察，长三角服务业与消费领先，珠三角工业与出口领先，京三角没有特别突出的优势，服务业相对靠前；西三角投资与农业领先，消费也较为靠前；中三角整体偏弱，经济结构与西三角有相似之处，投资与农业有相对优势。经济越发达的地区，增长的投资依赖程度越低。不过，消费对增长的贡献度，各城市群差异不大，社零规模在GDP中的占比均在30%~40%水平，这主要是由于我国的整体消费层次仍然不高，以中低端消费、必需品消费为主，导致经济发达地区和欠发达地区的消费对GDP的贡献度未有明显差异，消费升级未来仍有较大的潜力。

在交通区位方面，五个城市群地理位置的差异和优势是非常显著的。京三角、长三角、珠三角位于沿海地区，都存在具备国际水平的港口群，成为中国对外开放和国际贸易的窗口。而中三角、西三角虽地处内陆，但纵贯南北、连接东西的地理位置使其天然具备成为铁路交通枢纽的优势。而中三角的郑州和武汉，在我国"八横八纵"的铁路规划中占据了重要地位。

在资源禀赋方面，长三角的金融实力、科研投入与港口运力均领先，也具有一定的后备科研实力；珠三角环境质量最好，港口运力有明显优势，科研投入也较大；京三角铁路运力和科研实力显著领先，金融实力与科研投入也排名靠前，环境质量是最大短板；中三角铁路运力排名靠前，因为地理位置决定了交通，这是其最大的优势；西三角在后备科研实力、铁路运力方面有一定优势，金融实力略好于中三角。与综合经济实力相比，各城市群的资源禀赋优势差异较为明显，这也为推进五大城市群之间的协同合作创造了条件。

综合考虑五大城市群当前的经济发展状况和资源禀赋优势，我们参照国际著名城市群的经验对其进行定位。

长三角可对标纽约城市群。两者均综合实力强大，科技、金融、外贸等方面均发展成熟。对于长三角而言，纽约城市群最值得借鉴的是利用全方位的综合优势，站在时代前列，引领全国的技术革新。纽约都市圈在200年的发展过程中，在美国整体经济发展变迁的关键节点，都发挥了引领经济转型与技术变革的作用。当前中国经济正处于结构性调整的关键阶段，长三角城市群应当充分利用自身强大的综合经济实力，科技、金融与对外贸易的优势，在中国新一轮的经济转型当中发挥领头羊的作用。

珠三角可对标旧金山城市群。珠三角高科技初创企业的聚集，使其具备典型的优于其他城市群的创新基因，这与美国旧金山城市群以硅谷为代表的高科技企业聚集区发展路径相一致。时至今日，硅谷仍然引领着美国乃至全球的高新技术发展，旧金山城市群及硅谷的经验值得珠三角参考借鉴。第一，高新技术、风险资金、人力资本的高度融合；第二，国家政府力量的支持；第三，支持创新的法律、市场和文化环境；第四，研究机构与企业良性互动，从而提高研究成果向产品转化的效率。

京三角可对标韩国首尔都市圈。对京三角而言，目前核心的问题之一就是雄安新区的建设和发展，韩国世宗市的迁移和建设经验可以为雄安新区提供参考。第一，新城建设需合理定位，明确短、中、长期的建设重点。第二，充分发挥政府作用，同时要处理好政府与市场的关系。在新城建设初期，充分发挥政府的行政和资金优势，对产业和企业进行优惠补贴；待新城具备一定功能后，则重点发挥市场在资源配置中的作用，调动民营资本的积极性。第三，产业疏导要有序，以避免削弱大城市的核心竞争力。

中三角作为内陆地区的城市群，可以对标同样未处于沿海地区的北美五大湖城市群。北美五大湖城市群的交通建设和产业多元化发展方向是中部地区借鉴的对象。第一，重视以核心城市为中心的交通体系建设。核心城市依靠交通对周围地区的辐射作用，能够推动卫星城市、新城市的孕育，进而改变原有的城市群结构。第二，充分结合本区域的资源禀赋、产业基础，重视多元化发展战略。中三角一方面应当以郑州、武汉、合肥等核心省会城市为中心，加快高铁铁路网的建设，强化省会城市交通枢纽地位；另一方面则应当依据自身的特色，制定区域内多元化发展的战略，以承接沿海领先城市群的产业转移。

西三角互补的产业和资源结构，可以学习美国东北部城市群的产学研结合的经验。第一，核心城市间应分工明确，错位发展：纽约是金融中心和国际交流中心；华盛顿是政治中心；波士顿是教育中心；费城的金融、医疗、生物、信息等第三产业发展较快；巴尔的摩是区域内的交通枢纽。第二，充分发挥本区域的教育资源，推动产学研的深度融合，为区域经济发展提供动力。美国东北部城市群教育资源十分丰富，目前已建立起政府主导型、高校主导型、校企联合型三种类型的产学研合作体系。西三角各城市在经济状况与核心资源禀赋上具有典型的错位互补特征。重庆的金融实力领先，成都的科研投入力度较大，西安则是交通运力及科研实力方面具备优势。因此，西三角三大核心城市可以依据其不同的优势资源，走错位互补发展的道路。此外，西三角地区的优质高校的数量和高新区企业的数量仅次于京三角和长三角，有望成为内陆地区产学研结合发展的领头羊。

每个城市群内部都有一个金融中心、一个制造业中心和一个研发中心，使得城市群本身能够各有侧重，形成区域内协同发展的效应。而在五个城市群之间，由于自身发展程度与优势资源的不同，也形成了各自独特的定位和发展方向。

长三角定位于经济转型，基于自身强大的综合实力，应当致力于成为中国本轮经济转型与结构调整的领头羊。珠三角定位于引领创新，应当利用自身良好的科技创新基因和文化氛围，引领高新技术人才和企业的聚集，成为五大城市群中创新发展的一面旗帜。京三角定位于制度改革，应当以雄安新区的建设为契机，促进目前尚不平衡的京津冀地区的协同发展，并利用自身制度优势，探索新一轮制度改革的路径。中三角定位于交通枢纽，一方面应当以核心城市为中心，加快铁路网建设，强化自身的交通枢纽地位，另一方面可以致力于承接长三角的产业转移，促进区域内的多元化发展。西三角定位于研发融合，可以利用城市间优势资源互补的特征，推动核心城市的错位发展，并充分发挥本区域的教育资源优势，推动产学研的深度融合。总体而言，长三角和珠三角在前，推动经济转型与技术创新；京三角在中，探索制度改革路径；中三角和西三角在后，承接产业转移。五大城市群形成阶梯发展的雁形模式，将成为未来引领中国经济的五大增长极。

2020：稳增长、调结构与控风险的微妙平衡之年[①]

2007年至2018年，中国GDP增速由14.2%持续下行至6.6%。2019年前

---

① 本文写于2020年1月。

三个季度，中国 GDP 同比增速分别为 6.4%、6.2% 与 6.0%。预计 2019 年第四季度 GDP 增速将低于 6.0%，2019 年全年 GDP 增速在 6.1% 左右。如果没有意外，2020 年 GDP 增速将低于 2019 年，且可能低于 6.0%。这就意味着，本轮中国经济增速探底即使在 2020 年仍尚未完成。过去 12 年中国经济增速由 14% 以上降至目前的 6% 左右，一方面的确与人口年龄结构老化、人口流动速度下降、服务业占比上升等结构性因素有关，另一方面也与中国政府以去杠杆、控风险为基调，对金融体系与房地产市场进行调控有关。

支出法一般是我们预测短期经济增长的主要框架。2019 年前三个季度，最终消费支出对当季经济增长的拉动分别为 4.2、3.4 与 3.7 个百分点；资本形成总额的拉动分别为 0.8、1.6 与 1.3 个百分点；货物与服务净出口的拉动分别为 1.4、1.2 与 1.1 个百分点。与 2016 年至 2018 年相比，2019 年前三个季度的特点是，消费与投资对经济增长的拉动弱于前三年，但净出口对经济增长的拉动强于前三年。因此，我们对 2020 年经济增速的预测可以归结于，在市场力量与政策力量的作用下，消费、投资与进出口各自对经济增长的贡献究竟是能改善、能保持还是会消退呢？

2016 年至 2018 年，社会消费品零售总额月度同比月增速的年度均值分别为 10.4%、10.3% 与 9.0%。2019 年 1 月至 11 月，该指标年度均值进一步下降至 8.1%。分项来看，汽车消费低迷是拖累 2019 年消费的主要原因。例如，2019 年 7 月至 11 月，社会消费品零售总额月度同比增速的均值为 7.6%，但扣除汽车消费后的社会消费品零售总额月度同比增速均值则达到了 8.9%。但总体来看，近年来消费增速持续下降是不争的事实，笔者认为，导致消费增速下降最重要的原因是，近年来居民部门杠杆率的快速上升。根据央行区域金融运行报告的估算，其他因素不变，居民杠杆率每上升 1 个百分点，将导致社零增速下降 0.3 个百分点。2019 年前三个季度，居民杠杆率累计上升 3.1 个百分点，按照上述拇指法则，这一点会导致社零增速下降 0.9 个百分点左右。

展望 2020 年，预计居民可支配收入增速能够稳定在 8% 左右，汽车消费增速有望触底温和反弹，因此制约消费增速的最大障碍，依旧来自居民部门杠杆率的走向。笔者认为，2020 年，消费走势大致趋稳。

2019 年 11 月，固定资产投资完成额累计同比增速为 5.2%，而 2016 年至 2018 年同期指标分别为 8.3%、7.2% 与 5.9%，可谓一年下一个台阶，但 2019 年固定资产投资增速的下行幅度明显低于 2018 年。分项来看，三大投资在 2019 年呈现出制造业投资弱势回落、房地产投资韧性极强与基建投资温和反弹的特征。截至 2019 年 11 月，制造业、房地产与基建投资完成额累计同比增速分别为 2.5%、10.2% 与 3.5%。与 2018 年同期相比，制造业投资累计同比增速下降了 7.0 个百分点，房地产投资累计同比增速上升了 0.5 个百分点，而基建投资累计同比增速上升了 2.3 个百分点。大致可以这样来总结，在 2019 年，制造业投资增速回落符合预期，而房地产投资韧性之强与基建投资反弹之弱都出乎市场预期。内外最终需求疲弱、融资成本与不确定性高企，是 2019 年制造业投资增速进一步回落的主要原因。前几年棚户区改造形成的市场需求，以及 2018 年房地产企业集体采用高新开工低施工的策略，导致 2019 年施工面积增速依然平稳，是 2019 年房地产投资具有韧性的主要原因。地方政府债务高企，很大一部分新增融资用于借新还旧，2019 年专项债主要流向棚改与土地储备，是 2019 年基建投资增速未能呈现强势反弹的原因。

展望 2020 年，预计制造业投资可能呈现低位震荡、弱势反弹之势。中美贸易谈判出现转机、PPI 通缩压力有所缓和、利率市场化改革导致融资成本更大幅度下降等，都可能提振制造业投资。然而，市场上热炒的新一轮库存周期，则很可能是一个伪命题。在房地产调控措施依然严格、基建投资受制于地方政府债务而难以大幅上扬的前提下，难以出现制造业企业大规模补库存的行为。预计 2020 年房地产投资增速将更加显著地回落，这是因为 2019 年的土地购置费用增速不到 2018 年增速的三分之一，针对房地产企业融资渠道的全面收紧，进一步降低了开发商拿地的热情。预计 2020 年基建投资增速将呈现更大幅度的反弹，这是因为2019年11月13日的国务院常务会议要求针对基建与补短板领域显著放松资本金要求，且2020年的专项债将更加严格地限定资金用途。预计2020年制造业、房地产与基建投资累计同比增速将分别达到3.5%、6.0%与7.0%，全年固定资产投资增速回暖至5.6%左右。

2019年1月至11月，中国出口与进口月度同比增速的均值分别为-0.3%与-4.5%。2016年至2018年同期，中国出口月度同比增速的均值分别为-7.7%、7.4%与12.6%，进口月度同比增速的均值分别为-6.5%、18.0%与18.8%。不难看出，2019年中国进出口均不及2017年与2018年，但2019年的特点在于，进口增速的下降远快于出口增速，导致贸易顺差不降反升。2019年1月至11月，中国进出口贸易顺差达到3781亿美元，而2016年至2018年同期的贸易顺差分别为4701亿、3657亿与2941亿美元。这意味着，2019年中国的贸易顺差远高于2018年，这就是虽然中美贸易摩擦不断加深，但2019年净出口对中国经济增速的贡献远高于前两年的原因。然而值得警惕的是，造成这一现象的最大原因是进口增速的下行，而这本身便意味着中国国内需求的下降。此外，一旦进口增速下行不会持续，那么进口增速的反弹就可能快于出口增速，从而导致贸易顺差的快速下降。

展望2020年，笔者认为，出口增速有望呈现弱势震荡，而进口增速则可能明显修复。中美贸易谈判取得进展、人民币有效汇率略有贬值，这些因素都可能导致出口增速反弹，但全球经济增速持续低迷，前两轮美国进口关税加征的时间累积效应，将导致出口增速受阻。在进口方面，中国的扩大进口战略、中国加大进口美国商品的力度、制造业投资增速温和反弹等，都可能导致进口增速边际修复。而出口增速大致不变、进口增速有所复苏的格局，将导致贸易顺差增速下降，从而降低进出口对中国经济增长的拉动。预计2020年中国出口与进口增速均在-1.0%左右。

2019年1至11月，中国CPI同比增速由1.7%上升至4.5%，PPI同比增速由0.1%下降至-1.4%。两者形成了鲜明的反差。2019年中国CPI增速的上升主要源自猪肉价格的上涨。2019年11月，扣除食品价格后的CPI增速仅为1.0%。而导致猪肉价格飙升的原因，主要是非洲猪瘟疫情的蔓延以及环保领域生硬的"一刀切"措施。考虑到政府与农户已经采取应对措施，预计本轮猪肉价格的最高点将出现在2020年第一季度，届时CPI同比增速有望突破5.0%。但从2020年第二季度开始，CPI增速有望出现快速回落。考虑到总需求下行压力有限、CPI高企对PPI的传导以及较低的翘尾因素，2020年PPI增速有望温和反弹。笔者预计，2020年的CPI增速可能达到3.5%（高于2019年的2.9%），PPI增速可能达到0.1%（高于2019年的-0.5%）。如果剔除猪肉价格的影响，那么2019年与2020年的通胀格局仍是总需求下行过程中的通缩局面。

在经济增速持续下行、通缩压力有所加剧的背景下，按照常理而言，中国政府应该实施更大力度的逆周期宏观调控政策。但微妙的是，当前中国政府还面临着结构调整与防范系统性风险两大任务。在稳增长、调结构、控风险之间取得平衡，是非常困难的事情。在这种背景下，2019年年底国内出现了关于是否应该保"6"的争论。对此笔者的评论是，第一，我们不应该把宏观经济短期分析与长期分析相互混淆。稳增长是短期（经济波动）分析的范畴，而调结构与控风险是长期（经济增长）分析的范畴，两者的分析框架不一样，而国内很多参与讨论的学者把分析框架混淆了。第二，稳增长是否一定与调结构、控风险相互背离？这里需要指出的是，稳增长未必就是"大水漫灌"，而是应该在总结2008—2009年4万亿元经验教训的基础上的理性政策作为。对于中国这样国情特殊的大国而言，如果增长率不能稳住，那么是否会导致系统性风险变得更加严重呢？例如，我们衡量宏观杠杆率，既要看分子（债务），也要看分母（增长）。如果分母萎缩过快，是否会导致杠杆率进一步快速上升呢？第三，稳增长的确可以与调结构统一起来。这次中央经济工作会议非常强调"补短板"，而非像过去那样强调"三去"，这一供给侧结构性改革的新思路，明显更加具有把稳增长与结构调整结合起来的政策意向。

换言之，在综合考虑稳增长、调结构、控风险这三大政策逻辑之后，2020年中国政府仍将实施逆周期宏观经济政策，但政策力度与政策重点均在审慎考虑的范围内，而且可能随着经济增速、风险暴露的演进而动态调整。

在货币政策方面，预计2020年仍将延续温和放松基调，降准、公开市场操作与降息三者仍将有机结合起来。预计2020年仍将有2~3次降准，最近的一次降准可能发生在春节之前或者两会前后。如果说降准用于流动性短缺的结构性时机，那么公开市场操作就用于流动性的日常管理。在降息层面，2020年的降息将继续和贷款基准利率改革结合。近期央行发布了将存量贷款业务与LPR（loan prime rate，市场报价利率）渐进挂钩的要求，这将进一步打通从货币市场到信贷市场的利率传递渠道。笔者认为，在2020年，中国央行将继续伺机下调OMO（open market operations，公开市场操作）利率、MLF利率与LPR利率，下调幅度可能达到15~30个BP。考虑到2020年第一季度，CPI增速有望继续上行，因此，货币政策宽松的空间可能要到2020年第二、三季度才会打开，届时的货币政策加快宽松将给整个金融市场带来阶段性投资机会。

在财政政策方面，2019年的财政政策呈现出聚焦于大规模减税降费、财政支出明显前置的特点，以致2019年下半年地方财政资源非常紧张，从而不得不提前使用2020年地方债额度。2020年财政政策的宽松力度将进一步扩大：一是公共预算赤字率将由2019年的2.8%上升至3.0%左右；二是专项债发行规模可能超过3万亿元，且会要求地方政府将大部分专项债用于基础设施建设；三是调低部分基建项目的资本金比例，以吸引信贷资金与社会资金的参与；四是加大对地方政府隐性债务的置换处理力度。

综上所述，在2020年，中国经济增速仍将继续探底，GDP增速即使破"6"，也会在6.0%附近，CPI增速则有望在第二、三季度明显回落，"滞胀"的短期格局将有所修正。中国政府仍将致力于稳增长、调结构与控风险之间的微妙平衡，货币政策与财政政策均会温和放松。考虑到财政前置作用与通货走势，2020年可能呈现出财政上半年发力、货币下半年发力的特点。2020年，无论是完成全面构建小康社会的目标，还是完成10年内GDP总量翻番的目标，都问题不大。但我们还是不能忽视结构调整与防范系统性风险的中长期任务。如何解决地方债问题（以及与地方债关联密切的房地产问题），将在未来5年内继续考验中国政府的智慧、勇气与决心。

中国国际收支结构反转的可能性及潜在影响[①]

2019年3月底，国家外汇管理局公布了2018年全年的国际收支数据。2018年延续了2017年的国际收支双顺差格局，全年经常账户与非储备性质金融账户的顺差分别达到了491亿美元与1306亿美元。从季度数据来看，2018年经常账户与非储备性质金融账户出现了有趣的此消彼长型对称性格局：2018年第一季度至第四季度，中国的经常账户余额逐季上升，分别为-341亿美元、53亿美元、233亿美元与546亿美元；中国的非储备性质金融账户余额逐季下降，分别为989亿美元、300亿美元、140亿美元与-123亿美元。2018年四个季度的误差与遗漏项均出现资本净流出，全年累计规模达到了1602亿美元，且下半年净流出规模（1104亿美元）显著高于上半年（498亿美元）。国际储备在2018年上半年累计增长了501亿美元，而在2018年下半年累计下降了312亿美元。与2018年上半年相比，2018年下半年呈现出非储备性质金融账户顺差下降甚至逆转、误差与遗漏项净流出加大、国际储备由升转降等特征，这均与2018年下半年人民币兑美元汇率显著贬值有关。

回顾多年以来中国国际收支数据的演变，我们可以发现，从2015年起至

---

① 本文写于2019年4月。

2019年4月,中国国际收支结构似乎正在发生以下重要的结构性变化。

第一,2015年至2019年4月,中国的经常账户顺差无论是绝对规模还是相对占比均呈现出持续下降趋势,并可能在2019年转为全年逆差。2015年至2018年,中国经常账户顺差分别为3042亿美元、2022亿美元、1951亿美元与491亿美元,经常账户占GDP的比例分别为2.8%、1.8%、1.6%与0.4%(见图1)。在2018年第一季度,中国更是自2001年第二季度以来首次出现了经常账户逆差。

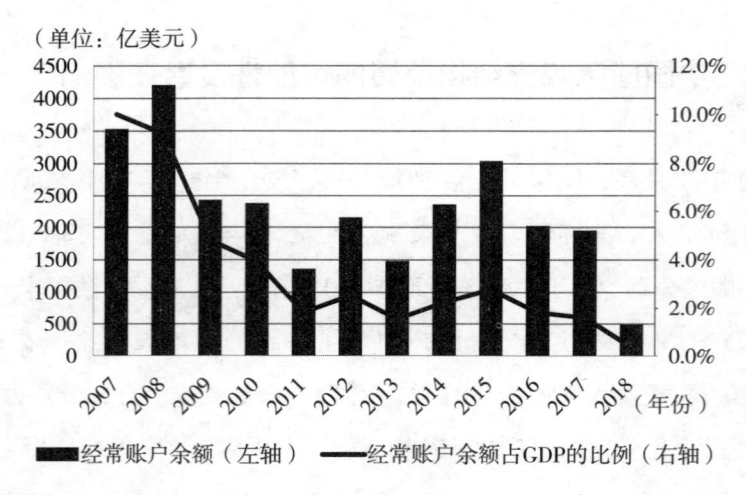

数据来源:Wind。

图1 中国经常账户的绝对额与相对值均显著下降

我们可以从经常账户细项结构、国内储蓄投资缺口与实际有效汇率升值这三个视角来分析中国经常账户顺差的趋势性下降。

从经常账户细项结构来看,经常账户顺差下降的主要原因是货物贸易顺差的下降与服务贸易逆差的上升。中国货物贸易顺差绝对额在2015年达到过5762亿美元的顶峰,但到2018年已经回落至3952亿美元。中国服务贸易逆差在2007年至2012年这6年间年均仅为313亿美元,但在2013年至2018年这6年间年均高达2233亿美元。在2018年,中国服务贸易逆差更是达到了

2922亿美元的历史性高点。

从国内储蓄投资缺口来看，中国储蓄率由2008年的50.8%逐渐下降至2017年的46.4%，而投资率则由2008年的43.2%微升至2017年的44.4%，国内储蓄投资缺口占GDP的比例则由2008年的7.6%下降至2017年的2.0%。不难看出，中国国内储蓄投资缺口的缩小主要源于储蓄率的下降，而非投资率的上升。

从实际有效汇率升值来看，根据BIS的测算，人民币实际有效汇率指数由2007年12月的90.19上升至2018年12月的122.89，累计升值幅度达到36%。本币实际有效汇率的显著升值自然会导致经常账户顺差缩小。

我们也可以从上述三个视角来分析未来一段时间中国经常账户余额的变动。从经常账户细项来看，短期内中美贸易谈判的进展（中国将显著增加从美国的商品进口）将导致货物贸易顺差显著下降，而人均收入的提高与国内服务品市场的落后会导致服务贸易逆差继续增长，这意味着经常账户余额可能继续下降。从国内储蓄投资缺口来看，人口老龄化与居民部门杠杆率上升过快，将导致居民部门储蓄显著下降。从实际有效汇率来看，尽管近期人民币兑美元名义汇率呈现双边波动格局，但未来只要中国经济增速继续持续高于全球，人民币实际有效汇率整体上仍将呈现升值格局。综上所述，未来一段时间内中国的经常账户余额将继续下降，甚至不排除从持续顺差转变为持续逆差的可能。而在2019年，受中美贸易谈判导致的中国显著增加从美进口的影响，中国可能继1993年之后首次出现年度经常账户逆差。

第二，2015年至2019年4月，中国非储备性质金融账户呈现出由较大规模逆差转为较小规模顺差的特点，且证券投资项下净流入所扮演的角色日益重要。2015年至2018年，中国非储备性质金融账户余额分别为-4345亿美元、-4161亿美元、1095亿美元与1306亿美元，非储备性质金融账户占GDP的比例分别为-3.9%、-3.7%、0.9%与0.9%。2018年与2015年相比，在非储备性质金融账户之下，直接投资、证券投资与其他投资的净流入分别增长了 389 亿美元、1732 亿美元与 3570 亿美元。换言之，中国非储备性质金融账户余额之所以能由 2015 年的 -4345 亿美元的历史性流出峰值回升至 2018 年的 1306 亿美元，重要的原因是其他投资项的变动，但证券投资项的变动也扮演了较为重要的角色（见图 2）。

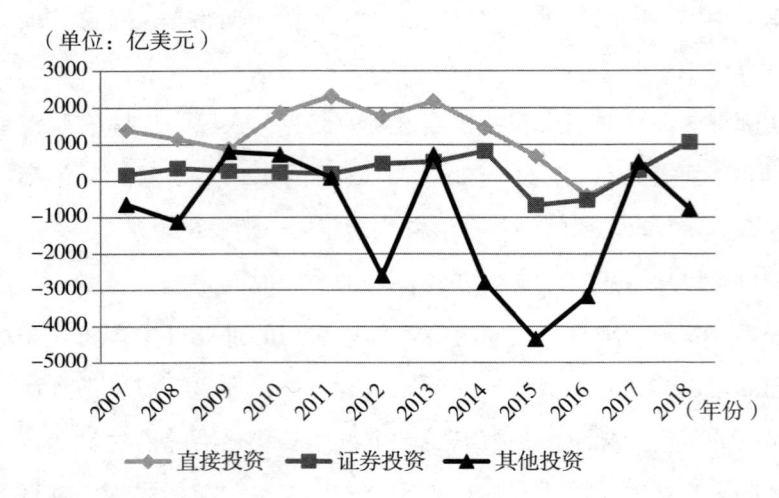

数据来源：Wind。

图 2　中国非储备性质金融账户的结构

2018 年，在非储备性质金融账户下，直接投资与证券投资净流入分别达到了 1070 亿美元与 1067 亿美元（事实上，2016 年至 2018 年这三年，中国直接投资与证券投资这两项的余额都相当接近）。在过去相当长时间内，直接投资项净流入一直是中国非储备性质金融账户顺差的主要来源。而最近几年内，受中国对外直接投资增长强劲、国内要素成本上升、针对外商投资企业的优惠政策弱化等原因的影响，中国直接投资净流入一度由 2011 年 2317 亿美元的年度峰值下降至 2016 年的 -417 亿美元。近两年直接投资项的净流入回升，主要原因其实是中国政府显著加强了对对外直接投资的管制。与之相对应的则是，一段时间以来，中国政府显著加大了国内银行间债券市场与股票市场对外国投资者的开放力度，这导致了证券投资项下净流入的显著增长，由

2015年的-665亿美元上升至2018年1067亿美元的历史性峰值。

展望未来，直接投资项与其他投资项下的资本流动可能呈现出双向波动特征，而受到中国政府加快开放国内金融市场与金融机构的影响，证券投资项下的资本净流入则可能呈现出持续上升的特征。综上所述，在未来几年，中国可能面临由证券投资项净流入所主导的非储备性质金融账户顺差的格局。

上述分析意味着，可能从2019年起，中国国际收支结构将发生重要反转。在1999年至2011年，中国出现了连续13年经常账户与非储备性质金融账户双顺差的格局，如图3所示。此外在2013年、2017年与2018年，双顺差格局再次出现。而在2012年及2014年至2016年，中国则出现了经常账户顺差与非储备性质金融账户逆差的"一顺一逆"格局。而从2019年起，中国国际收支则可能出现经常账户逆差与非储备性质金融账户顺差的全新"一逆一顺"组合。

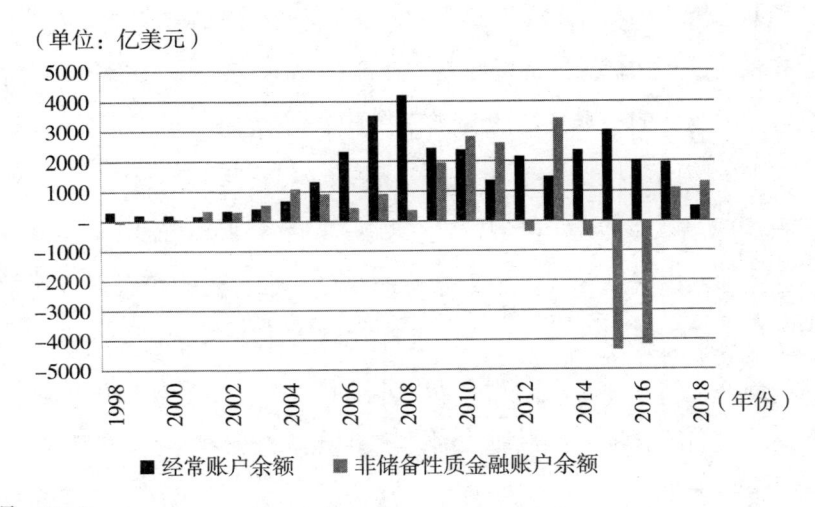

数据来源：Wind。

图3 中国国际收支结构的转变

国际收支的不同结构，对宏观金融稳定有着不同的影响。

例如，在国际收支双顺差阶段，中国经济面临持续的外部流动性流入，这至少将造成以下三种结果。一是外汇占款成为中国央行投放基础货币的主要渠道，央行还不得不通过特定手段（如发行央票与提高法定存款准备金率）来冲销过剩的外汇占款；二是人民币整体面临升值压力；三是国内资产价格整体面临上涨压力。

又如，在经常账户顺差与非储备性质金融账户逆差阶段，中国经济面临着国际资本净流入与净流出相互交替的局面。在这种局面下，宏观金融稳定问题发生了深刻变化：其一，外汇占款不再是稳定的基础货币的发行渠道，中国央行开始通过频繁的公开市场操作与降低存款准备金率来发放基础货币；其二，人民币兑美元汇率由单边升值状态转变为双向波动状态；其三，国内资产价格不再因为流动性过剩的推动而面临单边上涨压力，故而波动性显著上升。

然而，随着中国国际收支进入经常账户逆差与非储备性质金融账户顺差的"新常态"，中国经济将在宏观金融稳定问题上面临更为严峻的挑战。这是因为，相较于更加稳定的经常账户，非储备性质金融账户余额的波动性更强，完全可能因为短期资本流动的变化而在顺差与逆差之间相互转换。这就意味着，未来中国国际收支可能在"一逆一顺"（经常账户逆差+非储备性质金融账户顺差）与"双逆差"（经常账户逆差+非储备性质金融账户逆差）之间交替，这将加剧中国央行货币政策操作的难度，也将进一步提高人民币汇率与国内资产价格的波动性。

市场上开始流行这样一种说法，即随着中国经济开始面临持续的经常账户逆差，中国政府将不得不加大国内金融市场的开放力度，因为中国经济越来越需要外国资金来平衡国际收支。从理论上或者从表面上来看，这一点似乎是事实，即经常账户逆差需要非储备性质金融账户顺差来加以平衡。然而事实上，**无论是本国投资者所主导的还是外国投资者所主导的短期资本流动，都具有很强的顺周期特征**。换言之，本国资金与外国资金在金融账户下很可能会同时流入或同时流出，而不会像很多人所认为的那样一正一反相互抵消。

这就意味着，随着经常账户由持续顺差转为持续逆差，未来短期资本流动变动对中国货币政策、国内资产价格与人民币汇率的冲击将变得更加剧烈，这无疑会加大中国央行与金融监管当局的管理难度。

上述内容也意味着，中国政府不要轻易放弃资本账户管制。未来在中国经济面临经常账户逆差与非储备性质金融账户逆差的"双赤字"冲击时，如果使用外汇储备来稳定汇率，那么外汇储备可能会消耗得更快。因此，通过资本流动管制来抑制短期资本持续大幅外流，将有助于帮助有关部门更好地稳定汇率与国内资产价格。简言之，未来我们可以加快国内金融市场的开放程度，但不要轻易开放资本账户。适度的资本账户管制将是稳定中国国际收支状况、捍卫国内金融市场开放成果、避免系统性金融危机爆发的最后防火墙，中国政府应该在相当长的时间内保留这一重要的政策工具。

通胀压力未来可能抬头[①]

中国CPI同比增速在2018年2月一度达到了2.9%（这是自2013年12月以来的阶段性高点），但在2018年4月至6月重新下跌至2%以内。2018年7月，CPI同比增速重新回到了2.1%。CPI环比增速在经历了2018年3月至6月的持续负增长之后，在2018年7月也由负转正。在中国宏观经济增速仍在下行的背景下，通货膨胀率是否可能逆市而上，从而使得中国经济面临新的滞胀压力呢？

答案是，非常可能。笔者认为，从2018年下半年起，在未来一段时间内，受到食品价格、能源价格与进口价格推动，中国CPI同比增速的中枢水平有望从过去两年间（2016年7月至2017年6月）的1.7%~1.8%上升0.5

---

① 本文写于2018年8月。

个百分点，上升至 2.2%~2.3%，而个别月份的 CPI 同比增速甚至可能上探至 3.0%。

笔者习惯从三个维度来分析中国的 CPI 走势：食品价格、进口价格与货币增速。从这三个维度来看，食品价格与进口价格未来都可能推高 CPI 增速，而货币增速则会持续压制 CPI 增速。

从食品价格视角来看，从 2017 年 2 月至 2018 年 8 月，食品价格以及猪肉价格都在持续压低 CPI 增速。猪肉价格同比增速更是在 2017 年 2 月至 2018 年 7 月出现了持续 18 个月的负增长。自 2005 年年初至 2018 年 8 月，历史上 4 次猪肉价格同比负增长的持续时间分别为 16 个月、19 个月、13 个月与 14 个月。从历史经验来看，猪肉价格同比增速重新上升是大概率事件。此外，食品价格还可能受到两个重要因素的推动。第一，2018 年夏季北半球气候异常炎热，这可能会对农业与畜牧业的生产经营活动造成显著负面冲击，最终推升商品价格。第二，中美贸易摩擦仍在加剧。如果中国对美国农产品（特别是大豆）增加关税，这可能会通过推升进口价格来最终提高国内食品价格。或许，从 2018 年下半年开始，食品价格与猪肉价格同比增速可能显著反弹，从而成为 CPI 同比增速上行的主要推手之一。

从进口价格视角来看，长期以来，进口价格指数、PPI 同比增速与 CPI 同比增速之间存在显著正相关关系，且进口价格指数的波动大于 PPI，PPI 的波动大于 CPI。中国 PPI 同比增速在 2017 年 2 月一度达到 7.8%，但到 2018 年 3 月已经下降至 3.1%。不过，2018 年 4 月至 7 月，PPI 同比增速总体上持续上升，7 月份达到了 4.6%。最近几个月的 PPI 增速上升明显受到进口价格指数上升的推动。例如，2018 年 4 至 6 月，进口价格同比增速分别为 0.5%、2.0% 与 4.4%。这一轮进口价格的上涨，明显受到了全球原油价格上涨的推动。未来一段时间内，进口价格指数可能继续上涨。一方面，中东地区地缘政治冲突近期有加剧之势，如果美伊冲突加剧导致伊朗封锁霍尔木兹海峡，则油价中枢水平可能继续上升。另一方面，2018 年 4 月至 8 月，人民币兑美元汇率已经下跌超过了7%，汇率贬值也会显著提升进口产品的国内价格。

从货币增速视角来看，历史上中国M1增速与CPI增速之间存在显著的正相关性，且M1增速的变化要领先CPI增速变化半年至一年。从2017年2月至2018年6月，中国M1同比增速由21.4%锐减至6.6%。更重要的是，2018年2月至6月，M1同比增速已经连续5个月低于M2同比增速，这在历史上被认为是产出缺口为负，经济增长仍将显著下行的征兆。尽管从2015年以来，货币增速与CPI增速之间的正相关性似乎已经明显下降，但M1增速持续下降，依然会对CPI增速产生压制作用。

综上所述，未来受到食品、能源与进口价格驱动，尽管核心CPI同比增速有望保持稳定甚至稳中回落态势，但中国CPI同比增速的中枢水平有望至少上升0.5个百分点。在经济增速下行背景下，这将带来一定程度的滞胀压力。如果CPI增速回升较快，便将限制央行货币政策未来的宽松程度，也会压缩10年期国债收益率的下行空间。

本轮CPI价格上涨已近尾声[①]

2019年8月，中国CPI同比增速为2.8%，与7月份持平。然而，剔除了食品与能源价格的核心CPI，同比增速仅为1.5%，创下2016年4月以来的新低。如图1所示，CPI同比增速与核心CPI同比增速之差在2019年8月扩大至1.3%。这是自2013年10月以来的最阔值。从历史上来看，但凡CPI与核心CPI增速拉大至1.3个百分点之上后，都出现了CPI增速显著下滑，并迅速向核心CPI增速趋近的现象（如2013年10月后）。

---

① 本文写于2019年9月。

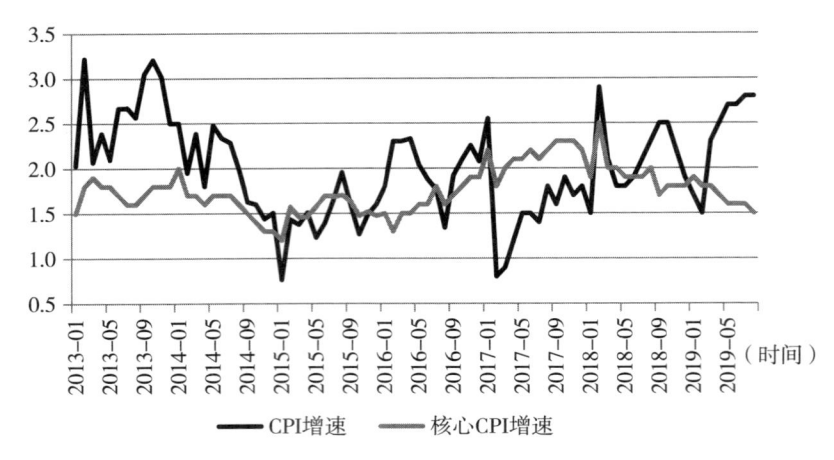

数据来源：Wind。

图 1　CPI 增速与核心 CPI 增速

如图 2 所示，在过去三次 CPI 篮子中食品价格显著上涨之时（峰值分别为 2004 年 7 月、2008 年 2 月与 2011 年 7 月），均伴随着 CPI 篮子中非食品价格同比增速的上涨，且非食品价格的同比增速也均在峰值附近。相比之下，当前最大的不同是，在 CPI 篮子中食品价格快速上涨的时候，非食品价格同

数据来源：Wind。

图 2　CPI 中的食品价格增速与非食品价格增速

比增速却在显著下行。这表明本次 CPI 价格上涨主要源自食品端的供给侧冲击，而非来自需求端的拉动。相反，总需求可能还在快速萎缩。

如图 3 所示，当前的猪肉价格暴涨是拉动 CPI 食品价格上涨的最重要的因素。2019 年 8 月，CPI 篮子中猪肉价格同比上涨 46.7%，这已经超过了 2016 年的猪肉价格的峰值，直逼 2011 年 6 月的猪肉价格峰值。但考虑到目前 CPI 篮子中猪肉的权重已经不足 3%，即使是 46.7% 的涨幅，也仅仅拉动 CPI 上涨了 1.1 个百分点左右。而且从历史上来看，一旦猪肉价格同比涨幅出现加速上涨态势（如从 2019 年 7 月的 27.0% 上升至 8 月的 46.7%），进一步上涨能够持续的时间通常会非常有限，通常仅为 2~4 个月。猪肉毕竟是一种可替代性较强的贸易品，一旦国内猪肉价格上涨太快，消费者就可能选择增加其他肉类的消费，供应商也可能加大从国外进口的力度，这些因素都可能促成猪肉价格的回落。

数据来源：Wind。

图 3　CPI、CPI 食品与 CPI 猪肉同比增速

尽管 CPI 同比增速从 2019 年 3 月以来呈现连续上涨态势，但值得注意的是，PPI 同比增速却从 2019 年 5 月起呈现连续下跌态势。截至 2019 年 8 月，中国 PPI 同比增速已经连续两个月负增长，且幅度正在扩大。如图 4 所示，从历史上来看，一旦发生 PPI 增速显著下降，且从上至下穿透 CPI 增速的情况，CPI 增速就会显著下降。从当前 CPI 与 PPI 的组合来看，中国经济正在面临整体总需求下行与局部供给侧冲击（猪肉与商品）并存的格局。

图 4　CPI 同比增速与 PPI 同比增速

在过去相当长时间里，狭义货币 M1 均为 CPI 的先行指标。通常在 CPI 增速显著上涨半年至一年前，都曾出现 M1 增速显著上升的情况。但如下页图 5 所示，受金融监管强化等因素影响，中国 M1 同比增速 2016 年下半年至 2018 年年底一直呈显著下滑状态。即使从 2019 年年初至今，M1 同比增速也一直在 5% 以下徘徊。在缺乏货币信贷支撑的前提下，本轮 CPI 增速上升的可持续性值得怀疑。

综上所述，当前核心 CPI、非食品价格、PPI 与 M1 等因素的变动，都不支持 CPI 增速的持续上涨。而作为驱动本轮 CPI 增速上升的最重要因素，猪肉价格进一步上升的空间与可持续性均难以持久。这就意味着，即使 CPI 增速可能在 2019 年第四季度创出本轮新高（如达到或突破 3.0%），本轮 CPI 增速上升也已经接近尾声。从 2020 年起，中国经济可能会面临 CPI 与 PPI 同比

图 5　CPI 增速与狭义货币增速

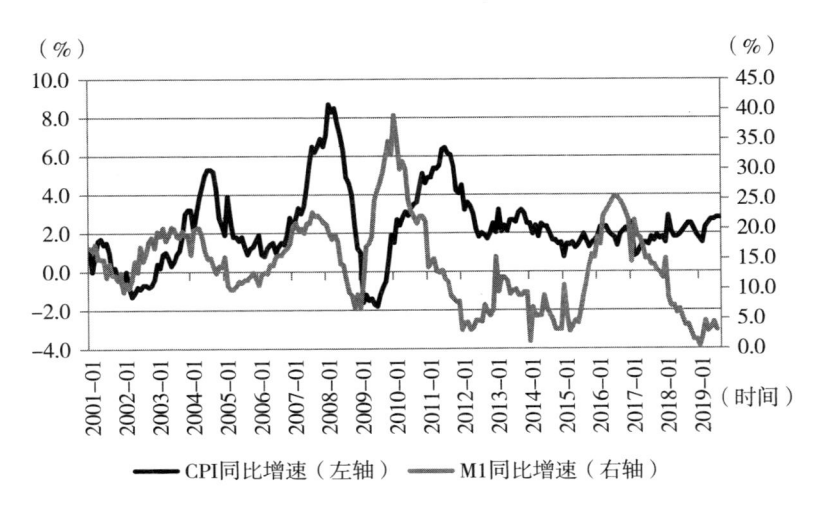

数据来源：Wind。

增速双双下降的局面。

换言之，中国经济当前面临的主要威胁不是通胀，而是总需求下行。这就意味着中国政府应该加大逆周期宏观政策的对冲力度。就货币政策而言，市场在降准之后正在期待降息。而从目前核心 CPI 增速与 PPI 增速双双下降的态势来看，由于实际利率正在上升，因此央行的确有可能在未来通过更加积极的公开市场操作来降低 MLF 利率，并通过新的利率形成机制，带动 LPR（loan prime rate，贷款基础利率）及银行贷款利率的下行。就债券市场利率而言，考虑到人民币兑美元汇率已经跌破 7 这一心理关口，且中美 10 年期国债收益率缺口已经显著拉大，我们认为，未来一段时间的整体通胀走势，将会继续利好中国利率债。最近外管局放开了对 QFII（qualified foreign institutional investors，合格的境外机构投资者）与 RQFII（RMB qualified foreign institutional investors，人民币合格境外机构投资者）的额度限制，短期内对利率债的利好程度，很可能要高于对股市的利好程度。

透视本轮猪周期：本轮猪周期为何与众不同？[①]

2019年11月，在宏观经济增速仍在下行的大背景下，中国CPI同比增速由10月的3.8%跳升至4.5%。如图1所示，导致中国CPI增速逆势飙升的主要因素是猪肉价格快速上升。2019年10月与11月，猪肉价格同比增速分别达到了101.3%与110.2%，连续创出有月度数据以来的历史新高（之前的峰值是2007年8月的80.9%）。

数据来源：Wind。

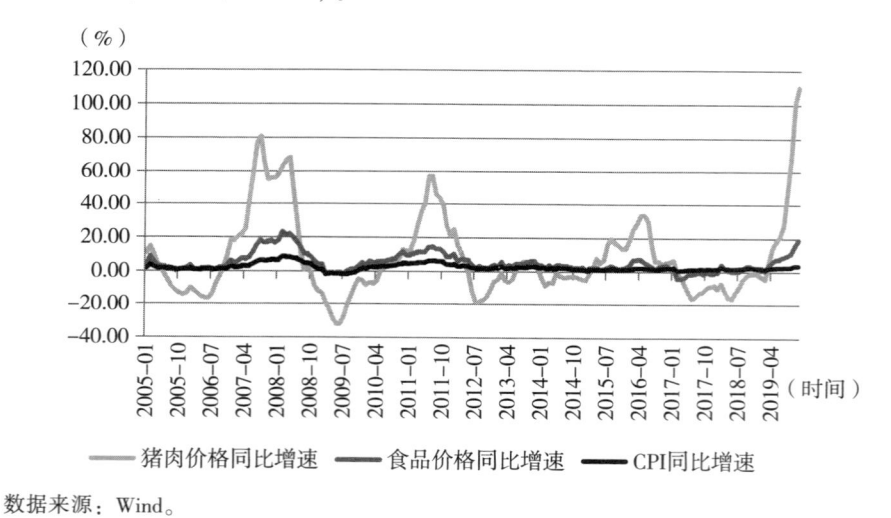

图1 本轮猪周期与此前三轮猪周期对比

应该说，仅仅在半年之前，绝大多数分析人士都没能预见到，2019年下半年猪肉价格居然能如此快速地攀升。事实上，如图1所示，2005年至2017年的三次完整猪周期，呈现出峰值不断下降、持续时间有所拉长的趋势性特征。因此在本次猪肉价格上涨之前，很多分析师都认为，分析猪周期的必要性已经下降，猪肉价格变化对CPI的影响已经持续弱化。而导致猪周期震荡

---

① 本文写于2019年12月。

幅度下降、持续时间变长的一个重要原因就是，国内养猪行业的集中度不断提高。如图 2 所示，全国范围内年出栏数在 5 万头以上的养猪场数量，已经由 1998 年的 11 家上升至 2017 年的 407 家。市场普遍认为，养猪的集中化程度的提高能够平抑猪肉价格的波动，从而弱化猪周期的影响。

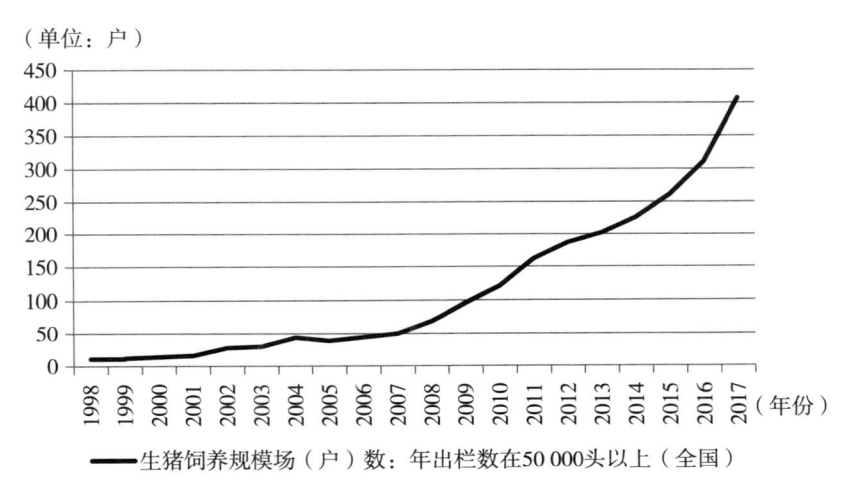

数据来源：Wind。

图 2　全国范围内大型养猪场数量不断上升

那么，为何本轮猪周期一举逆转了此前十余年猪周期的长期趋势呢？分析价格异动通常会从供给与需求的框架入手。不难看出，2019 年下半年猪肉价格的飙升与需求面关系不大，因为对于猪肉的需求不可能在短期内显著放大。如图 3 所示，供给侧收缩是本轮猪肉价格飙升的主要原因。从 2018 年第四季度开始，生猪存栏数同比增速猛烈下降，到 2019 年 9 月，同比下降超过了 40%，这是前所未有的供给收缩。更重要的是，能繁母猪存栏数同比增速发生了与生猪存栏数同等剧烈的下降。这就说明，其一，这次的供给收缩不是养猪企业或农户自主制定的决策；其二，本次猪肉供给收缩持续的时间会比较长，因为能繁母猪存栏数的恢复需要更长时间。

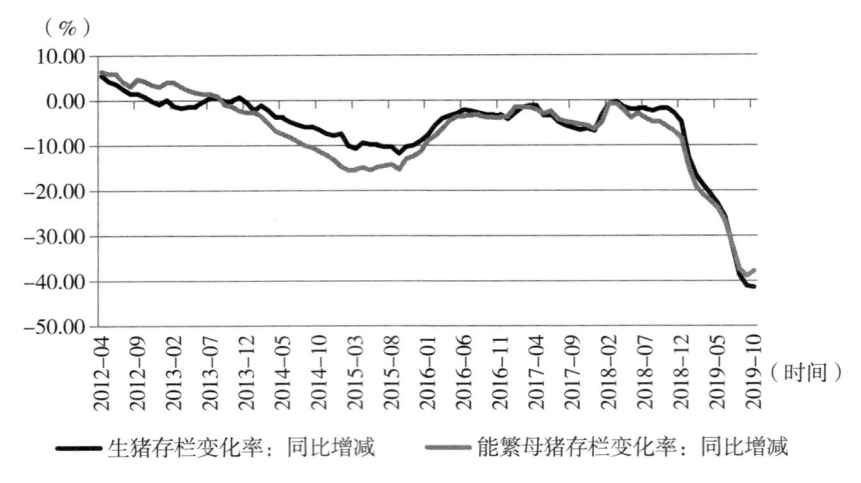

数据来源：Wind。

图3 供给猛烈收缩是本轮猪肉价格飙升的主要原因

本次猪肉价格飙升与粮食价格、饲料价格的变动无关。在历史上，中国曾经发生过由粮食价格、饲料价格上升所引发的成本推动型猪肉价格上涨。然而如图4所示，当前中国国内猪粮比、猪料比均已达到历史性峰值，这意味着当前猪肉价格的涨幅已经远远超过了粮食、饲料价格的涨幅。例如，从

数据来源：Wind。

图4 本次猪肉价格上涨与粮食价格、饲料价格无关

长期来看，中国猪料比的平衡点在 5 倍左右，而截至 2019 年 10 月底，猪料比已经超过了 15 倍。

我们也可以从另一个角度说明，成本上升绝非本次猪肉价格飙升的最重要原因。如图 5 所示，尽管从 2019 年 4 月开始，中国外购仔猪的出栏生猪总成本显著上升，但截至 2019 年 12 月，出栏生猪总成本也仅仅与 2016 年 10 月下旬的水平持平。自繁自养仔猪的出栏生猪总成本也并未显著背离历史趋势。

数据来源：Wind。

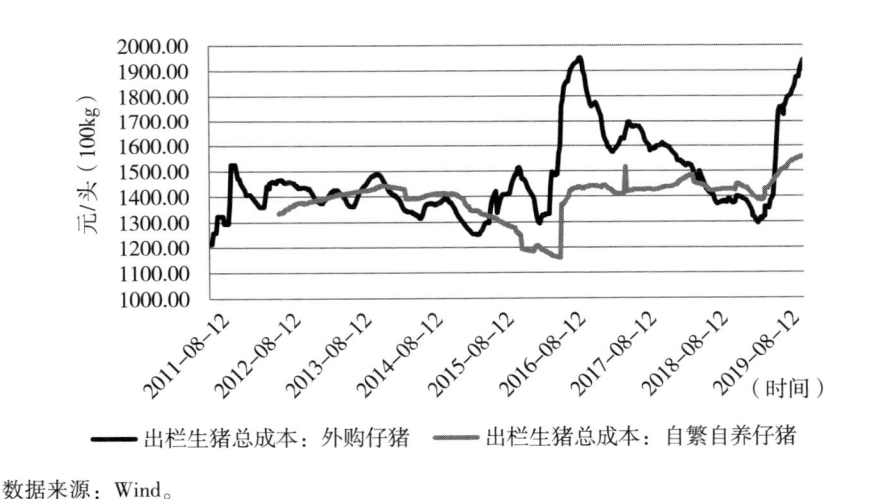

图 5　外购仔猪价格上涨推动养猪成本上升

综上所述，本次猪肉价格飙升的原因，一则不是来自需求面，二则不是来自源于成本上升所导致的养猪企业或农户的自发性供给收缩，而是来自养猪企业或农户不能控制的外生性冲击。截至目前来看，外生性冲击主要有两个：一个是非洲猪瘟的暴发与扩散；另一个是某些地方过度执行"一刀切"式环保政策，人为关闭养猪场，限制农户养猪。这两个冲击的叠加，才是导致生猪与能繁母猪存栏量同时剧烈收缩的根本原因。

目前，中央政府与地方各级政府已经采取各种措施来稳定猪肉价格。第一，在各级部门高度重视与强力执行下，目前非洲猪瘟的扩散已经得到基本控制；第二，农业部与环境保护部已经开始大规模纠正过度执行的"一刀切"

式环境保护政策；第三，政府已经开始动用官方冷冻猪肉储备来干预猪肉批发市场。在这些政策措施的作用下，如图6所示，从2019年11月中旬开始，全国猪肉批发价格与平均零售价格已经出现一定程度的回落。

图6 高频数据显示猪肉价格最近有所回落

数据来源：Wind。

除上述官方政策调控外，另外两个因素也会抑制猪肉价格的进一步上涨。其一，如图7所示，随着猪肉价格的上涨，牛羊肉与禽肉对猪肉的替代作用已经开始显现。在过去的猪周期内，猪肉价格的上涨并未带动牛羊肉价格上涨。而在当前，猪肉价格上涨已经带动牛羊肉与禽类价格的温和上涨，这证明了替代作用的增强。其二，随着中美经贸谈判最近达成了第一阶段协议，如果没有新的不确定性，中国从美国进口的农产品（既包括猪肉，也包括大豆、玉米等潜在饲料）有望显著增加，这也有助于平抑国内猪肉价格的上涨。

当前距离2020年春季仅剩一个月时间。从传统来看，春节前一个月是很多地区腌制猪肉制品的高峰期，对猪肉的需求将出现季节性飙升。这意味着在供给紧缩的情况下，需求上升可能带来额外的猪肉价格涨价压力。但目前中国官方对于抑制春节期间猪肉价格上涨高度重视，可能大规模动用冷冻猪

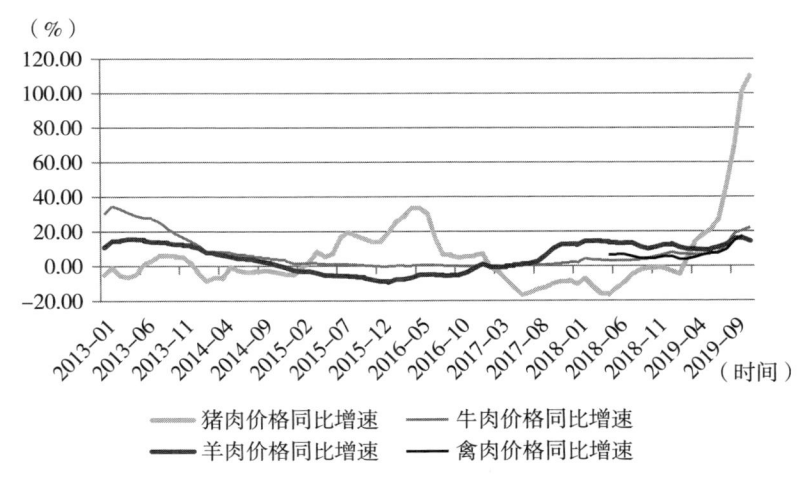

(%)
120.00
100.00
80.00
60.00
40.00
20.00
0.00
-20.00

横轴：2013-01 ~ 2019-09（时间）

—— 猪肉价格同比增速　　—— 牛肉价格同比增速
—— 羊肉价格同比增速　　—— 禽肉价格同比增速

数据来源：Wind。

图 7　猪肉消费与其他肉类消费的替代作用近期有所增强

肉储备进行干预。考虑到这一因素，笔者认为，2019 年 12 月至 2020 年 3 月，春节因素与低基期因素可能会导致猪肉价格处于高价平台期，而从 2020 年第二季度起，猪肉价格可能温和回落。考虑到新增供给与高基期效应，猪肉价格可能在 2020 年第三季度快速回落。

如果上述对猪肉价格走势的判断是正确的，那么中国 CPI 同比增速有望在 2020 年第一、二季度之交见顶，并在 2020 年第三季度快速下行。换言之，中国基准利率下行的空间将在 2020 年第二、三季度显著打开，这对股市与债市而言都意味着新的投资机遇。

第五章
政策应对：财政、货币、监管与改革

如何协调货币政策与汇率政策？[①]

一、"不可能三角"假说及其面临的挑战

在开放经济的条件下，一国央行必然会面临货币政策与资本流动的冲突问题。例如，当一国经济过热时，该国本应该实施从紧的货币政策。然而，国内利率的上升可能会导致国际资本大举流入，从而使得该国经济因为流动性过剩而进一步过热。反之，当一国经济趋冷时，该国本应该实施宽松的货币政策。然而，国内利率的下降可能导致本国资本大举外流，从而使得该国经济由于流动性不足而进一步趋紧。

如果再加入汇率变动，问题将变得更加复杂。如果一国央行实施的是缺乏弹性的固定汇率制或准固定汇率制，那么上述货币政策与资本流动的冲突将依然存在，换言之，该国央行将缺乏货币政策的独立性。而如果一国央行实施的是富有弹性的汇率制度，那么该国的货币政策独立性则可以显著提高。例如，当经济过热且本国央行加息时，本币汇率一次性大幅升值一方面会抑制国际资本持续流入，另一方面会通过进出口渠道抑制总需求，从而达到总量收缩的目的。反之，当经济衰退且本国央行降息时，本币汇率一次性大幅

[①] 本文写于2016年1月。

贬值一方面会抑制本国资本持续外流，另一方面会通过进出口渠道刺激总需求，从而达到总量宽松的目的。

上述货币政策、汇率政策与资本流动之间的平衡关系被称为三元悖论或不可能三角（impossible trinity），是由加拿大经济学家蒙代尔最早提出的。他指出，一国不可能同时拥有开放的资本账户、固定的汇率水平及独立的货币政策，而是只能在三者之间择其二而弃其一。例如，美国拥有独立的货币政策且资本自由流动，因此不得不实施自由浮动的汇率制度。又如，中国香港完全开放了资本流动且长期实施盯住美元的联系汇率制度，这便意味着中国香港只能被动地输入美国的货币政策。

然而，"不可能三角"假说从提出至今，一直饱受争议。

争议之一是中国央行过去十余年所走的道路。根据央行官员自身的说法，中国经济是同时实现了部分的汇率弹性、部分的资本账户开放及部分的货币政策独立性。时任央行副行长的易纲先生及其合作者曾经在早年的一篇论文中指出，中国央行选择的不是不可能三角的"角点解"，而是选择了"中间解"。这看似的确符合中国改革以来所走的渐进式折中道路。然而，选择这条道路并非没有成本。中国在 21 世纪前 10 年积累的大量外汇储备所面临的机会成本、汇率风险、冲销成本与国内流动性过剩所引发的资产价格泡沫，就是相关成本的明证。

争议之二是法国经济学家 Helene Rey（海伦·雷）提出的"不可能两难"假说。她在美联储杰克逊霍尔的研讨会上指出，在资本自由流动的条件下，即使一国实施浮动汇率制度，该国也不能维持独立的长期利率。这意味着，一国央行事实上只能在资本流动管制与货币政策独立性之间择其一，即"不可能三角"蜕化为"不可能两难"。这显然强调了资本流动管理的重要性，而弱化了弹性汇率制度的重要性。

二、"不可能三角"假说依然适用于中国经济

尽管如上所述，"不可能三角"假说近年来受到争议，然而，2015 年 8 月以来中国经济面临的现状，充分地表明了"不可能三角"的适用性。

第一，随着中国资本账户的逐渐开放与人民币国际化的推进，跨境资本自由进出中国的程度已经显著加深。自 2009 年中国央行开始推进人民币国际化以来，至少在人民币跨境贸易与投资项下，本币计价的资本流动面临的障碍已经显著减少。自 2012 年中国央行表态要加快资本账户开放之后，各类资本流动面临的管制也显著减少。换言之，尽管截至 2016 年 1 月，中国央行还未全面开放资本账户，但跨境资本流动已经显著加强。

第二，2016 年中国宏观经济所处的境况需要中国央行进一步放松货币政策。其一，尽管中国经济的潜在增速的确在下降，但若干证据表明，当前的宏观经济增速已经显著低于潜在经济增速，即出现了为负数的产出缺口。最重要的证据就是，无论是 GDP 缩减指数还是 PPI 同比增速，都已经出现了持续的负增长，这意味着出现了通货紧缩。要应对通货紧缩，意味着中国政府应该出台积极的需求管理政策。其二，受制于地方债高企、房地产市场收缩而导致地方政府预算外收入显著下降，以及美国次贷危机后 4 万亿元政策的副作用等因素，截至 2016 年 1 月，中国的财政政策并不太积极，这就使得中国央行面临更大的放松压力。目前中国 1 年期人民币存款基准利率仍有 1.5%，大型金融机构法定存款准备金率仍有 17.5%，这意味着无论是降息还是降准都仍有空间，且降准的空间远大于降息。

第三，截至 2016 年 1 月，人民币兑美元汇率面临显著的贬值预期。市场上的人民币兑美元汇率贬值预期始于 2014 年第二季度，这表现为从 2014 年第二季度起，人民币兑美元汇率的市场价持续低于中间价。人民币兑美元贬值预期产生的原因在于，2013 年至 2015 年，人民币跟随美元兑其他主要货币快速升值，这严重背离了中国经济的基本面。2015 年 8 月 11 日的人民币汇改非但没有纠正，反而加剧了市场上的人民币贬值预期。自 2015 年 11 月人民

币被纳入 SDR 篮子之后，中国央行一度放松了对人民币汇率中间价的管理，导致人民币兑美元汇率中间价显著贬值，这进一步激发了市场上的人民币贬值预期。

把上述三方面的分析结合起来就不难看出中国央行面临的困局。

如果央行不收紧对资本流动的控制，央行就会面临放松货币政策与维持人民币兑美元汇率稳定的两难。如果通过进一步降息与降准来刺激宏观经济，人民币兑美元汇率就会因为利差的缩小而继续贬值，且汇率贬值会与资本外流相互强化。而如果央行试图维持人民币兑美元汇率的稳定，那么央行就不得不推迟甚至放弃降准或者降息，进而中国经济的下行就可能变得难以抑制。

如果央行既想放松货币政策，又想维持人民币兑美元汇率的基本稳定，就必须加强对资本流动的管制。但这一方面可能导致人民币国际化的退步，另一方面可能招致国际社会的非议。这是因为，正是中国央行承诺会继续开放资本账户，才使得人民币被纳入 SDR 货币篮。

中国央行是如何选择的呢？首先，鉴于中国高层官员已经多次重申人民币汇率不具备持续大幅贬值的基础，似乎中国央行已经不得不努力维持人民币兑美元汇率的稳定。（当然，如果中国官员强调，维持的是人民币有效汇率的稳定，就可以创造人民币兑美元汇率温和贬值的空间。）其次，中国央行事实上已经收紧了对外汇兑换与资本外流的控制。例如，投机者已经很难在中国香港离岸市场上借到人民币，离岸人民币拆借利率已经显著上升。又如，零散换汇并集中汇至海外特定账户的行为已经受到明显遏制等。最后，为了稳住汇率，央行已经多次对抗市场预期，推迟降息降准，而仅仅通过逆回购、SLF 与 MLF 等短期流动性调节措施来补充流动性。事实上，2016 年 1 月的股市大跌，尽管与人民币贬值预期、引入不成熟的熔断机制等高度相关，也与央行没有及时降息降准密切相关。

换言之，央行再度回到了"不可能三角"的中间道路上来，它被迫再度选择了较为稳定的人民币汇率与部分的资本账户管制，但代价是货币政策的独立性再度被削弱。

三、如何协调货币政策与汇率政策？

笔者认为，作为全球第二大经济体，中国经济已经是一个不折不扣的大国经济。对大国经济而言，内部平衡的重要性要高于外部平衡。而要在开放条件下实现内部平衡，就必须维持货币政策的独立性。而要提高货币政策的独立性，就必须增强汇率制度的灵活性，并且维持必要的资本账户管制。

首先，为了消除负向产出缺口，中国政府要实施积极的需求管理政策，其中积极的货币政策不可或缺。截至2016年1月，中国政府的政策重心似乎放在了"供给侧改革"。然而供给侧改革只能改变中长期的潜在增速，对提振短期经济增速没有太大帮助，甚至可能压低短期经济增速。更重要的是，如果不能维持短期经济增速的稳定，如果中国经济发生硬着陆，那么供给侧改革根本难以推动。因此，当前中国经济需要实施积极的需求管理政策，这包括积极的财政政策与积极的货币政策。而积极的货币政策意味着降息与降准并举。考虑到当前（2016年1月）的政策空间，未来中国央行应该把降准作为主要的货币政策工具。

其次，为了给宽松货币政策打开空间，就必须增强人民币汇率形成机制的灵活性。这就意味着要降低央行对外汇市场的干预，让汇率在更大程度上由市场供求来决定。在当前形势下，央行放松对人民币汇率的干预，必然意味着人民币兑美元汇率在短期内会显著贬值。然而，只要贬值幅度不是过大（即没有出现汇率超调），那么市场力量下的贬值是利大于弊的。这既有助于缓解有效汇率升值过快对出口造成的冲击，也有助于释放贬值压力，消除市场上持续的贬值预期。我们认为，建立人民币有效汇率的年度宽幅目标区机制，是人民币汇率形成机制的最佳选择。

最后，为了控制人民币兑美元汇率的贬值幅度，以及提高宽松货币政策的有效性，中国央行应该保持适当的资本账户管制，而非继续开放资本账户。

一方面，如果资本流动没有障碍，那么汇率贬值预期与资本外流之间可能形成相互强化的恶性循环，这可能会导致汇率发生超调。另一方面，如前所述，如果资本流动没有障碍，那么宽松货币政策将导致资本外流，由此可能造成流动性不松反紧，这会削弱货币政策的有效性。从这两方面出发，维持必要的资本账户管制是中国央行的必然选择。这又意味着，其一，中国央行短期内不应出台进一步放松资本外流的措施，如 QDII2① 等；其二，中国央行应该加强现有资本账户框架下资本管制的有效性，如加大对虚假贸易、贸易项下转移定价以及地下钱庄的打击等。此外必须指出的是，加强资本管制的有效性并不意味着违背市场的规律蛮干。例如，为了维持人民币兑美元汇率的稳定，人为地提高离岸人民币市场的利率以及人为地压缩离岸人民币的供给，这并不是适宜的管制做法，而且这样做会显著削弱央行的信誉，并最终扼杀人民币离岸市场。

总之，作为一个事实上的经济大国，我们必须遵循大国的行为逻辑。当国内经济形势要求货币政策放松时，我们就应该毫不迟疑地放松货币政策，而不要被汇率维稳束缚了手脚。为了提高宽松货币政策的效力，防止汇率向下超调，我们应该坚决加强资本流动管制。资本流动管制应该采用市场各方能够接受的方式，避免过于简单粗暴的做法。

渐进式改革同样需要"最后一跃"②

中国经济改革开放三十余年，最重要的一条经验就是渐进式改革，俗称"摸着石头过河"。一般认为，中国是渐进式改革的代表，俄罗斯是激进式改革（俗称"休克疗法"）的代表。过去数十年，中国经济的表现远优于俄罗

---

① QDII2：qualified domestic individual investor 的缩写，即合格境内个人投资者。
② 本文写于2016年8月。

斯，这被视为渐进式改革优于激进式改革的重要证据。

然而，最好不要"行百里者半九十"。在中国经济最终跨越中等收入陷阱，成长为发达经济体之前，我们还不宜对渐进式改革与激进式改革孰优孰劣盖棺定论。

个中原因何在呢？

首先，中国与俄罗斯有着不同的资源禀赋、历史渊薮与利益集团，换言之，在两国改革开放之初，初始条件大相径庭，因此很难用两国的经济现状来比较两种改革路径的好坏。毕竟经济转型不是在实验室里进行的，而且中国与俄罗斯并非很好的对照组。而举目2016年前的世界经济史，似乎缺乏完美的自然试验。

其次，在笔者看来，激进式改革与渐进式改革的最大区别在于，前者是将困难的改革放在前半期来做，而后者是将困难的改革放在后半期来做，最典型的一个例子就是国有企业的所有制改革。俄罗斯是用私有化券的方式，试图在一夜之间毕其功于一役（当然，效果并不好），而中国的国企改革则贯穿了改革开放数十年，而且时有反复与波折。换言之，对中国而言，最困难的改革阶段似乎才刚刚到来。

再次，渐进式改革的最大问题之一在于，改革本身会培养既得利益集团，而既得利益集团一旦形成，将阻挠进一步的改革。诚如吴敬琏先生所言，对于在改革过程中培养起来的既得利益集团而言，最舒服的就是半市场半管制的状态。如果缺乏管制，他们就没有制度套利的空间；而如果缺乏市场，他们就缺乏将利益变现的机会。因此，如果渐进式改革的目标是彻底的市场化，那么这些在改革过程中形成的既得利益集团就会千方百计地阻挠未来的改革。

最后，渐进式改革还面临其他几个重要问题，例如，政策短期色彩较浓，这会削弱政府的声誉；又如，这会加剧市场主体的行为短期化与预期同质化。无论是产能过剩、金融动荡、房价调控还是医疗改革，无一例外。

其实，把市场化改革划分为激进式改革与渐进式改革，可能分类方法本身也存在问题。事实上激进式改革也会有渐进的阶段，而渐进式改革也会有激进的时刻。如果我们把一个经济体由计划经济转变为市场经济比喻为一个人跳过一个大坑，那么激进式改革无非是在初期跳这个坑，而渐进式改革是在后期跳这个坑。在初期跳跃固然有助跑不够的问题，而在后期跳坑，则会面临既得利益阶层的掣肘，以及改革预期与动力不足的困扰。

那么，中国经济如何更好地实现这惊险的"最后一跃"呢？更加科学的顶层设计、激励相容的改革措施、清晰明确的实现路径、科学透明的决策机制、吸收别国的经验教训，这些方面缺一不可。

随着改革逐渐步入深水区，"摸着石头过河"恐有溺亡的风险。中国经济应该改变思路，朝着对岸一个明确的目标，克服各种阻力，坚定地划水前行。

控风险与谋发展并举，强监管向制度化转型
——五评2017年中央金融工作会议[①]

一、总体评价：对金融市场的影响中性，不必过分悲观

与2016年年底至2017年7月一行三会的运动式监管相比，本届中央金融工作会议的召开将更好地协调一行三会的监管行为，避免监管竞争的重演。从边际上来看，并没有出台全新的监管政策。尽管加强监管的大方向不会改变，金融机构制度套利的时代可能终结，但会议也强调了"金融是国家重要的核心竞争力""金融是国之重器，是国民经济的血脉"。同时，在三大金融工作主题中，把"服务好实体经济"放在"防控金融风险"之前。此外，这次建立的新的协调机构名为"金融稳定发展委员会"，而非"金融监管委员会"。这均说明，中央政府想通过规范金融市场来维持可持续发展，而非一味

---

① 本文写于2017年7月。

地通过加强监管来抑制金融市场过快发展。我们维持在中期报告中提出的"金融监管的大方向不会改变，但金融监管的边际强度在 2017 年下半年有望适当放缓"的判断。

二、把运动式监管常态化，弥补监管漏洞

通过建立国务院金融稳定发展委员会，来加强一行三会之间的协调与问责，把运动式监管常态化，弥补监管漏洞，并避免监管竞争可能引发的风险。

本次建立的国务院金融稳定发展委员会，与 2013 年创设的金融监管协调部际联席会议制度相比，级别更高，权力更大。根据相关文件，上述由央行牵头的部际联席会议的工作规则是，"重点围绕金融监管开展工作，不改变现行金融监管体制，不替代、不削弱有关部门现行职责分工，不替代国务院决策，重大事项按程序报国务院"。对相关部门的要求是，"人民银行要切实发挥好牵头作用，银监会、证监会、保监会、外汇局等成员单位要积极参加，相互支持，加强沟通配合，形成合力，确保联席会议制度有效运转"。不难看出，这个部际联席会议制度不是实质性的权力机构，对一行三会的约束并不刚性。

而根据本次金融工作会议的通稿，"设立国务院金融稳定发展委员会，强化人民银行宏观审慎管理和系统性风险防范职责，落实金融监管部门监管职责，并强化监管问责"，"增强金融监管的权威性有效性"，这说明金融稳定发展委员会是一个具有监管协调与监管问责实际权力的高层级机构，对一行三会具有明显的制约能力。而如下这句话则强调了金融稳定发展委员会领导下的一行三会在化解金融风险方面对地方政府的领导能力："地方政府要在坚持金融管理主要是中央事权的前提下，按照中央统一规则，强化属地风险处置责任。"

总之，成立国务院金融稳定发展委员会，在没有根本性改变一行三会分业监管格局的前提下，增强了一行三会之间的监管协调。既有助于应对监管

空白与监管套利，也有助于缓解运动式监管竞争可能引发的不必要的风险，这是一种将监管常态化、制度化的可贵努力。"坚持问题导向，强化综合监管，突出功能监管和行为监管"，这表明未来的监管体系是针对各种机构的所有业务的全方位、无死角式监管，监管套利的时代已经基本结束了。

三、大力发展直接融资和金融机构

在"把国有企业降杠杆作为重中之重，严控地方政府债务增量"的同时，呼吁提高金融服务于实体经济的效率与水平，"把更多金融资源配置到经济社会发展的重点领域与薄弱环节"。这意味着要改善民营企业与中小企业的融资环境，改变中小企业融资难、融资贵的痼疾，需要大力发展直接融资，并且需要大力发展民营金融机构。

"把国有企业降杠杆作为重中之重，抓好处置'僵尸'企业的工作。"这说明中央政府认识到企业部门杠杆率高企的核心问题，也说明中央政府推行国有企业混合所有制改革的决心。事实上，没有重债企业的破产清算，没有企业的关停并转，没有企业的收购兼并，要降低国企杠杆率是非常困难的。这进一步印证了我们关于十九大之后国有企业混合所有制改革将加速的判断，特别是地方国企、中小国企、央企子公司等层面的混改有望全面提速。

"各级地方党委和政府要树立正确政绩观，严控地方政府债务增量，终身问责，倒查责任。"这一方面说明，中央政府对国有企业债务与地方政府债务的要求是不一样的，国有企业要降低债务存量，地方政府仅需要控制债务增量。另一方面，对于新增地方政府债务，将实施对地方官员的终身问责与倒查责任，这意味着未来地方官员在新增各种地方政府债务时面临的约束全面强化了。

最后，尽管中央政府希望金融资源能够进一步向民间企业倾斜，但正如我们在中期报告中指出的那样，如果实体投资回报率不能回升，甚至低于金融机构的融资成本，那么即使加强金融监管，也不会有效地驱动金融资源流向实体投资。因此，金融能否更好地服务实体经济，关键要看未来实体经济的结构性改革能否加速，特别是围绕国企混改、土地流转、服务业开放等领域的改革能否在十九大前后提速。

四、加强党对金融工作的领导

本次通稿中如下一段话值得市场高度重视："要坚持党中央对金融工作集中统一领导，确保金融改革发展正确方向。要加强金融系统党的建设，国有金融机构领导人必须增强党的意识，党的领导要与国有金融机构公司法人治理相结合，促进形成良好的现代公司治理机制。"这至少说明，第一，中央政府高度重视金融业对中国经济持续增长与长治久安的重要性；第二，本轮金融反腐还会继续深入持续下去；第三，中央政府对推动本轮金融工作会议部署任务的态度是相当坚决的。

五、对开放节奏可能过快的反思

金融开放要做，但会相当谨慎，这实际上是对过去开放节奏可能过快的一些反思。

本次通稿中提到"稳步推进人民币国际化，稳步实现资本项目可兑换。积极稳妥推动金融业对外开放，合理安排开放顺序"。短短一句话中提到两个"稳步"，一个"合理安排"。这说明中央政府已经意识到，在人民币汇率、利率机制尚未充分市场化，国内金融风险尚未得到根本性控制的前提下，过快推进人民币国际化与资本项目开放可能会导致的潜在风险。事实上，自2015年"811"汇改以来，相关开放进程已经明显放缓。未来金融开放有望与金融控风险、金融市场发展更加有机地结合起来。

速度朝平衡转向，市场与调控并举
——十九大报告解读[①]

一、新时代、社会主要矛盾与两个"十五年"

这是十九大报告中三个非常重要的新提法。

"中国共产党第十九次全国代表大会，是在全面建成小康社会决胜阶段、中国特色社会主义进入新时代的关键时期召开的一次十分重要的大会。"从这句话的整体判断中可以看出，2018年至2020年这三年是连接"全面建成小康社会决胜阶段"与"中国特色社会主义新时代"的关键时期。

"从现在到2020年，是全面建成小康社会决胜期。""特别是要坚决打好防范化解重大风险、精准脱贫、污染防治的攻坚战。"这给出了未来三年时期内最重要的三项工作。

"中国特色社会主义进入了新时代，这是我国发展新的历史方位。"习近平新时代中国特色社会主义思想，是十九大报告中提出的最重要理论成果。提出这个成果的历史背景有三。一是"中华民族迎来了从站起来、富起来到强起来的伟大飞跃"，二是"科学社会主义在21世纪的中国焕发出强大生机活力，在世界上高高举起了中国特色社会主义伟大旗帜"，三是"中国特色社会主义道路、理论、制度、文化不断发展，拓展了发展中国家走向现代化的途径，给世界上那些既希望加快发展又希望保持自身独立性的国家和民族提供了全新选择，为解决人类问题贡献了中国智慧和中国方案"。这三个背景的第三点应该是非常新的提法，凸显了中国模式的全球意义，这也是"四个自信"的体现。

"中国特色社会主义进入新时代，我国社会主要矛盾已经转化为人民日益增长的美好生活需要和不平衡、不充分的发展之间的矛盾。"中国社会主要矛

[①] 本文写于2017年10月。

盾提法的转变值得高度重视。事实上，从 1987 年的十三大以来，中国社会主要矛盾都一直被界定为"人民日益增长的物质文化需要同落后的社会生产之间的矛盾"。主要矛盾提法的转变，一方面意味着中国的社会生产已经有了很大提高，但社会生产目前的主要问题是"不平衡、不充分"。这让我们想起了国务院前总理温家宝在 2007 年"两会"期间曾经提出的中国经济面临着"不稳定、不平衡、不协调、不可持续"四个结构性问题。另一方面也意味着人民群众的需求已经从"物质文化需要"进一步上升为"美好生活需要"。那么，什么是"美好生活需要"呢？十九大报告中指出，"民生领域还有不少短板，脱贫攻坚任务艰巨，城乡区域发展和收入分配差距依然较大，群众在就业、教育、医疗、居住、养老等方面面临不少难题"。可以看出，美好生活需要至少包括两个问题，一是如何从"一部分人先富起来"走向"共同富裕"，二是如何更好地满足人民群众对优质公共服务品的需求。例如，针对人民群众普遍关注的房地产问题，十九大报告指出了"坚持房子是用来住的、不是用来炒的定位，加快建立多主体供给，多渠道保障，租购并举的住房制度，让全体人民住有所居"。

"第一个阶段，从 2020 年到 2035 年，在全面建成小康社会的基础上，再奋斗 15 年，基本实现社会主义现代化。第二个阶段，从 2035 年到本世纪中叶，在基本实现现代化的基础上，再奋斗 15 年，把我国建成富强、民主、文明、和谐、美丽的社会主义现代化强国。"两阶段的提法，最早源于邓小平同志。他曾经提出，中国的中长期发展战略要分两步走。第一步是要用 20 年左右的时间将人均收入翻两番（从 1980 年的 250 美元左右提高至 2000 年的 1000 美元左右），基本实现温饱与小康；第二步是要再用 50 年左右的时间，使中国人均收入达到中等发达国家水平。不难看出，十九大这个两阶段的提法与之前小平同志提出的两阶段的提法从本质上来看是一脉相承的。只不过 2000 年至 2050 年这 50 年可以进一步地划分为"全面建设小康社会阶段"（2000 年至 2020 年）、"基本实现社会主义现代化阶段"（2020 年至

2035年）及"构建社会主义现代化强国阶段"（2035年至2050年）。两阶段的提法一方面有助于凝聚全社会共识，另一方面有助于保障政府执政思路的延续性。

二、基本方略与发展战略中的经济内涵

十九大报告中提出了新时代坚持和发展中国特色社会主义的14条基本方略，这是未来理解中国政府整体执政思路的关键所在。在这14条基本方略中至少有5条与经济、金融领域密切相关。我们争取在每条方略中挑选一句话来概括其主要内涵。

第三条，"坚持全面深化改革"，"坚决破除一切不合时宜的思想观念和体制机制弊端，突破利益固化的藩篱"。

第四条，"坚持新发展理念"，"坚定不移贯彻创新、协调、绿色、开放、共享的发展理念"。

第八条，"坚持在发展中保障和改善民生"，"保证全体人民在共建共享发展中有更多获得感"。

第九条，"坚持人和自然和谐共生"，"坚持节约资源和保护环境的基本国策，实行最严格的生态环境保护制度"。

第十三条，"坚持推动构建人类命运共同体"，"奉行互利共赢的开放战略，坚持正确义利观，树立共同、综合、合作、可持续的新安全观，谋求开放创新、包容互惠的发展前景"。这一条基本方略其实是中国政府在对外开放方面的诉求与愿景。

十九大报告的第五部分"贯彻新发展理念，建设现代化经济体系"部分，具体提出了6条发展战略，这无疑将成为未来5年甚至更长时间内中国政府经济领域政策的重要指南。

第一条，深化供给侧结构性改革。这里面有三点值得注意。第一，"建设现代化经济体系，必须把发展经济的着力点放在实体经济上"。这进一步强调

了中国政府推进金融"脱虚入实"的决心。第二,提出了"加快建设制造强国,加快发展先进制造业",这意味着中国"制造2025"战略将得到更加坚决的推进落实。第三,报告指出了未来新兴产业的发展方向与重点:"推动互联网、大数据、人工智能和实体经济深度融合,在中高端消费、创新引领、绿色低碳、共享经济、现代供应链、人力资本服务等领域培育新增长点、形成新动能。"

第二条,加快建设创新型国家。"加强国家创新体系建设,强化战略科技力量。"这意味着国家未来会在科技创新领域增加更多的资源投入。"深化科技体制改革,建立以企业为主体、市场为导向、产学研深度融合的技术创新体系,加强对中小企业创新的支持,促进科技成果转化。"这意味着对科技研究领域创新的若干掣肘未来会显著放松。

第三条,实施乡村振兴战略。"保持土地承包关系稳定并长久不变,第二轮土地承包到期后再延长30年。"这是在为加快推进土地使用权流转改革铺平道路。"确保国家粮食安全,把中国人的饭碗牢牢端在自己手中。"这意味着18亿亩耕地红线恐怕不会放松。

第四条,实施区域协调发展战略。这里面最值得重视的两句话如下。第一,"以城市群为主体构建大中小城市和小城镇协调发展的城镇格局,加快农业转移人口市民化"。这句话意味着超大城市的发展思路没有得到采纳,城镇化的格局占据上风。第二,"以疏解北京非首都功能为'牛鼻子'推动京津冀协同发展,高起点规划、高标准建设雄安新区。以共抓大保护、不搞大开发为导向推动长江经济带发展"。这是十九大报告中提出的两个重点区域。

第五条,加快完善社会主义市场经济体制。"加快国有经济布局优化、结构调整、战略性重组,促进国有资产保值增值,推动国有资本做强做优做大,有效防止国有资产流失。"这意味着以供给侧改革为代表的政策思路将会进一步延续。

第六条，推动形成全面开放新格局。"要以'一带一路'建设为重点，形成陆海内外联动、东西双向互济的开放格局。"如果与过去的开放思路相比较，"陆海内外联动"，重点在于"陆"；"东西双向互济"，重点在于"西"。"赋予自由贸易试验区更大改革自主权，探索建设自由贸易港。"不过，自由贸易试验区的开放重心，恐怕会回归贸易，而非金融。

三、十九大报告中涉及金融的内容

在十九大报告的第五部分——"贯彻新发展理念，建设现代化经济体系"——第五条"加快完善社会主义市场经济体制"中，涉及金融的有三句话：第一，"深化金融体制改革，增强金融服务实体经济能力，提高直接融资比重，促进多层次资本市场健康发展"；第二，"健全货币政策和宏观审慎政策双支柱调控框架，深化利率和汇率市场化改革"；第三，"健全金融监管体系，守住不发生系统性金融风险的底线"。

这三句话中的第一句与第三句，即增强金融服务实体经济的能力及防范系统性金融风险的爆发，是与2017年中央金融工作会议的精神一脉相承的，这里不用做过多的解读。但关于"健全货币政策和宏观审慎政策双支柱调控框架"，是十九大报告中的新提法。我们对它的解读如下。第一，这意味着未来的货币政策操作主要仍以总体流动性操作为主，货币政策不必过多着眼于控风险。第二，这意味着十九大之后金融监管偏紧的格局将依然延续，控风险与去杠杆的任务依然任重道远，金融监管不会显著放松。第三，这意味着央行将在货币政策与金融监管两个领域同时扮演重要角色。一方面，宏观审慎政策目前主要是由央行来负责实施的；另一方面，由于金融稳定发展委员会的办公室设在央行，未来央行也会更多地牵头负责与三会之间的沟通。

四、总体评价

我们认为，如果从经济、金融的角度来解读十九大报告的内涵，那么一个非常重要的变化是，经济、金融政策的重点从过去的强调发展速度与效率，开始转变为强调公平、平衡与包容性，市场与政府的定位与角色则由过去的以市场调节为主，转变为市场调节与政府调控并举。

首先，十九大报告将当前社会的主要矛盾界定为人民日益增长的美好生活需要和不平衡不充分的发展之间的矛盾。这就意味着，未来要将经济社会的发展变得"更平衡、更充分"。

其次，十九大报告将未来三年（2018—2020 年）三大任务定义为防范化解重大风险、精准脱贫与污染防治。这其实意味着对过去经济发展思路的反思与调整。

再次，我们的计算表明，要实现 2020 年 GDP 比 2010 年翻番的目标，未来三年（2018—2020 年）的 GDP 增速只要保持在 6.3% 即可。而且把研发支出计入 GDP 的新方法，使得满足 GDP 翻番目标的任务更容易实现。因此，中国政府短期内保增长的必要性已经下降，提高经济增长效率与可持续的重要性则随之上升。

其实，过去 5 年以来，本届政府的很多举措都在反映上述转变。例如，供给侧结构性改革与环保督查，加强金融监管以促进金融资源脱虚入实，防范金融空转，针对房地产行业的调控加剧，对资本跨境流动的监管加强，人民币汇率形成机制改革，对减贫与反腐的强调，等等。这意味着本届政府在经济、金融领域的执政思路不仅新旧延续性强，而且在未来相当长的时间内也会一以贯之。

最后，值得指出的是，我们非常高兴地看到，十九大报告把"坚持全面深化改革"放在突出位置。正如我们在 2017 年的半年度宏观经济报告中所指出的，导致金融空转与系统性金融风险上升的重要原因，是中国经济增长效率的持续下滑，这种下滑可以从全要素生产率、劳动生产率增速与实体投资回报率的下滑中反映出来。① 无论是要提振中国经济潜在增速，还是要促进金融市场更好地服务于实体经济，抑或是要防范系统性金融风险的爆发，中国政府都需要通过促进重大结构性改革来提振经济增长效率。我们期望，在十九大之后，以国有企业混合所有制改革、风险可控的土地流转改革、服务业部门向民间资本的进一步开放、以公共服务均等化为核心的更具包容性的城市化等重大结构性改革，能够显著提速。要真正守住系统性金融风险的底线，除了加强金融监管之外，加快实体经济结构性改革也至关重要。

经济目标更具弹性，减税降费力度空前
——对2019年政府工作报告的四点解读②

总体评价：2019年的政府工作报告，在 GDP 增长目标设置方面变得更具弹性，这降低了宏观经济政策过度放松的可能性，也意味着房地产调控思路不会发生重大变化；通胀目标设置得非常宽松，就业目标完成的难度也不会太大；2.15万亿元的地方专项债的额度意味着事实上的财政赤字占 GDP 的比例要比官方目标高出2个百分点以上，这对于2019年的基础设施投资而言非常重要；企业减税降费力度空前，较好地体现了供给侧结构性改革"降成本"的理念。我们对于2019年政府工作报告所提出的经济目标的实现很有信心，2019年中国经济增速在6.3%左右，季度经济增速将呈现出前低后高的 U 形特征。

---

① 张明、陈骁、魏伟：《纠正金融改革与实体改革的节奏错配》，平安证券2017年宏观半年度报告，2017年6月18日。
② 本文写于2019年3月。

（1）GDP增速目标定为6%~6.5%。

这个目标应该说符合市场预期。目前市场普遍预测，在宏观经济政策有限放松的前提下，2019年GDP增速在6.2%~6.3%。把目标定在6%~6.5%，意味着中央政府对宏观经济增速下行幅度的容忍度有了提高。这也意味着，实现这一区间目标的难度并不大，因此，2019年无论是货币政策的放松还是财政政策的放松，都将是较为有限的。中央政府依然试图在控风险与稳增长之间保持一个合理的平衡，而不再使用宏观经济政策的强刺激。这同时意味着，针对一线城市与二线城市的房地产调控，在2019年显著放松的概率很低。要实现上述增长目标，主要会靠宽财政支持的基建投资，而不会重新依赖房地产投资。

不过，过去把目标定在一个固定数，如6.5%，这个数的约束性并不强，经济增速高于或略低于6.5%，都意味着实现了目标。而将增速目标定在6%~6.5%，6%这一下限的约束力将会显著上升，这意味着中国政府不会容忍经济增速在2019年跌破6%。换言之，如果发生一系列不确定性冲击导致经济下行压力显著增大，那么中国政府稳增长的政策力度就会相应增强。不过，发生这一情景的概率目前看来很低。

（2）居民消费价格涨幅3%，城镇新增就业1100万人，城镇调查失业率5.5%。

通货膨胀目标，在2019年应该说没有实际约束力。2018年CPI增速为2.1%，只要食品价格没有重要异动，2019年CPI增速依然会稳定在2%左右，且PPI增速可能显著回落，出现负增长也很有可能。

2018年城镇新增就业人口为1361万人，城镇调查失业率稳定在5%左右。2019年政府工作报告对就业问题更加重视，同时考虑到经济下行因素，制定的就业目标与失业率目标均有所放松。考虑到当前人口老龄化的加速，服务业的增长依然较快，尽管出口增速下降与中小企业面临困难可能导致失业人口增加，但失业方面的压力依然是可控的，完成就业目标的问题不大。

（3）官方财政赤字占GDP的比例在2.8%，财政赤字规模为2.76万亿元。

针对这个指标，中央政府定的目标依然很稳健，没有如市场预期的那样突破3%的门槛值。这意味着，中央政府对未来面临的或有支出保持着较为谨慎的态度。不过，如果考虑到地方政府专项债规模，其实，从2016年起，政府财政赤字占GDP的比例就已经持续超过了3%。2016年至2018年，加入地方政府专项债之后的政府财政赤字占GDP的比例分别为3.55%、4.01%、4.07%。2019年批准的地方政府专项债规模达到了2.15万亿元，比2018年增加了8000亿元，因此2019年经过调整之后的政府财政赤字占GDP的比例将进一步上升至4.98%。

官方财政赤字占比未能突破3%，这意味着2019年的国债发行规模会比较有限。2.15万亿元的专项债发行将主要用来为重点地区、重点项目的基础设施建设提供资金融通。这在地方政府财政普遍吃紧、债务普遍高企的前提下显得尤其重要。

（4）制造业增值税税率由16%下调至13%，城镇职工基本养老保险单位缴费比例降至16%。

企业增值税税率下调应该说超过了市场预期。之前市场预期增值税税率可能会下调2个百分点。这对于中国企业尤其是中小企业而言，可谓意义重大。再加上社保缴费比例的下调，应该说，2019年的减税降费力度是空前的，既有助于增加工业企业利润，也有助于增强中小企业信心，较好地实现了供给侧结构性改革的"降成本"理念。这对于稳定2019年的制造业投资增速与民间资本投资增速而言，有望起到非常积极的作用。

贷款利率改革取得突破，融资成本分化仍将持续[①]

2019年8月17日，中国央行发布公告称，为深化利率市场化改革，提高利率传导效率，推动降低实体经济融资成本，央行决定改革完善贷款市场报价利率（loan prime rate，LPR）形成机制。这被市场认为是利率市场化的重要一步，标志着贷款利率市场化改革取得重要突破。

LPR是商业银行对其优质客户执行的贷款利率。中国央行在2013年开始正式推行LPR集中报价，目的在于逐步取代贷款基准利率，以市场化的方式指导信贷产品定价。但自LPR运行以来，其报价多参考贷款基准利率，无法及时反映市场利率的变动情况。利率双轨制的存在使得能够反映货币政策变化的银行间市场利率难以传导至贷款利率，这也是我国企业整体融资成本较高的一个重要原因。

本次LPR市场化改革将报价方式改为主要参考1年期MLF利率基础加点形成，主要目的在于提高政策利率向贷款利率的传导效率，推动降低实体经济融资成本。

与原有的LPR形成机制相比，新的LPR报价机制主要具有以下特点。

第一，报价方式主要按照1年期MLF利率加点形成，加点幅度主要取决于各行自身资金成本、市场供求、风险溢价等因素，这有利于强化银行贷款利率与货币市场利率之间的联动，更好地将央行货币政策的意图传导给最终的借贷款主体。未来贷款基准利率的重要性将显著下降，甚至被取消，而LPR的重要性将显著上升。

第二，贷款利率品种由1年期扩大至1年期与5年期以上两个期限品种，可以更好地为银行发放长期贷款的利率定价提供参考。但5年期以上这个概

[①] 本文写于2019年8月，由张明、郭子睿合作完成。

念较为模糊，如果能更加细化（如区分为 5 年、10 年、20 年与 30 年），效果也许会更好。

第三，贷款市场报价利率报价行的数由 10 家扩大至 18 家，报价行类型在全国性银行的基础上增加了城商行、农商行、外资行与民营银行，这的确显著增加了 LPR 的代表性。可以预见，在大多数情况下，中小银行的报价利率都会显著高于全国性大型商业银行。这可以显著削弱大型商业银行在利率报价方面的优势，对中小行无疑是更为有利的。

第四，银行报价频率由每日一次改为每月一次。央行的理由是为了提高报价行重视程度，有利于提高 LPR 报价质量。这固然是合理的，但每月一次才报价，事实上降低了短期内货币市场波动对银行贷款利率的传导与影响。在我们看来，这可能是一个临时性举措。未来等条件成熟时，不排除报价频率提高至每周一次甚至每日一次的可能性。

第五，央行在文件中提到"严肃处理银行协同设定贷款利率隐性下限等扰乱市场秩序的违规行为"，这主要是由于历史上国外曾经多次出现大型商业银行合谋操纵 LIBOR（伦敦同业拆借利率）报价的情形。因此，在使用 LPR 报价来指导银行贷款利率时，需要重点防范这一现象。

在肯定 LPR 市场化报价机制改革意义的同时，我们也应该看到当前的 LPR 报价未来有若干待完善之处。

首先，根据国际经验，LPR 的形成机制主要有"政策利率+固定点"（美国）和"综合多种市场化利率+固定点"（日本）两种。我国采取了中间模式，虽然浮动的加点有助于降低政策利率调整滞后的弊端，但灵活性依然低于直接根据银行间市场利率进行的加点报价。

其次，目前我国的 MLF 最长期限只有 1 年期，对于 5 年期以上的品种如何定价尚不清楚。5 年期以上的期限品种主要为银行发放住房抵押贷款等长期贷款的利率定价提供参考，考虑到"房住不炒"及房地产调控逐渐趋严，不排除央行对 5 年期以上的期限品种报价进行窗口指导，这意味着住房抵押贷款利率有望保持平稳态势。

最后,直接与央行进行 MLF 操作的银行主要为政策性银行和中大型商业银行,对于无法直接参与 MLF 操作的中小银行,把 LPR 作为贷款定价基准的参考性较为有限。

可以看出,新的报价机制改变了商业银行贷款定价的基础利率,由之前的"贷款基准利率+不同企业的信用风险"转为"1 年期 MLF 利率+加点+不同企业的信用风险"。目前,虽然我国 1 年期 MLF 利率为 3.3%,低于现有的贷款基准利率 4.35%,但最终 LPR 的报价利率结果在很大程度上取决于银行加点的大小。

目前市场普遍将这次贷款利率形成机制改革视为新版本的"降息",认为企业真实融资成本将更加向货币市场利率趋紧。然而,考虑到以下三个问题,前期货币市场利率的大幅下行能否体现在未来的贷款利率中,事实上依然存在着较大的不确定性。

问题之一,如何缓解不同类型商业银行的流动性分层现象。如果中小商业银行自身获取流动性的成本较高,那么它们是不愿意显著降低贷款成本的。而为了保障商业银行运行的独立性与市场性,央行不可能设定商业银行贷款利率的加成范围。

问题之二,随着宏观经济增速与企业赢利增速的下行,企业贷款的风险溢价会逐渐上升,这也会导致商业银行在设定贷款利率时不得不进行更高的加成。

问题之三,目前针对房地产开发商与地方融资平台的贷款限制依然非常严格,而这两者又是中国商业银行的传统贷款大户。目前商业银行一方面处于"资产荒",另一方面又面临着非常严格的风险管控,即使新增信贷不多,商业银行也没有动力显著下调贷款利率。

不过,优质的企业将受益于本次对于贷款利率隐性下限的监管,贷款的议价能力有望增强,融资成本可能会所有下降。这反过来意味着,优质企业与中小企业之间的融资成本分化很可能非但不会缩小，反而可能继续加剧。

我国利率并轨采取"先贷款后存款"的思路，在负债成本保持刚性的前提下，推行贷款利率并轨，在一定程度上可能会压缩银行存贷款息差，这迫使商业银行不得不加大业务创新，倒逼商业银行转型。

国际经验表明，在利率市场化基本完成之后，商业银行的赢利模式与收入结构将有所改变，利息收入占比下降，而创新业务带来的非息收入占比将上升。但考虑到以下两个因素，我国商业银行资产端配置的多样性可能难以大幅提升。其一，我国商业银行资产端配置已经实现多样化，传统贷款业务小幅下滑，零售贷款占比持续提升；同业资产和对非银金融机构债权近几年受金融监管的影响有所下降，但平均占比仍达20%。其二，当前经济下行压力较大，信用风险溢价较高，为了防止银行资产质量恶化，监管当局可能会继续保持当前严监管的态势，对业务创新较为审慎。

最后必须指出的是，LPR报价改革并不意味着我国利率市场化的彻底完成。根据西方发达经济体的经验，完整的利率传导模式为"政策利率—货币市场利率—存款利率—商业银行整体负债成本—贷款利率"。央行只需要调节政策利率，即可实现对整个利率体系的调控，这也是货币政策由数量型调控向价格型调控的基础。虽然LPR报价改革可以直接连通政策利率到贷款利率，但应该看到，从货币市场利率到存款利率，以及商业银行内部FTP[①]双轨定价，导致从商业银行负债成本到贷款利率等传导渠道依然存在堵塞。因此，LPR报价改革可能只是我国利率市场化的过渡性权衡选择，而非最终模式。未来利率市场化的完成不仅仅需要存贷款利率并轨，更需要商业银行提升定价能力及监管指标考核体系的调整。

---

① FTP：funds transfer pricing的缩写，即内部资金转移定价，是指商业银行内部资金中心与业务经营单位按照一定规则全额有偿转移资金，达到核算业务资金成本或收益项目目的的一种内部经营管理模式。

对2019年中央经济工作会议的9点评论[①]

2019年12月10日至12日在北京举行了中央经济工作会议。以下是笔者对本届中央经济会议的几点看法。

(1)"在工作中，我们形成一些重要认识"：一是"必须科学稳健把握宏观政策逆周期调节力度"；二是"必须从系统论出发优化经济治理方式，加强全局观念，在多重目标中寻求动态平衡"；三是"必须善于通过改革破除发展面临的体制机制障碍，激活蛰伏的发展潜能"；四是"必须强化风险意识，牢牢守住不发生系统性风险的底线"。

这四个"必须"的提法值得高度重视。第一个"必须"，言外之意是宏观调控依然要避免"大水漫灌"，市场不要对财政货币信贷政策的过度放松抱有期待。第二个"必须"，指的是中国政府仍然会在稳增长、调结构、促改革与防风险之间进行艰难的平衡。在上述目标彼此间存在冲突的时候，相关决策将变得格外审慎。第三个"必须"，强调的是在潜在增长率下行过程中加速结构性改革的必要性。第四个"必须"，虽然放得靠后一点，但依然说明防范化解系统性金融风险的目标没有改变。

(2)"要继续抓重点、补短板、强弱项。"

在供给侧结构性改革方面，2020年强调的重点是"三去一降一补"中的"补短板"。这说明在去杠杆、去库存、去产能与降成本方面已经取得较大进展。"三去一降"的核心是控制；"补"的核心是创造。这说明供给侧结构性改革对于宏观经济增长方面的含义由抑制转为了扩张。

---

① 本文写于2019年12月。

(3)"我国金融体系总体健康，具备化解各类风险的能力。要保持宏观杠杆率基本稳定，压实各方责任。"

这意味着2020年金融监管政策不会在边际上继续增强，但也不要期望金融监管会显著放松。

(4)"突出抓好重点群体就业工作，确保零就业家庭动态清零。"

2020年大专院校毕业生、高职与中专毕业生的数量很多，在经济增速仍在下行的背景下，做好上述重点群体的就业工作，是中国政府工作的一大重点。这方面的指标与情况值得重点关注。

(5)"积极的财政政策要大力提质增效，更加注重结构调整，坚决压缩一般性支出，做好重点领域保障，支持基层保工资、保运转、保基本民生。"

强调提质增效与结构调整，而非纯粹的数量扩张。这意味着预算内财政支出的力度不会大幅上升，3.0%的GDP占比仍有可能不突破。坚决压缩一般性支出，是指2020年各级政府的三公经费的管控将非常严格。做好重点领域保障，一是下文将提到的战略性、网络型基础设施建设（即所谓的基础设施短板），二是基层三保（工资、运转、基本民生）。

(6)"货币政策要同消费、投资、就业、产业、区域等政策形成合力，引导资金投向供需共同受益、具有乘数效应的先进制造、民生建设、基础设施短板等领域。"

2019年有所谓的"宽货币、紧信贷"的说法。笔者的理解是，这是要在对特定重点领域（房地产、地方政府非规范借贷）方面进行调控的同时，降低一般主体的融资成本。这里需要注意的是，中国政府通过各种政策活力试图激活的三大领域"先进制造、民生建设、基础设施短板"。这三个领域自然会成为未来一段时间内各类政策倾斜的对象，其中蕴含着大量的投资机会。

（7）"要更多依靠市场机制和现代科技创新推动服务业发展，推动生产性服务业向专业化和价值链高端延伸，推动生活性服务业向高品质和多样化升级。"

先进制造业与现代服务业是未来中国政府大力推动的两大类行业。在现代服务业方面，上面的表述给出了中国政府偏好的发展方向，生产性服务业向"专业化"与"价值链高端"拓展；生活性服务业向"高品质"与"多样化"升级。符合上述概念的服务业行业与企业值得投资者关注。

（8）"要着眼国家长远发展，加强战略性、网络型基础设施建设，推进川藏铁路等重大项目建设，稳步推进通信网络建设，加快自然灾害防治重大工程实施，加强市政管网、城市停车场、冷链物流等建设，加快农村公路、信息、水利等设施建设。"

下面这一点市场已经形成高度共识：在当前态势下要实现稳增长，基础设施建设必须发力。尽管我们不能也不应回到2009年4万亿的时代，但财政资金与金融资源未来必将对重点基础设施建设进行进一步倾斜。上面这段话指出了未来一段时间（很可能包括"十四五"实施阶段）我国基础设施建设的重点，关键词包括：①战略性、网络型基础设施；②川藏铁路等重大项目；③通信网络建设（5G）；④自然灾害防治重大工程；⑤市政管网、城市停车场与冷链物流；⑥农村基础设施。

（9）"加快落实区域发展战略，完善区域政策和空间布局，发挥各地比较优势，构建全国高质量发展的新动力源，推进京津冀协同发展、长三角一体化发展、粤港澳大湾区建设，打造世界级创新平台和增长极。"

在世界经济格局面临百年未遇之大变局、中国经济潜在增速仍在下行的背景下，激发中国经济增长内生动力的一大方向就是，进一步放松资源流动束缚，推动新一轮区域经济一体化。正如笔者及研究团队反复强调的，未来中国经济的最大看点就是以下五个新时代区域经济一体化的核心区域：粤港澳大湾区、长三角、京津冀（北京、天津、雄安）、长江中部区域（武汉、郑州、合肥）与西三角（成都、重庆、西安）。这五个核心区域将成为未来两个五年计划期间中国经济最重要的增长极。

第六章

未雨绸缪：接踵而来的系统性金融风险与防范

中国特色的杠杆率转换游戏[①]

根据华泰证券的估算，截至2015年年底，中国实体经济部门（不含金融业）的整体杠杆率已经达到263.62%，其中家庭部门杠杆率为39.95%，政府部门杠杆率为57.37%，非金融企业部门杠杆率为166.30%。在政府部门杠杆率中，中央政府杠杆率约为20.07%，地方政府杠杆率约为37.30%。

如果进行国际比较，可以发现，中国的居民杠杆率在全球主要大国中是偏低的，中国的政府杠杆率在全球主要大国中位于中游（低于大多数发达国家，但高于很多新兴市场国家），中国的企业杠杆率是全球主要大国中最高的。BIS在2011年的一篇工作论文中指出，家庭、政府与企业部门杠杆率的警戒线分别为85%、85%与90%。按照这一标准，中国企业部门杠杆率已经显著超过阈值。

更重要的是，中国经济的杠杆率在本轮全球金融危机爆发后快速上升。根据华泰证券的估算，2008年至2015年，中国的国民总杠杆率上升了105%！毫无疑问，这7年间中国经济杠杆率的快速上行，与危机后中国政府实施的极其宽松的财政货币政策密切相关。此外，鉴于2008年以来中国企业层面的

[①] 本文写于2016年12月。

"国进民退"相当明显，我们也看到，国有企业杠杆率的上行速度显著超过了民营企业。

截至 2016 年 4 月，全球经济处于"长期性停滞"的怪圈，经济增速依然远低于 2008 年危机爆发前的增速，中国经济也处于增长率持续下行的轨道。内需和外需的持续低迷，意味着中国企业无疑会面临严重的产能过剩问题。产能过剩会降低企业的赢利能力，进而会导致企业部门去杠杆。未来几年，中国企业部门杠杆率显著下行是个大概率事件。

企业部门去杠杆会导致商业银行体系出现大量坏账。届时，中国政府将面临以下两难选择：第一，如果中国政府大规模救助商业银行，就会导致政府杠杆率快速上升，甚至逼近国际警戒线；第二，如果中国政府不救助商业银行，就可能爆发大规模银行危机。在通常情况下，中国政府未来需要通过自身加杠杆来应对企业部门去杠杆，这也是爆发过大规模金融危机后的国际惯例。考虑到中国中央政府的杠杆率远低于地方政府，且中央政府的财力远高于地方政府，这就意味着，中央政府未来加杠杆是大概率事件。

然而，从 2014 年起，中国政府貌似在进行一种尝试，即试图通过激活中国股市来帮助企业部门去杠杆。如果股市交投活跃，企业就能以较低成本获得长期股权融资，从而成功降低杠杆率。不过，2014 年启动的这一波牛市，一方面具有典型的政府推动的色彩，另一方面却是以居民部门加杠杆为典型特征的。中国股市投资者大多数为散户，而这些个人投资者在 2014 年至 2015 年大量使用了融资融券、伞形信托与融资公司等方式进行配资，试图通过提高杠杆率来提高收益，最终却因为使用了杠杆而赔得倾家荡产。用杠杆率转换的视角来看，2014 年至 2015 年这波牛市，实质上反映了政府期望通过居民部门加杠杆来帮助企业部门去杠杆的尝试，但这种尝试最终以失败告终。

从 2015 年年底起，中国政府似乎开始了另一种更加危险的尝试，即试图通过再度激活中国房地产市场来消化商品房库存，从而帮助中国房地产企业及其他相关行业企业去杠杆。例如，除一线城市外，居民购买商品房的限制被放宽，首付比例显著下降，贷款利率明显下调。又如，居民购房的各种税费被显著调低。在相关政策的刺激下，北京、上海、广州、深圳的房价开始显著上升，其中又以深圳与上海尤为明显。值得注意的是，在这一波房价上涨过程中，购房者的杠杆率显著上升了，首付贷就是一个典型的例子，沈阳还出现了零首付的神话。无论是按照房价收入比来算还是按照房价房租比等指标来算，此时北上广深的房价水平已经位居全球最高水平之一，其中蕴含了重要风险。尤其令笔者扼腕长叹的是，想当年政府花了多少心力才将一线城市房价控制住，现在却为了帮助企业去库存与降杠杆，而令当年的努力毁于一旦。

近年来股市与房市相继发生的故事都折射出一个信号，即中国政府目前不愿意通过自身加杠杆来帮助企业去杠杆，而是试图通过激活股市与房市来诱导居民部门加杠杆，以此来帮助企业部门去杠杆。此外，新出台的债转股又反映出中央政府试图通过银行业加杠杆来帮助企业部门去杠杆的新尝试，这种尝试也是非常危险的。

政府部门之所以寄希望于居民部门，是因为当前（2016年4月）居民部门杠杆率远低于国际平均水平，看起来有加杠杆的潜力。然而，如果考虑到以下两个问题，中国居民杠杆率似乎就不那么低了。第一，中国农村居民很难举债，因此实际上居民部门负债主要是由城镇居民来承担的。换言之，中国城镇居民的真实杠杆率可能远高于40%。第二，中国在教育、医疗、养老等公共产品供给方面存在很大的不足，导致中国居民预防性储蓄的动机很强，举债的动机较弱。这就意味着，直接把中国家庭杠杆率与发达国家家庭杠杆率进行比较是不太合适的。

总之，笔者认为，中国政府部门以公开、透明、市场化的方式，通过中央政府加杠杆来缓解企业部门去杠杆的压力，才是解决问题的正道。那些试图通过居民部门加杠杆来应对企业部门去杠杆的尝试，可能会带来非常危险的结果。

未来中国经济的可持续增长有赖于两种最宝贵的资源，一是中国居民部门还有大概 50 万亿元人民币的储蓄，二是中国政府还有 3.2 万亿美元的外汇储备。在中国人口年龄结构日益老龄化、国际收支双顺差格局终结的未来，上述两种资源将变得更加稀缺与珍贵。我们切切不可以各种看似正当的名义，轻易挥霍掉这些资源。

人民币贬值、短期资本外流与潜在金融风险[①]

在 2015 年 8 月 11 日中国人民银行进一步改革人民币汇率形成机制时，人民币兑美元汇率中间价约为 6.1%。截至 2016 年 12 月中旬，人民币兑美元中间价已经跌至 6.9% 左右，与"811"汇改时相比贬值了大约 13%。

在"811"汇改之初，中国央行一度取消了对每日人民币兑美元汇率中间价的干预，让中间价直接等于前一日收盘价。这意味着央行主动放弃了过去稳定汇市的主要工具。由于当时市场上存在较大的人民币兑美元贬值压力，此举导致"811"汇改之后初期人民币兑美元汇率的快速贬值。

为了遏制人民币兑美元的快速贬值，央行采取了四种应对策略。策略之一，央行再度改变了每日人民币兑美元汇率中间价的定价机制，提出"收盘价+篮子汇率"的定价新机制；策略之二，央行通过在国内外汇市场上卖出美元、买入人民币来稳定汇率；策略之三，央行在"811"汇改之后逐渐收紧了对资本外流的管制；策略之四，央行开始干预离岸人民币市场，其目标在于缩小离岸与在岸人民币兑美元汇率之间的汇差，从而达到遏制跨境套汇与稳定人民币汇率预期的目标。

应该说，这四种策略的实施的确在一定程度上增强了人民币汇率的稳定

---

① 本文写于2016年12月。

性，降低了人民币兑美元的贬值幅度。然而，这四种策略的实施也面临一系列新的问题与挑战。首先，人民币兑美元中间价的定价新规似乎并未真正消除市场上的贬值预期。2016 年以来，人民币的汇率走势可以用"非对称性贬值"来概括。当美元指数走强时，人民币会盯住美元，同时兑篮子货币贬值；当美元指数走弱时，人民币会盯住篮子，而兑美元贬值。这种"非对称性贬值"策略，意味着投资者卖空美元买入人民币将是一桩稳赚不赔的买卖。其次，中国的外汇储备规模已经由最高时的 4 万亿美元下降至 3.1 万亿美元左右，在 2017 年年初跌破 3 万亿美元的概率很大。再次，无论是收紧资本流出管制还是离岸市场干预，事实上都对人民币国际化造成了负面冲击。当前人民币国际化用各种指标来衡量，都出现了停滞甚至逆转。

事实上，当前人民币汇率之所以面临很大的贬值压力，这与中国经济面临持续的短期资本外流高度相关。目前中国依然有着规模较大的经常账户顺差，但资本账户逆差的规模超过了经常账户顺差，造成了外汇市场上美元供不应求的局面，从而压低了人民币兑美元汇率。

2014 年第二季度至 2016 年第三季度，中国已经连续 10 个季度面临资本账户逆差，且该逆差在 2016 年第三季度创下了超过 2000 亿美元的峰值。更严重的是，（2016 年年末）中国的直接投资、证券投资与其他投资三个子项都面临资本净流出。在 2016 年第一季度之前，短期资本外流的主体是国内企业在人民币升值预期逆转之后，提前偿还之前举借的外币贷款。而 2016 年第二季度以来至 2016 年 12 月，国内居民与企业多元化配置海外资产的行动，则成为驱动短期资本外流的主要动力。

导致本轮短期资本持续大规模外流的主要原因包括：第一，人民币兑美元升值预期逆转为贬值预期；第二，美联储步入新的加息周期，而 2014 年以来国内利率水平显著下降，国内外利差明显收窄；第三，中国经济趋势性下行导致国内投资回报率下降；第四，国内金融体系的潜在风险显著上升。

笔者认为，对国内金融风险显性化与上升的担忧，在未来一段时间内可能继续驱动短期资本外流。而未来一段时间，国内金融风险最可能显著上升的领域，则是中国的商业银行体系。截至 2016 年 12 月，中国商业银行体系至少面临以下不利冲击：第一，利率市场化将持续收窄存贷款利差，而利差依然占到中国商业银行收入的 3/4；第二，过去几年以银行理财产品与信托产品为代表的影子银行商品大行其道，而影子银行产品面临的监管远比传统银行贷款更为宽松，这将给商业银行带来更大的风险；第三，在内需、外需萎缩与产能过剩的背景下，中国企业部门去杠杆将加剧商业银行的不良贷款压力；第四，房地产市场的向下调整，也会给商业银行资产端造成巨大压力；第五，高企的地方政府债务也会持续冲击商业银行资产端，这是因为，流动的地方政府债务置换，将压低银行资产端的收益率，拉长银行资产端的期限结构。

换言之，未来几年，中国商业银行体系出现新一轮不良资产浪潮，将是一个大概率事件。与国有大型及股份制商业银行相比，以城商行、农商行为代表的中小商业银行在未来几年遭遇的压力会更大。一方面，后者的存款基础更为薄弱，在融资方面更加依赖批发性融资；另一方面，后者过去几年在经营方面更加激进，总资产的增速远高于大型银行。

总之，随着国内金融风险的上升，国内主体避险情绪增强，这会导致更大规模的短期资本外流与人民币贬值压力，而短期资本外流可能加剧国内的金融风险暴露。这样就可能形成恶性循环。

要打破这一恶性循环，笔者的建议是，首先，中国监管当局要对本轮商业银行不良资产浪潮的严重程度高度重视，并且采用商业银行自身消化、市场化机构进行处置与政府注资相结合的方式来应对本轮不良贷款浪潮；其次，中国央行应该继续密切跟踪短期资本流动的形势，在必要时加强监管，对未来的资本账户开放应该继续谨慎渐进；再次，中国央行应该降低对外汇市场的干预，让人民币汇率在更大程度上由市场供求来决定，这样可以避免市场上形成持续的本币贬值预期，也能够降低外汇储备的进一步消耗；最后，也是最重要的，中国政府应该利用十九大召开的时机，释放积极的结构性改革信号，提振国内外主体对中国经济增长的信心，这样才有助于从根本上扭转市场对人民币贬值的预期，以及对金融风险上升的担忧。

为何金融风险接踵而来？[①]

2016年年底的中央经济工作会议指出："要把防控金融风险放到更加重要的位置，下决心处置一批风险点，着力防控资产泡沫，提高和改进监管能力，确保不发生系统性金融风险。"既然防范金融风险已经成为有关各方的共识，那么问题在于，为何最近几年时间内，金融风险接踵而来？

从宏观上来看，自美国次贷危机爆发以来，中国经济增速显著下行，但信贷增速依然保持在高位，这导致新增信贷的质量显著下滑，成为金融风险的重要来源。一方面，中国经济年度名义增速，由2007年的23.1%下降至2015年的6.4%。另一方面，中国贷款余额占GDP的比例，却由2007年的96.8%上升至2015年的137.1%。这意味着新增单位信贷能够拉动的单位GDP的增速显著下降，同时也意味着信贷质量以及金融风险的上升。

中国目前依然是一个以银行间接融资占主导的金融市场，因此中国金融风险的上升，归根结底会体现为银行业风险的上升。在笔者看来，截至2017年1月，中国商业银行业至少面临以下四方面的不利冲击。

第一，从银行负债端来看，利率市场化的推进正在不断压缩商业银行的存贷款利差，而利差收入依然占到中国商业银行总收入的3/4左右。更重要的是，最近几年影子银行大行其道，而影子银行产品（如银行理财产品）的收益率要显著高于基准存款利率，这意味着商业银行整体融资成本的上升幅

[①] 本文写于2017年1月。

度要显著高于普通存款利率的上升。

第二，从银行资产端来看，总体而言，中国宏观经济增速的趋势性下降将压低商业银行的资产收益率。具体来看，银行资产端面临的冲击至少有三：一是中国企业部门在需求萎缩与产能过剩的背景下去杠杆；二是中国房地产市场目前处于阶段性调整的格局；三是目前进行的地方债置换事实上拉长了商业银行的资产期限，压低了商业银行的资产收益率。在这三项具体冲击中，前两项将导致商业银行不良贷款比例上升，后一项会降低商业银行优质资产的质量。

第三，从银行资产负债表表外情况来看，过去几年，为了规避监管，商业银行倾向于通过各种方式，将质量较低的资产转移到表外，例如，银信合作、银证合作、银保合作与理财产品等。然而，过去两年多时间以来，随着宏观经济增速的下行与金融风险的次第暴露，大量影子银行产品开始违约，而表外资产的恶化最终会传递至商业银行的表内。

第四，从监管环境来看，从2016年起，中国监管机构开始推行宏观审慎评估体系（macro-prudential assessment，MPA）。这个监管体系的核心思路是将商业银行的表内资产与表外资产一视同仁，实施较为严格的监管，这在很大程度上对商业银行流行的大资管模式与表内资产腾挪构成了挑战。

综上所述，未来几年中国商业银行体系将面临以不良贷款比例显著上升为核心的重大挑战。而过去几年内在经营方面更加激进、在风险控制方面更加薄弱及融资成本上升更快的中小商业银行（特别是部分城商行与农商行），将面临比大型国有商业银行和股份制商业银行更为严峻的挑战。

事实上，过去几年来，不仅是商业银行，整个中国的金融机构都面临着资产端质量与收益率下降、负债端融资成本上升的压力。在这种压力下，各种类型的金融机构都在从事以下两种活动：一种是费尽心思地追寻能够提供较为稳定的收益率的安全资产；另一种是尽可能地放大杠杆，因为只有这样才能提升投资的收益率，以覆盖上升的融资成本。然而，这种行为模式将产生两种不利结果：一是金融资产的投资行为高度同质化与高度顺周期；二是一旦流动性状况发生逆转，就可能导致资产价格暴跌、投资主体违约等风险。

其实，我们在2014年下半年至2015年上半年的股市、2015年下半年至2016年上半年的房市、2016年的商品期货市场与债券市场，都相继看到了类似的故事，即商业银行为机构投资者或个人投资者提供各类融资支持以放大杠杆率，将资产价格推到相当高的水平，之后在监管加强导致的流动性逆转下陷入逆转甚至崩溃。类似的加杠杆行为包括股市的场外配资、房地产市场的首付贷、债券市场的代持养券等，而结构化产品与分级基金更是在所有市场上都扮演着加杠杆的角色。

为了避免这些风险在共振与强化后演变为系统性风险，中国政府需要采取的政策措施包括：一是通过结构性改革与逆周期宏观政策来稳定宏观经济增速；二是加快宏观审慎监管体系的建设，尤其是要加强一行三会之间的交流与合作；三是努力遏制各个金融市场上的加杠杆行为；四是要对商业银行体系坏账问题的严重程度做出准确估计，并通过市场化手段加以解决；五是要做好系统性金融风险爆发的危机预案。

中国影子银行的发展阶段、主要特征与潜在风险[①]

2017年4月，银监会发文要求开展对"监管套利、空转套利、关联套利"的专项整治工作，同业存单、同业理财等近两年兴起的影子银行新形式将成为主要监管对象。事实上自2016年下半年以来，对商业银行理财业务、金融机构资产管理业务等影子银行活动的监管就在逐渐加强，2017年开始实施的宏观审慎评估体系（MPA）更是将表外理财、同业负债等都纳入了监管

---

① 本文与王喆、刘士达合作，写于2017年4月。

范围。这一系列监管新规的出台，意味着对影子银行体系进行全面监管的时代已经到来，过去依靠规避监管进行信用扩张的传统运作模式面临着严峻挑战。

回顾中国影子银行的演进历程，以 2013 年为界，影子银行的发展主要经历了两个阶段，并表现出不同的特征。

第一个阶段是 2008—2013 年："理财产品—通道业务—非标资产"是影子银行的主要模式。从 2008 年起，商业银行理财业务出现快速扩张，理财产品通过高于存款的收益率吸引资金，并绕过监管在表外进行信贷投放，非银金融机构的"通道业务"成为资金流向标的资产的主要载体。在 2011 年前，银信合作是通道业务的主要形式，信贷资产转让、信托贷款等理财产品先后兴起。2012 年，随着对银信合作的监管渐严，银证合作成为替代形式并出现爆炸式增长。之后银行的合作对象逐渐走向多元化，银基合作、银保合作等都成为银行通道业务的载体。由于非银金融机构仅通过信托计划、资管计划开展通道业务，并没有发挥真正的资产管理功能。在这一时期，银行理财金的最终投资标的主要为非标准化债权资产（简称非标资产）。非标资产是金融系统为实体经济融资的主要方式，在 2009 年后"四万亿"催生的投资浪潮中，由于较高的回报率和政府隐形担保的存在，大量资金绕过银行的贷存比等监管限制，以通道理财的方式流入了地方融资平台和房地产行业。2013 年银监会发布的 8 号文，对理财资金通过通道业务投向非标资产进行了全面限制，套利空间的收窄导致影子银行更多地通过表内同业等同业科目腾挪的方式来规避监管，进行信贷投放。

第二个阶段是 2013—2016 年：同业创新成为重点，尤其在 2014 年后，"同业业务—委外投资—债券等标准化资产"成为主流模式。2013—2014 年，信托受益权、票据等买入返售业务成为投资非标资产的主要形式，在实践中逐渐发展出两方协议、三方协议及假丙方三方等模式。在 2014 年 127 号文出台后，通过买入返售业务投向非标资产的路径被打断，应收款项类投资作为替代途径得到快速发展，主要投资于理财产品、信托受益权、资产管理计划等非标资产。另外，同业业务进入创新高峰期，同业存单、同业理财的兴起促进了银行负债来源的多样化，银行和银行、银行和非银行机构形成了"同业存单—同业理财—委外投资"的同业链条。这一时期的最终标的以标准化资产为主。由于实体经济的增速放缓，以及对非标资产的严格监管，信贷类基础资产的收益率走低，银行理财、同业资金逐渐向股票和债券等标准化资产转移，在2014年下半年至2015年上半年，银行理财等资金通过各种伞形信托、结构化证券产品投向股市。之后股市暴跌，债券市场继而成为理财、同业等影子银行资金最主要的标的资产。根据《中国银行业理财市场年度报告》的统计，2016年上半年仅理财资金投资债券类资产的比重就达到了40.4%。

从中国影子银行的发展演进可以看出以下几个特点。

第一，"银行中心化"是中国式影子银行的主要特征，银行资产负债表内外具有信用中介功能的业务或产品构成影子银行的主体。中国式影子银行发展的基本逻辑为，商业银行绕过传统存贷业务，利用资产负债表内的其他项目进行业务创新，并通过与非银行金融机构开展合作来达到信用扩张的目的。银信、银证、银保合作等通道业务，买入返售，应收款项投资，同业存单，同业理财等先后成为影子银行运作的主要载体。

第二，利润驱动是影子银行进行金融创新的基本动因，资产收益率轮动决定了影子银行最终的资金投向。2009年之后，房地产行业、地方融资平台及广大中小企业的融资需求是当时影子银行发展的重要动力。2013年之后，银行投资非标投资的成本上升而收益率下降，股票、债券市场等标准化资产收益率相继提高，转而成为影子银行的投资重点。影子银行资金的流入进一步充裕市场流动性，甚至出现不断加杠杆、资金空转的泡沫化繁荣。

第三，规避监管是影子银行发展的直接动因，监管套利是中国影子银行产品创新的主要方式。影子银行的模式演变往往会经历兴起—扩张—收缩的过程：一种影子银行模式的兴起通常是根据现有监管政策进行的市场化选择，然而随着业务规模不断扩大，金融风险逐渐积累，监管层通常会出台政策来规范现有模式，导致原有的套利空间消失。而出于寻求利润的动机，金融机构又会创造出新的影子银行模式。金融创新与金融监管的博弈贯穿于中国式影子银行发展的全过程。

影子银行演进过程中的风险积累不容忽视。商业银行往往会将高风险的信贷资产转移至影子银行，而影子银行在监管之外形成的通道、同业等资金链条会不断增加杠杆，导致资金在金融系统中空转，金融业的系统性风险上升。由于中国的影子银行主要依靠传统商业银行开展表内外规避监管的业务和活动，因此影子银行系统内的风险对传统银行具有更强的传递效应。对于未来影子银行体系存在的潜在风险，应重点关注以下两个方面。

第一，就风险类型而言，在短期内因监管、货币政策变化而产生的流动性风险突出，2013年和2016年两次"钱荒"的爆发，与影子银行的流动性突然收紧不无关系。而中长期更应关注信用风险的集中爆发。由于刚性兑付和隐形担保的存在，影子银行产品的风险并未从银行系统真正转移出去，商业银行很可能成为最终的风险承担者。

第二，就银行类型而言，中小银行的影子银行创新比大型国有银行更为激进。由于不具备规模优势、客户优势及所有权优势，在利率市场化的冲击下，股份制银行、城商行等中小银行比大型国有银行具有更强的影子银行创新动机。在2014年后，中小银行是同业创新的主力，理财规模急剧扩张且更倾向于发展同业理财业务，应收款项类投资、同业存单等同业资产和负债的规模都高于大型国有银行。虽然中小银行的影子银行发展较快，但也具有很强的不稳定性，一旦出现流动性收紧、监管政策趋严等情形，中小银行将首先受到风险冲击，可能还会通过同业链条引起整个银行系统的动荡。

2017年以来，去杠杆、控风险成为金融监管的重中之重，一行三会出台的一系列监管政策将对影子银行体系的既有模式造成巨大挑战。全面监管时代的来临有望显著压缩套利空间，过度膨胀的理财和同业业务将受到控制；

资产管理业务的去杠杆趋势逐渐明晰，改变过去层层嵌套、多重杠杆的资金空转现象，引导资金向实体经济流动。过去影子银行的活动处于依赖监管体系不完全而进行监管套利的阶段，创新成本低，可复制性高，且缺乏核心竞争力。随着全面监管时期的到来，这种"粗放式"的影子银行发展模式难以维系，未来中国的影子银行体系将朝着规范化、证券化、高级化的方向演进，不良资产证券化、信贷资产转让、债转股等有望成为影子银行的新兴模式。

在去产能、去杠杆过程中要注意防范金融风险[①]

2017年，中国政府正在深化供给侧结构性改革与金融行业控风险、去杠杆。去产能、去杠杆的成效比较明显，具体表现如下。

第一，去产能力度加大。截至2017年5月，全国共退出钢铁产能3170万吨，占到年度任务的63.4%；共退出煤炭产能6897万吨，占到年度任务的46%。第二，去杠杆步调加快。一是针对金融部门，央行限制逆回购及流动性操作工具MLF、SLO[②]、SLF的规模，开启"中国式缩表"，并将表外理财纳入宏观审慎监管体系中，同时，银监会严禁银行资金借助各种通道加杠杆；二是针对政府部门，通过积极发展PPP、资产证券化等新型融资模式，化解债务存量，降低地方政府信用风险。

然而，"欲速则不达"，笔者认为，如果在去产能、去杠杆的过程中操之过急，政策之间缺乏协调，就可能会导致潜在金融风险聚集，甚至影响到中国经济可持续增长的前景。

[①] 本文与刘瑶合作，写于2019年6月。
[②] SLO：short-term liquidity operations，公开市场短期流动性调节工具。

一、去产能过急的潜在风险

去产能不等于"去产量"。去产能的初衷是去掉低端、无效的供给，增加有效供给，提高产能利用效率，以此来平衡市场供求关系。过于行政化、刚性的去产能可能会导致以下风险。

一是造成新一轮的"国进民退"。去产能涉及煤炭、钢铁等重工业，且以国有企业为主，从企业结构来看，这些产能过剩的国企属于上游企业，垄断程度较大。而下游企业则多以民营企业为主，竞争相对较为充分。去产能推进的过程中必然会推升煤炭、钢铁原材料的价格，提高中下游企业要素供应成本。中下游企业由于普遍缺乏抗风险能力与强大的议价能力，因此利润受到层层挤压。如果去产能的措施过于行政化，就会加重中下游企业的利润压力，甚至导致民营企业退出市场。

二是加剧地区发展不平衡，以及加剧资金"脱实向虚"。从地区分布来看，过剩产能主要分布于东北、华北等地区，这些省份的经济支柱往往是这些"产能过剩"行业。在找到新的经济增长点之前，去产能与保增长的目标之间通常存在冲突。由于资本逐利的本性，去产能可能会导致更多的资金脱离实体经济，从而流向回报率更高的金融行业与影子银行体系。

二、去杠杆过快的潜在风险

我国不同部门面临不同的杠杆率。数据显示，截至2016年，我国政府、居民、非金融企业部门的杠杆率（本部门负债占GDP的比例）分别为46%、51%与141%，在全球范围内属于中游水平。总体而言，企业与居民部门杠杆率近年来呈现快速上升趋势，而国有企业的高杠杆问题尤为严重。然而，有关决策部门在加紧出台、落实去杠杆的相关政策时，也应充分考虑政策的溢出风险。

缺乏前瞻性与协调性的去杠杆可能会导致以下风险。

一是实体企业融资成本上升。在货币政策趋紧的当下，市场流动性不足，缺乏前瞻性的去杠杆会导致货币市场利率上升，并经由货币市场向债券市场传导，引起债券市场融资成本的大幅上升，这会导致实体企业面临更严重的融资困难。中小企业面临的融资压力又会大于大型国有企业。

二是加重中小金融机构的经营压力。以银行业为例，与国有大型商业银行相比，中小银行短期融资占比更高，不良资产占比更高，抗风险能力更加薄弱。在央行和银监会双管齐下加强监管的背景下，中小银行"同业融资—委外投资—标准化金融产品"的空转模式会遭受明显打击。在存贷款利差日益缩小，同业存单发行利率不断攀升的形势下，中小金融机构步履维艰，且同业存单已经成为风险汇聚点。

三是资产价格过猛下跌。监管部门密集出台监管政策，金融机构忙于自查自纠，金融市场也易因适应性预期而导致资产价格下行。例如，缺乏前瞻性的去杠杆可能会导致金融机构抛售金融资产，造成金融资产价格下跌。反过来，金融资产大幅下跌又会导致金融机构面临亏损，从而不得不启动新一轮去杠杆。如果应对不当，中国金融市场就可能面临美国次贷危机过程中的"资产价格下跌—金融机构被动去杠杆"的恶性循环。

四是可能加剧新一轮资本外逃。在一行三会集体加大马力去杠杆的同时，金融风险一旦快速释放，则可能导致市场出现恐慌情绪，从而使居民与企业部门的避险情绪显著加强，转而有更强的动机去配置海外资产，这会加剧跨境资本流出，不利于金融稳定。

三、如何更好地防范金融风险？

在我国经济进入"新常态"，金融风险快速显性化的今天，潜在金融风险之所以并未爆发，主要是因为以下缓冲器在起作用：一是居民部门的高储蓄，二是政府部门的较低综合债务水平，三是对外部门的高外汇储备。但值得注意的是，目前这些缓冲器的效应正在递减。去产能、去杠杆旨在防风险，同时也应努力避免过快、过于机械地去产能、去杠杆对经济增长与金融稳定造成的负面风险。为此，我们提出以下建议。

首先，应注重实体部门改革与金融部门监管的联动，通过促进国内结构性改革来化解金融风险。"脱虚"未必"向实"，在实体部门低收益的情况下，仅仅依靠金融部门去杠杆，倒逼资金流向实体经济的想法是不现实的。只有实现实体经济结构性改革与金融部门去杠杆的联动，各种政策间注重协调配合，才能发挥供给侧改革的根本性作用，实现化解金融风险的初衷。

其次，应努力深化国企改革。国企高负债仍是企业部门高杠杆率的重要来源。应该努力改变国有企业面临的预算软约束问题。应该大力推进真正的混合所有制改革。在去产能与去杠杆的过程中要敢于直面僵尸企业的难题。

再次，应该审慎开放资本账户。外汇储备仍是我国对外部门的重要减震器，资本账户管制仍是我国金融安全的关键防火墙。要预防过早、过快开放资本项目造成的大规模资本外流，防止外部风险给国内经济造成不利冲击。

最后，要避免通过诱导居民部门加杠杆来帮助企业部门去杠杆的做法。截至 2017 年 6 月，中国居民部门的真实杠杆率已经不低，继续加杠杆可能会带来新的风险，例如，资产价格泡沫上涨或者居民消费意愿下降等。中国政府应加强对房地产市场的监管，通过建立长效机制来化解房地产市场的潜在风险，以避免房地产价格显著下跌可能会对居民财富与中国经济增长造成的负面冲击。

纠正金融改革与实体改革的节奏错配
——理解本轮金融强监管及十九大后改革方向的新视角[①]

一、金融监管似乎并未改善"金融空转"与"脱实入虚"问题

- 从 2016 年年底至 2017 年 6 月，一行三会正在开展轰轰烈烈的金融业"控

---

① 本文写于2017年6月。

风险、去杠杆"行动。矛头直指近年来蓬勃发展的影子银行业务，特别是同业业务、资管业务、通道业务等。一行三会加强监管的初衷，一是控制影子银行体系中的隐含风险，二是改善"金融空转"与资金"脱实入虚"的现象。

截至2017年6月，作为一行三会强监管相互叠加的结果，短长端利率已经明显上升。例如，金融机构同业存单发行利率已经由2016年的低于3%上升至2017年第二季度的5%左右；前段时间金融机构一年期贷款基础利率持续超过一年期上海银行间同业拆放利率（Shanghai interbank offered rate, SHIBOR）；10年期国债收益率已经由2016年的不到2.8%上升至2017年第二季度的3.6%以上。

换言之，强监管的确导致金融机构的融资成本上行并开始压缩金融机构的表外业务，但截至2017年6月，强监管并未改善"金融空转"与"脱实入虚"的问题。2017年2月至4月，固定资产投资资金来源累计同比增速出现连续3个月的负增长（见图1），这是该数据自1997年年初发布以来从未出现过的现象。近期强监管已经导致金融机构人民币贷款加权平均利率上升（见图2），其中票据融资利率更是上升了差不多2个百分点。

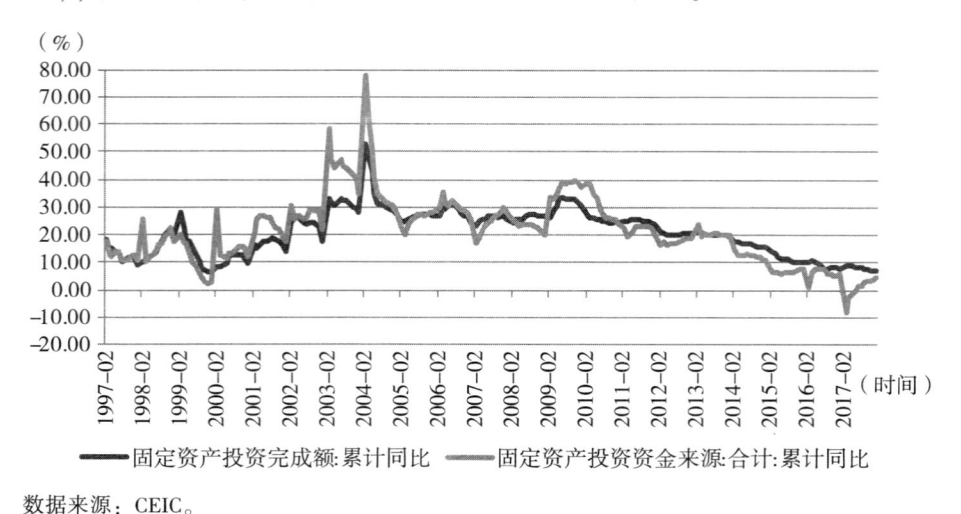

图1　近年来固定资产投资增速与固定资产投资资金来源增速双双下降

数据来源：CEIC。

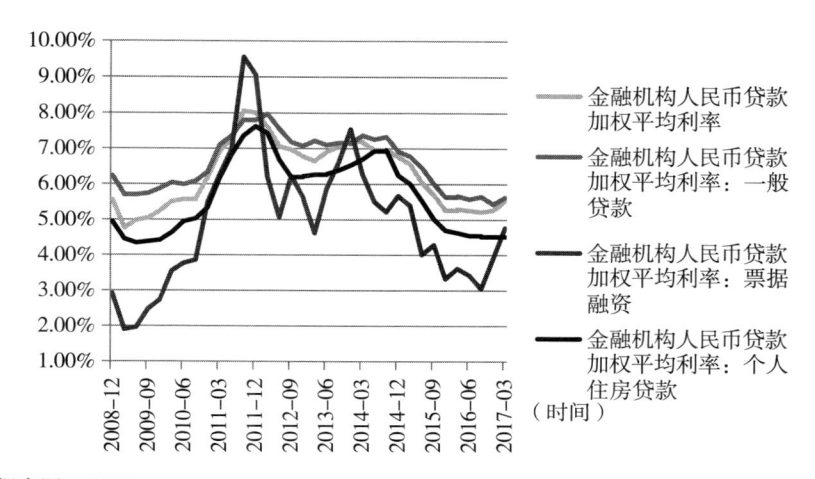

数据来源：CEIC。

图 2　金融机构贷款利率近期明显上升

金融强监管导致了实体企业融资可得性的下降与成本的上升，这无疑是与一行三会加强监管的初衷背道而驰的。为什么会出现这种事与愿违的情况呢？

我们认为，导致本轮"金融空转"与"脱实入虚"的最重要原因是，近年来实体改革的节奏显著滞后于金融改革的节奏，以致出现了流动性充裕与实体投资回报率不断下滑并存的局面。这既造成了各类主体进行实体投资的积极性下降的问题，也造成了各种机构通过提高杠杆率来放大投资收益的问题。要改变"金融空转"与"脱实入虚"，一方面需要放缓金融改革的节奏以管理潜在金融风险，另一方面需要加快实体改革的节奏以提高经济潜在增速与实体投资回报率。事实上，自2015年"811"汇改以来，中国政府已经明显放缓了金融改革的节奏，同时强化了金融监管。我们有理由期待，在2017年年底的十九大之后，中国政府将加快实体改革的节奏，而地方国企改革、风险可控的土地流转改革及服务业对民间资本开放等，有望成为下一轮实体改革的重点领域。

二、"金融空转"是一行三会加强金融监管的根本原因

我们可以从以下四个角度来分析近年来出现的"金融空转"现象，这事实上也是一行三会从 2016 年年底显著加强金融监管的根本原因。

角度之一，2008 年全球金融危机爆发之后，中国的信贷增速显著超过 GDP 增速，这既意味着中国的杠杆率显著上升，也意味着整体信贷质量的显著下滑。2008 年至 2016 年，中国金融机构贷款余额占 GDP 的比例由 95% 上升至 143%。而在同一时期内，中国 GDP 同比增速则从 2008 年的 9.7% 下滑至 2016 年的 6.7%，如图 3 所示。这说明新增单位信贷推动经济增长的能力已经显著下降了。

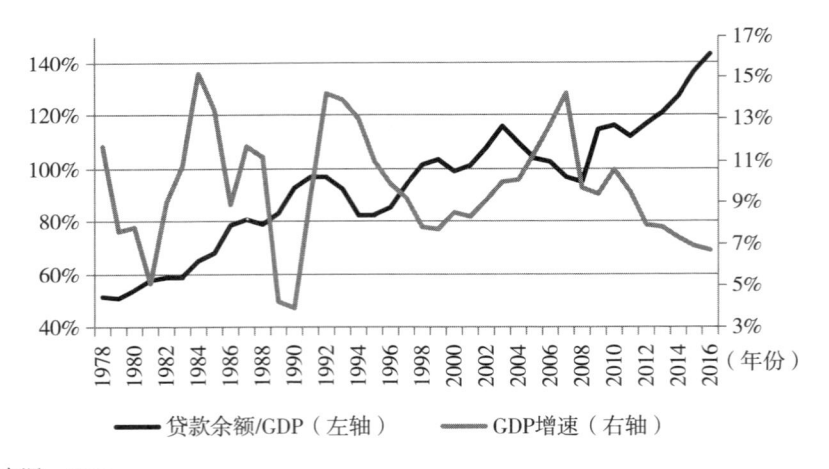

数据来源：CEIC。

图 3　近年来信贷增速与 GDP 增速严重背离

角度之二，2013 年至 2017 年，中国股价、房价与 CPI 三者之间的轮动关系发生了根本性的改变。在 2005 年至 2008 年、2009 年至 2012 年这两个时期内，中国股价、房价、CPI 三者整体呈现大致正相关但依次上涨的格局，如图 4 所示。而在 2013 年至 2017 年，尽管 CPI 波动率已经显著下降，但股价与房价变动呈现出显著负相关的格局。我们认为，导致资产价格轮动在 2013 年前

后发生重大变化的原因是，经济增长动力与人民币汇率预期发生了重要变化。在2013年之前，强劲的经济增长、人民币升值预期与持续的资本流入是资产价格轮动的背景；而在2013年之后，经济增长放缓、人民币贬值预期与资本管制强化后的资金保值动力是资产价格轮动的新背景。

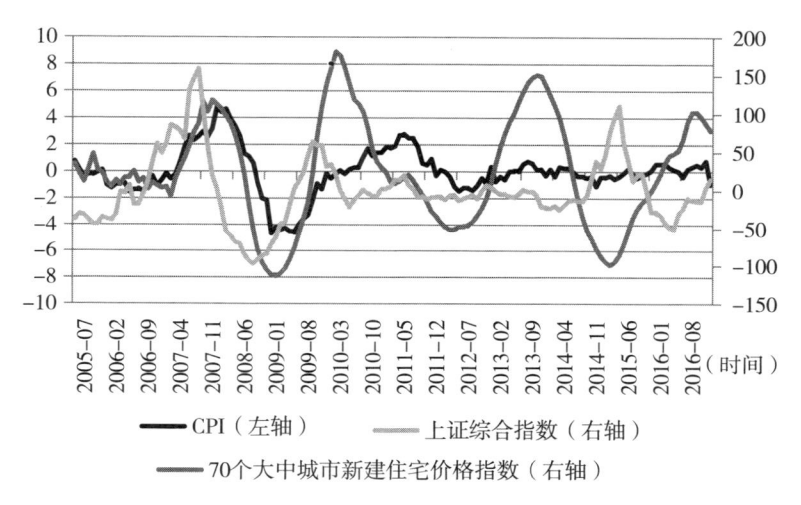

数据来源：中国社科院世界经济与政治研究所国际投资研究系列。
注释：各种资产价格系同比增速，用HP（Hodrick-Prescott）滤波处理后，仅保留周期项。

图4 中国的资产价格轮动

角度之三，金融业增加值对GDP的贡献达到了空前水平。 2008年到2016年，中国金融业增加值占GDP的比重由5.7%上升至8.3%。而截至2017年6月，中国金融业增加值占GDP的比重不仅超过了中国房地产业增加值占GDP的比重（见下页图5），甚至超过了美国金融业增加值占GDP的比重（见下页图6）。而金融业发生的这种大跃进是很难持续的。

角度之四，近年来中国商业银行总资产增速提高与资产利润率持续下滑并存。 在2009年之前，中国商业银行总资产扩张速度显著低于央行。但从2009年至2017年，中国商业银行总资产扩张速度年均达到17%，不仅显著高于央行总资产年均7%的扩张速度（见第199页图7），也显著高于同期内中

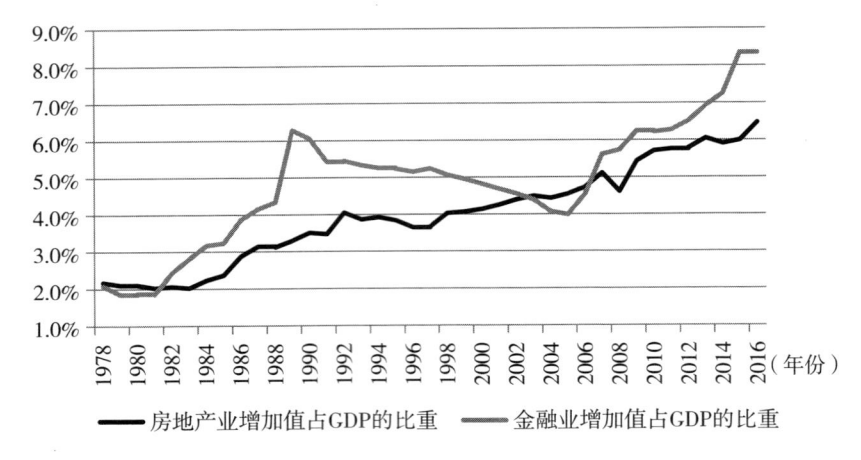

数据来源：CEIC。

图 5　中国金融业增加值对 GDP 的贡献超过了房地产

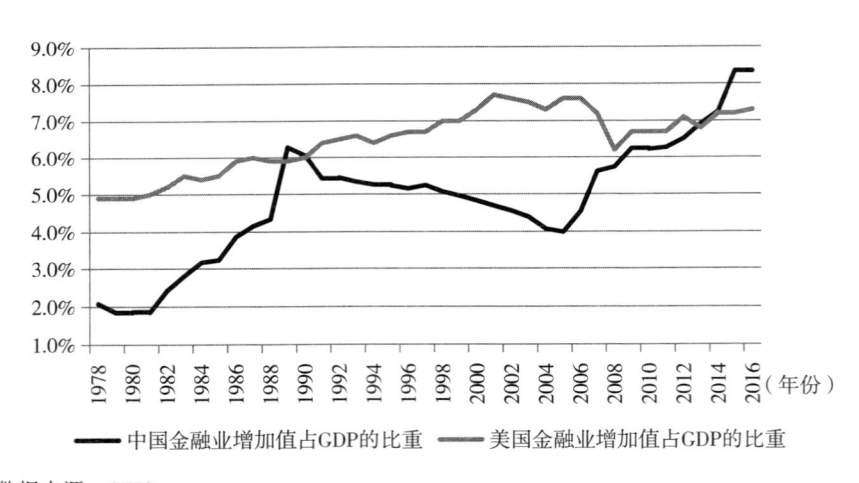

数据来源：CEIC。

图 6　中国金融业增加值对 GDP 的贡献超过了美国

国 GDP 的增速。近年来规模越小的商业银行，总资产扩张速度越快，如图 8 所示。如果考虑到近年来 GDP 增速持续下滑与企业赢利能力持续下滑的事实，这也意味着规模越小的商业银行，信贷质量的下降速度也越快。然而，尽管中国商业银行的总资产扩张速度近年来总体较快，但如第 200 页图 9 所示，2014年至2017年，各种类型的国内商业银行的资产利润率却在持续下降。这背后自然意味着银行赢利压力的上升与经营风险的增强。

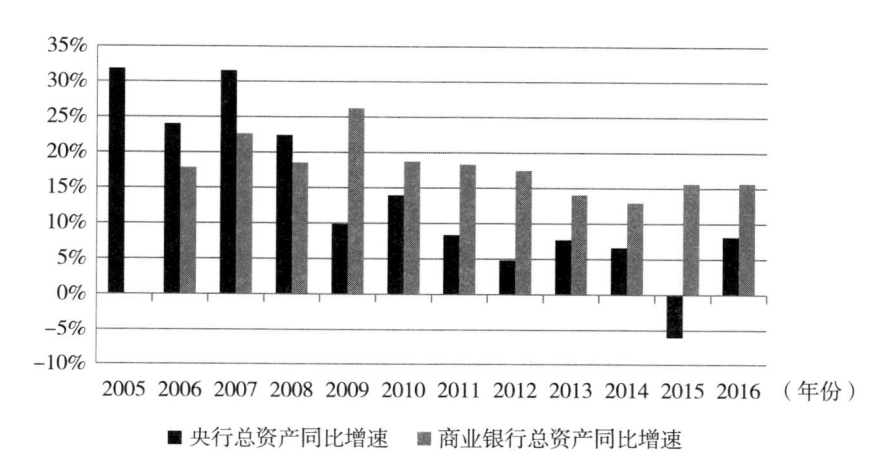

数据来源：CEIC。

图7　近年来央行总资产增速下降、商业银行总资产增速上升

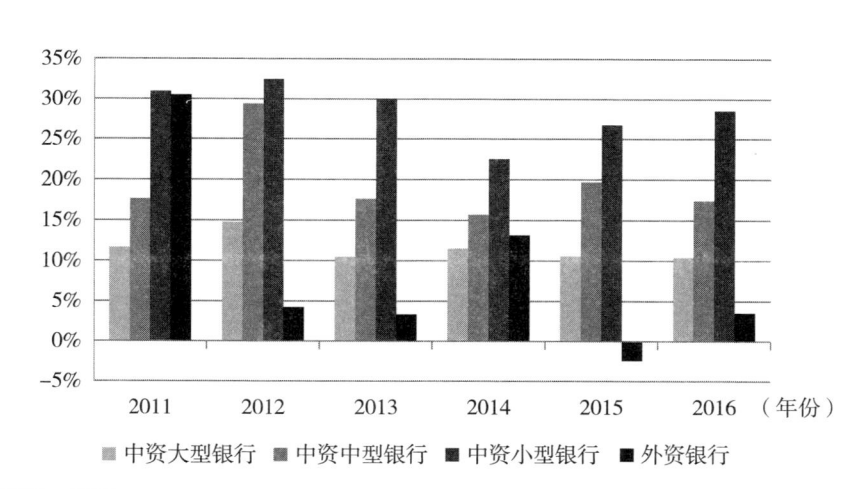

数据来源：CEIC。

图8　中小银行总资产增速显著高于大型银行

(利润率：%)

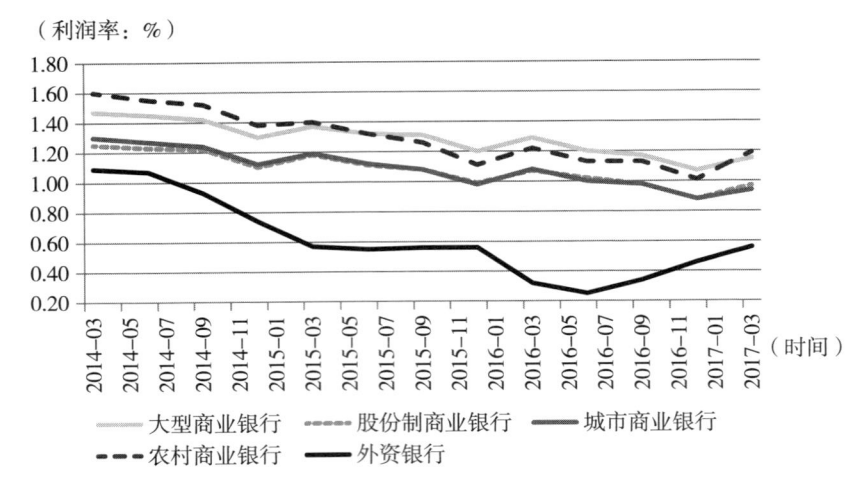

图例：大型商业银行　股份制商业银行　城市商业银行　农村商业银行　外资银行

数据来源：CEIC。

图9　银行业总资产扩张的另一面是资产利润率的下降

三、"金融空转"的背后是经济增长效率下降与实体投资回报率下降

我们认为，近年来导致"金融空转"与资金"脱实入虚"的重要原因是实体投资回报率的下降，而实体投资回报率下降的背后则是中国经济潜在增速的下降与经济增长效率的下降。我们可以从三个角度来认识这一事实。

第一，在全球金融危机爆发至2017年，中国实体投资回报率发生了趋势性的下降。中国工业增加值同比增速在1978年至2007年这30年间平均达到11.9%，而在2008年至2016年则滑落至8.6%，而在2015年与2016年更是低至6.0%，如下页图10所示。中国工业企业利润同比增速在1999年至2007年平均达到43.7%，在2008年至2017年则回落至14.5%，在2015年至今更是下降至4.5%，如下页图11所示。

第二，在全球金融危机爆发后至2017年，中国劳动生产率增速出现了趋势性下滑。在2000年至2007年，中国劳动生产率同比增速由7%左右上升至14%左右；而在2008年至2017年，中国劳动生产率增速却由14%左右回落至7%左右，如下页图12所示。导致中国劳动生产率增速下滑的最重要原因是，受到人口老龄化与农民工市场供求关系转变的影响，国内劳动力成本近年来显著上升，以致技术进步的幅度不能弥补劳动力成本的上升幅度。

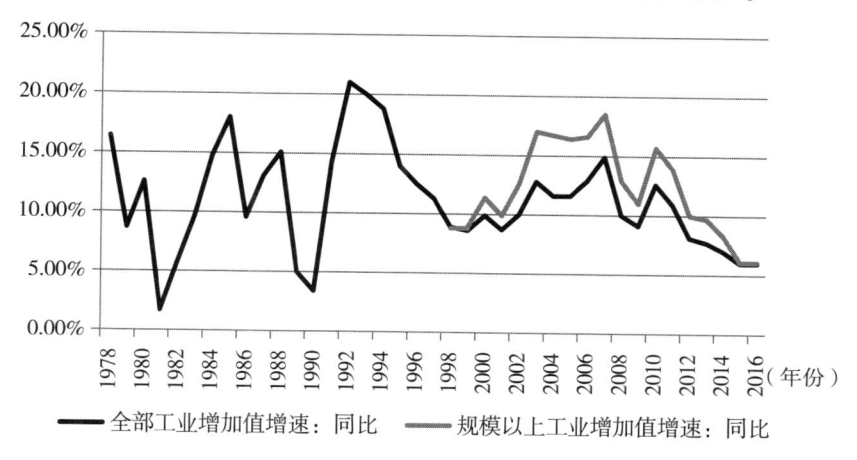

数据来源：CEIC。

图10　2008年以来工业增加值增速发生趋势性下降

数据来源：CEIC。

图11　工业企业利润增速近年来处于低位

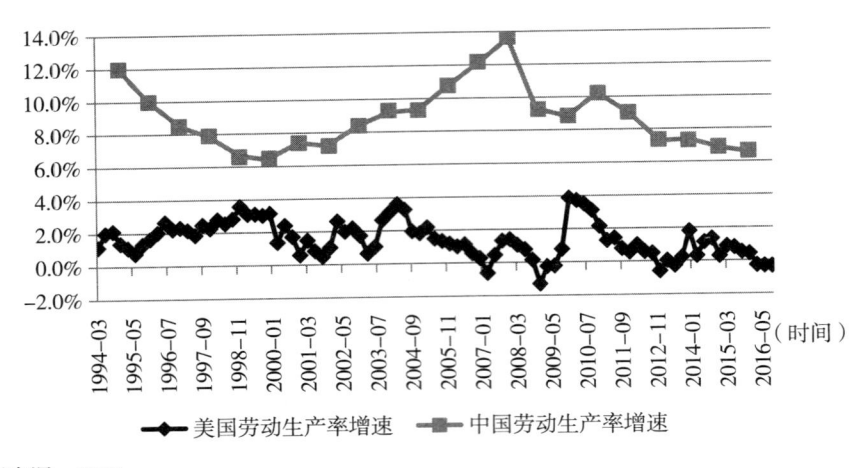

数据来源：CEIC。

图 12　中国在劳动生产率增速方面相对于美国的优势明显削弱

第三，在全球金融危机爆发后至 2017 年，中国全要素生产率对经济增长的贡献显著下降。如表 1 所示，根据官方数据的计算表明，2007 年至 2012 年，全要素生产率对经济增长的贡献平均仅为 1.3 个百分点，这是改革开放以来各阶段中最低的。与此相对应的是，同期内资本投资对经济增长的贡献平均高达 7.7 个百分点，这是改革开放以来各阶段中最高的，如表 1 所示。这意味着，全球金融危机之后，中国的经济增长主要依靠投资来驱动，而全要素增长率下滑则是中国经济潜在增速下滑的最主要原因。

表 1　2007 年以来全要素生产率的贡献显著下降，增长主要靠扩大投资（每年%变化）

	GDP	劳动力数量	人力资本	实物资本	TFP
1952—1957	6.7	1.2	0.3	1.3	3.7
1957—1965	2.4	0.6	0.7	2.6	−1.4
1965—1971	5.3	1.0	0.0	2.8	1.4
1971—1977	4.0	0.9	1.0	4.0	−2.0
1952—1977	4.3	0.9	0.5	2.7	0.1
1977—1984	9.2	0.8	0.9	3.9	3.3
1984—1991	8.6	1.0	0.3	4.9	2.2

(续表)

	GDP	劳动力数量	人力资本	实物资本	TFP
1991—2001	10.4	0.2	0.5	5.7	3.7
2001—2007	11.3	-0.5	0.5	6.1	4.8
2007—2012	9.3	-0.2	0.4	7.7	1.3
1978—2012	9.8	0.3	0.5	5.5	3.2

注：日本实行三级准备金利率制度。

综上所述，自2008年全球金融危机爆发至2017年，中国的实体投资回报率、劳动生产率增速与全要素生产率均出现了趋势性的下降。由于结构性改革是提振这些指标的唯一可行途径，因此，我们可以得出的结论是，2008年以来，重大结构性改革的缺失是导致中国经济增速、投资回报率与经济增长效益下滑的原因。

四、金融改革与实体改革的节奏错配是导致"金融空转"与风险上升的根本原因

我们认为，近年来的"金融空转"与"脱实入虚"的现象是金融改革步伐过快，而实体改革步伐滞后形成的金融改革与实体改革的错配所致。

事实上，自2008年全球金融危机爆发后，中国国内金融改革的步伐是相当快的。例如，从2009年起，中国政府开始大力推动人民币国际化。而为了更好地促进人民币国际化，中国政府一方面显著放开了资本账户管制，特别是显著放开了人民币资金的跨境流动；另一方面加快了对境外投资者开放国内金融市场（尤其是债券市场）的步伐。又如，2015年8月11日，央行进一步改革了人民币汇率形成机制，提高了市场供求对人民币兑美元中间价的影响。再如，2015年10月，央行取消了金融机构存款基准利率的浮动上限，这意味着狭义的利率市场化基本上完成。此外，一行三会也默许甚至鼓励金融机构混业经营及不同类型金融机构之间开展合作，导致影子银行体系蓬勃生长。

相比金融改革的快速推进，坦白来讲，自全球金融危机爆发后至 2017 年，中国国内结构性改革的进展相当缓慢。例如，2004 年至 2007 年原本已经出现了"国退民进"的格局，却在 2008 年 4 万亿经济刺激方案出台之后明显逆转，演变为"国进民退"的格局。又如，在促进民间资本投资方面，尽管先后出来了两个版本的非公 36 条（2005 年 2 月的《国务院关于鼓励支持和引导个体私营等非公有制经济发展的若干意见》，以及 2010 年 5 月的《国务院关于鼓励和引导民间投资发展的若干意见》），但民间资本在很多领域的投资与融资依然面临重重掣肘，遭遇了所谓的"玻璃天花板"。再如，从 2004 年铁本事件起，中国政府就在出台控制过剩产能的政策，但产能过剩的问题在过去十余年变得越来越突出，以致 2016 年中国政府不得不祭出"供给侧结构性改革"的新工具。

实体改革的节奏显著滞后于金融改革的节奏，导致了以下一系列问题的出现。一是国有企业杠杆率显著攀升与民营企业融资难并存；二是民营企业家投资实体的积极性下降，转而投资金融资产；三是金融机构通过传统信贷渠道投放资金的空间受限，从而不得不加大投资金融资产的比重；四是影子银行大行其道，融资链条的拉长进一步加剧了民营企业的融资成本；五是最终资产回报率偏低，使得融资成本较高的金融机构不得不依靠放大杠杆率来博取更高的回报率。这些问题恰恰是"金融空转"与"脱实入虚"问题的核心症状所在。

五、十九大是加速实体经济改革的重要时间窗口

中国经济增长从来就不是一帆风顺的。尽管 1978 年至 2016 年，中国GDP 同比增速年均达到了 9.7%。但这 40 年间，中国经济遭遇了 4 次低谷，分别是 20 世纪 80 年代初期、20 世纪 90 年代初期、20 世纪 90 年代末至 21 世纪初及 2017 年，如图 13 所示。而在前三次时，中国经济能够浴火重生、重新回到高速增长的轨道上来，靠的都是结构性改革。在 20 世纪 80 年代初期

发生的结构性改革是农村的联产承包责任制以及城市的放权让利改革。在 20 世纪 90 年代初期发生的结构性改革是在邓小平南方谈话与十四届三中全会之后，中国政府坚定了走社会主义市场经济的决心。在 20 世纪 90 年代末至 21 世纪初发生的结构性改革包括国企下岗分流、住房商品化改革及中国加入 WTO。换言之，要走出潜在增速下滑的局面，就必须再次启动结构性改革。

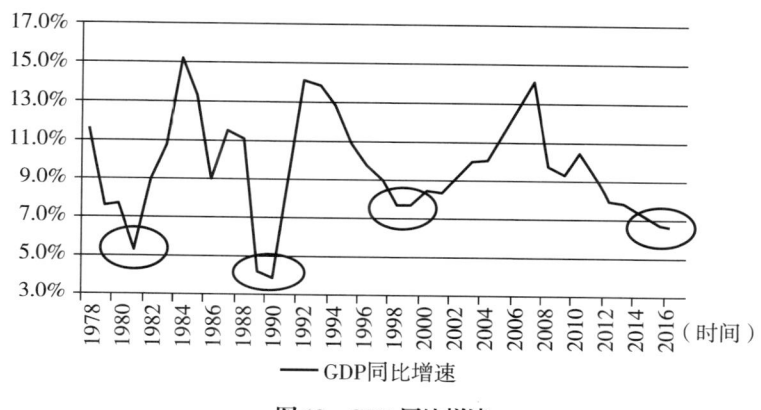

图 13 GDP 同比增速

图 13 中还反映了一个有趣的事实，即前三次结构性改革之间的时间大致相差 10 年，而 2017 年距离第三次结构性改革的时间却拉长至接近 20 年。为什么本轮经济周期明显拉长了呢？一个重要的原因就是，2008 年全球金融危机的爆发推迟了当时中国政府结构性改革的进程。事实上，在 2004 年至 2007 年，很多结构性改革计划都在展开的过程中，然而，2008 年全球金融危机的爆发使得结构性改革的计划被搁置，4 万亿财政刺激方案的出台甚至使得某些结构性改革的进程发生了逆转（例如，由"国退民进"演变为"国进民退"）。然而，由于缺乏新一轮结构性改革的支撑，4 万亿财政刺激仅仅导致中国经济增速在 2010 年与 2011 年短暂反弹，但很快就重新回到下滑的趋势上了。

我们认为，十九大召开之后是本届政府加快实体经济结构性改革的重要时间窗口。从历史上来看，中国每届政府执政约 10 年，第 5~8 年均为推进结构性改革的时间窗口。2017 年中国经济即将步入新一轮结构性改革的时间窗口。然而，有趣的是，过去 30 年来，全球金融市场也几乎每 10 年爆发一次重大危机。而在过去两次中国政府结构性改革的时间窗口开启之时，恰好与国际金融危机的爆发撞车。例如，中国政府于 20 世纪 90 年代末至 21 世纪初实行的结构性改革，恰好位于东南亚金融危机爆发之时。又如，如前所述，2008 年全球金融危机的爆发，推迟了上一轮结构性改革的进程。而在 2017 年，全球金融市场似乎又进入新的动荡时期，在外部环境不确定的情况下，要按照预定计划推动国内结构性改革，将考验中国政府推动改革的勇气、智慧与决心。

六、十九大后实体经济改革的潜在方向

我们认为，中国政府将在十九大之后出台一系列重要的结构性改革举措，其中地方国企的混合所有制改革、风险可控的土地流转改革及服务业对民间资本的开放有望成为下一轮实体改革的重点领域。雄安新区与"一带一路"固然重要，但不能替代上述结构性改革。

在国企改革方面，出于各种原因，央企的混合所有制改革进展可能较为缓慢。例如，市场关注的中国联通的混合所有制改革，新引入的股东几乎都是国企，这与市场之前期待的混改方向有些背离。不过，地方国企的混合所有制改革有望提速，特别是那些地方政府债务压力较大的省份。这是因为，仅靠当前地方债务置换来完全解决地方政府债务问题是非常不现实的（当前的地方政府债务置换将显著加剧商业银行的资产负债表压力），而在房地产市场出现趋势性调整的背景下（依靠卖地来偿还债务不太现实），未来出售地方国企部分股权可能成为地方政府偿还债务的重要选择。

在土地改革方面，尽管三中全会决议给耕地、宅基地与农村集体性经营用地的流转开了很大的口子，但截至 2017 年 6 月，土地流转改革的进展非常缓慢。而背后的一个重要原因就是，中国政府担心放开流转之后，土地高度

集中可能蕴含风险。因此，类似于拉美地区"土地银行"之类的折中式的改革方案，未来可能成为中国改革的重要方向。由于土地银行是由地方政府发起设立的，因此农民即使把土地抵押给土地银行，最终土地使用权依然会在地方政府手里，也不会集中到特定个人手中。这种风险可控的土地改革方案未来可能会得到广泛推行。事实上，一些地区已经开始类似的改革试点。

在服务业开放方面，未来中国政府可能会在医疗、教育、养老、金融、电信等领域加快向民间资本开放的速度。而这些领域的开放，其实与国有企业的混合所有制改革，属于同一枚硬币的两面。众所周知，中国家庭在制造品消费方面已经比较充分，但对优质服务品的需求非常旺盛。而要激发民间资本对服务业的投资，就必须打破国企对这些服务业部门的垄断，真正向民间资本开放这些部门。

当下，雄安新区与"一带一路"是世人瞩目的焦点，但雄安新区与"一带一路"替代不了国内经济结构性改革。雄安新区可能成为拉动河北经济腾飞、促进京津冀地区平衡发展的抓手，也有望成为下一轮政策改革的试验田。但这毕竟是一个区域概念，对中国经济潜在增速的贡献较为有限。在"一带一路"倡议实施初期，中国更多扮演的是资金、技术与其他资源的提供者，而从中获得的技术进步与创新加速比较有限。因此，国企改革、土地改革、服务业开放，与雄安新区、"一带一路"之间更多的是互补的关系，而非替代的关系。

七、几个核心判断

本文的分析发现，近年来实体改革节奏相对金融改革节奏而言明显滞后，是造成当前"金融空转"、资金"脱实入虚"及金融风险上升的根源。2015年"811"汇改之后，中国政府已经加强了资本流出管制，一行三会近期全面加强金融监管、2017年5月人民币汇率形成机制的再次改革降低了国内市场供求对人民币兑美元中间价的影响力，这些信号都表明中国政府正在放缓金融改革的节奏。我们相信，在十九大之后，中国政府将加快实体改革的节奏，来实现金融改革与实体改革节奏的重新平衡。

基于上述结论，我们提出以下几个有待检验的核心判断。

第一，缺乏实体改革支撑的金融强监管难以持续保持高压态势，2017年下半年有望放缓。如此所述，如果实体投资回报率依然低迷，那么即使加强金融监管，也不会导致资金大量流入实体领域，反而会加剧实体企业融资难度。此外，过强的金融监管也会加剧中小银行所面临的压力，造成资产价格下跌与金融机构被动去杠杆之间的恶性循环。因此，尽管我们认为，一行三会加强监管的大方向不会改变，但在十九大召开之前，一行三会的整体监管强度将有所调整，这将突出变现在央行的货币政策操作上。我们认为，在2017年下半年，央行货币政策将从中性偏紧回归到真正的中性上来，这意味着，央行将通过加大流动性工具操作力度甚至降准的方式，来提供更多的流动性，缓解三会强监管对实体经济造成的冲击。未来，一行三会之间有望加强协调，形成"宽货币、紧信用"的局面。

第二，在中国政府出台新一轮实体改革措施，并收到一定效果之前，金融自由化改革的步伐会依然审慎，加强监管的大方向不会改变。如前所述，要改变当前"金融空转"的问题并遏制潜在金融风险，就必须适当放缓金融改革的步伐，加快实体改革的步伐，让两者的节奏大致匹配。由于距离中国政府出台新一轮实体改革举措并收到初步效果还需一段时间，在此之前，我们认为，中国政府加强金融监管、放缓金融改革节奏的大方向不会变。这个判断与第一个判断并不矛盾，这就好比要让汽车减速的同时不发生危险，就得先踩一脚刹车，再适当松一松刹车，然后继续踩刹车。

第三，中国股市能否迎来新一轮牛市，人民币兑美元汇率能否重启升值周期，关键取决于中国政府能否顺利推进下一轮结构性改革。如前所述，只有结构性改革才能真正提振实体投资回报率与全要素生产率。而从长期来看，实体投资回报率与全要素生产率的走向将决定股市与汇市的走向。这也意味着，截至 2017 年 6 月，中国股市与人民币汇率面临的调整尚未结束。

"三管齐下"以应对未来的不良资产挑战[①]

从 2016 年年底至 2017 年 9 月，一行三会一直在进行轰轰烈烈的金融业"控风险、去杠杆"的行动。这一行动有助于遏制系统性金融风险的爆发。新成立的金融稳定与发展委员会也有助于加强一行三会之间的监管协调，既覆盖了过去的监管空白，也避免了监管机构之间的监管竞争。客观来讲，金融监管的加强将给那些在过去几年扩张较快、经营较为冒进的金融机构带来巨大的调整压力。

尽管目前（截至 2017 年 9 月）中国商业银行体系的不良资产风险整体可控，但未来整个银行体系的不良资产比例仍有可能显著上升，特别是房地产市场发生显著调整时。相比之下，过去几年资产与负债端扩张得更为迅猛的一些中小银行，未来的不良资产压力将上升得更快。

在 20 世纪 90 年代末与 21 世纪初，中国商业银行有一段大规模清理不良资产的历史。其主导模式是，由财政部发行特别国债，并将发债募集资金注入四大资产管理公司，由四大资产管理公司分别对接四大国有商业银行，前者以账面价值从后者处购买不良资产，并由前者负责后续清理事宜。不难看出，在这一次不良资产清理过程中，主要是中央财政负责买单，最终是政府成立的资产管理公司从商业银行手中接过了坏账，并使得商业银行轻装上阵，最后走上了股份制改造与境内外上市之途。

而在未来新一轮不良资产问题面前，中国政府很难复制 20 世纪 90 年代末与 21 世纪初的不良资产处置经验。这是因为，首先，中央政府自身债务水平可谓今非昔比。在 20 世纪 90 年代末期，中央政府债务占 GDP 的比例不到

[①] 本文写于2017年9月。

20%，地方政府基本上没有什么债务。而如今，根据官方口径的数据，中国政府的全口径债务已经达到了 GDP 的 60% 左右。由于自身债务水平已经不低，中国政府很难复制上一轮全额为银行买单的做法。其次，在上一轮不良资产处置过程中，中国政府之所以全额买单，是因为四家大型商业银行全为国有银行，而目前中国市场上已经出现多种所有制的银行，这些银行的坏账处置方式不可能完全相同，政府也没有意愿为各种所有制的银行买单。再次，政府为坏账全额买单的做法很容易引发道德风险，这将对银行经营构成坏的激励。然后，目前中国银行业总体赢利能力较强，资本金与坏账拨备均较为充足，具备一定的自我坏账消化能力。最后，相比 20 年前，现在中国金融市场的发达程度与多样化程度均显著提高，具备了以市场化手段来处置坏账的潜力。

综上所述，笔者认为，未来如果中国商业银行体系或部分商业银行的不良资产比例显著上升，那么很可能是通过新的"三管齐下"的手段来加以应对。

第一，由商业银行自己来消化部分不良资产。由于当前商业银行普遍资本充足率较高，也积累了较高的坏账拨备。因此，商业银行可以先通过使用拨备来应对坏账损失。如果拨备不充足，银行可以动用资本金来核销坏账。由银行自行消化坏账，这本来就是商业银行市场化经营的题中之义，有助于增强银行的风险意识，规范银行未来的经营行为。

第二，商业银行可以将其账面上的部分不良资产，以市场价值而（非账面价值）出售给一些市场化的坏账处置专门机构，由后者来负责处置坏账。一方面，银行出售不良资产本身就意味着要承担特定的损失，但这同时需要能够提供专业不良资产估值的独立评估机构参与进来。另一方面，商业银行也可以将不良资产转给自身表外已经实现真正的风险隔离的特别目的载体，再由后者来进行不良资产证券化。但需要注意的是，转出不良资产的商业银行不应该再为转出的不良资产承担任何追索责任。

第三，如果在经历了银行自行核销与市场化转让这两种处置方式之后，银行依然面临较大压力，尤其是在银行资本金已经显著下降的情形之下，中央政府、地方政府，以及有实力的国有企业与民营企业，可以为银行注资，以换取银行的部分股权。这一操作环节需要注意的是，对银行的价值评估需要准确、透明、公开，以维护股东与银行双方面的利益。

最后值得一提的是，在未来中国商业银行处置不良资产的过程中，有两个领域有望获得加速发展。一是资产证券化。一方面，如前所述，商业银行将有很强的动力进行不良资产证券化；另一方面，在处置不良资产的过程中及处置不良资产之后，银行也有很强的动力通过优质资产证券化来加速资金周转速度，盘活存量资产。二是市场化的不良资产处置。在未来，那些具备了对不良资产进行定价、清理、再造等专业能力的独立市场化机构，有望获得长足发展。

警惕居民杠杆率的过快上升①

中国传统文化向来把节俭持家与未雨绸缪作为美德。居民部门高储蓄也是长期以来推动中国投资驱动型经济增长的重要基础。然而，过去十多年以来，随着房地产价格的飙升及借贷消费文化的兴起，中国居民部门杠杆率呈现出快速上升的态势。

根据国家金融与发展实验室的数据，截至 2014 年年底，中国全社会杠杆率（国民总负债占 GDP 的比例）达到了 236%，其中居民部门、政府部门、金融机构与非金融企业的杠杆率（即各部门负债占 GDP 的比例）分别为 36%、58%、18% 与 123%。不难看出，中国居民部门杠杆率显著低于非金融企业杠杆率及政府部门杠杆率，似乎没有什么可以担心的。然而，从 2008 年到 2014 年短短 6 年间，中国居民部门杠杆率就从 18% 上升至 36%，整整增长了一倍，其增长速度远高于非金融企业杠杆率与政府部门杠杆率。

更令人担忧的是，随着中国房地产市场在 2015 年下半年至 2017 年迎来

---

① 本文写于2017年12月。

一波新的牛市，中国居民杠杆率依然呈现快速攀升态势。例如，截至2016年年底，金融机构对居民部门债权存量达到了33万亿元，其占当年GDP的比例已经上升至45%。而根据海通证券姜超团队的估算，中国居民部门杠杆率在2017年年底甚至可能达到50%。

有一种观点认为，即使中国居民部门杠杆率已经达到50%，但考虑到当前美国与日本的居民部门杠杆率在70%~80%，这也意味着中国居民部门依然有进一步加杠杆的空间。然而，用家庭部门负债与GDP相比，仅仅是衡量家庭部门杠杆率的一种方法。我们还可以使用另外两种方法来衡量家庭部门杠杆率，一种是用居民部门负债与居民部门收入之比来衡量，另一种是用居民部门负债与居民部门流动性资产（可以用居民存款作为衡量居民流动性资产的狭义指标）之比来衡量。

用金融机构对居民部门债权存量除以中国居民部门可支配收入，得到的比例由2007年的46%一路攀升至2015年的77%。尤其是在2010年至2015年，该比例差不多每两年就上升10个百分点。按照这一速度推算，到2017年年底，中国居民部门负债与居民部门可支配收入的比例可能达到87%左右。鉴于目前（截至2017年12月）美国与日本的居民部门负债与居民可支配收入之比在100%上下，如果从负债与收入之比来看，则中国居民部门加杠杆的空间已经不大。

中国居民部门贷款与居民储蓄存款的比例，已经由2007年的25%左右上升至2017年的60%以上。而中国的居民部门年度新增贷款与年度新增存款的比例，则由2005—2007年的年均50%上升至2014—2016年的年均97%。2016年更是出现了居民存款增量低于居民贷款增量的现象。换言之，从负债与狭义流动性资产之比来看，中国居民部门继续加杠杆的空间也越来越有限了。

这里必须指出的是，上述估算全部是基于总量数据的。事实上中国居民杠杆率的分布存在严重的失衡。例如，农村居民的杠杆率事实上很低，因此居民杠杆率主要集中在城市。又如，与三四线城市的居民相比，一二线城市的房价收入比要高很多，导致一二线城市居民的杠杆率可能显著高于三四线城市。再如，考虑到城市中年轻人买房除了向银行贷款之外，通常还会向父母、亲戚、朋友借钱，那么这些年轻家庭的真实杠杆率将高得吓人。总而言之，那些一二线城市中被迫以各种形式举债购房的中产阶级年轻人，很可能是中国社会中杠杆率最高的群体，他们的金融脆弱性也是最强的。不要说房地产价格崩盘，就是一个其他国家常见的中幅房价波动，就可能使得他们失去对新购房产的所有权。

笔者在之前曾经多次撰文指出，那种试图通过激活资产价格（包括股市与房市）来诱导居民部门加杠杆，以帮助企业部门（尤其是国有企业）去杠杆的做法，是非常短视且危险的。考虑到中国居民部门收入分配的失衡及各线城市房价的巨大差距，简单地把中国居民杠杆率与发达国家居民杠杆率做比较的做法也是值得商榷的。近期中国政府通过加强金融监管来抑制资产价格泡沫，通过加强各方面调控来抑制房价上涨的做法是值得赞赏的。然而如何构建监管与调控的长效机制，却依然面临一定的不确定性。

在金融系统性风险上升与金融风险显性化的环境中，克服对资产保值增值的焦虑（克服"不上船就贬值"的心魔），根据自身的实际情况来合理配置资产，避免过高使用金融杠杆，也是未来中国的每个中产阶级家庭不得不直面的挑战。

中国政府债务的规模究竟几何？
——基于省级地方债的测算[①]

一、中国政府债务问题浮现

2018年以来，地方政府债务隐忧再次浮上水面，数个平台公司出现违约，诸多地方债务融资项目难产，风险逐步暴露。云南、天津的省级融资平台及

[①] 本文与朱子阳合作，写于2018年7月。

西安等市级平台相继出现违约。1月11日，因云南省国有资本运营有限公司未准时还款，中融国际信托旗下的中融—嘉润31号集合资金信托计划无法向委托人分配信托利益，这一事件被市场人士解读为省级城投债的违约事件的开端。2018年4月27日，中电投先融宣布旗下两款资管产品出现延期兑付，这两个资管产品认购的是信托贷款计划，规模5亿元。该产品具体的融资人为天津市市政建设开发公司，保证人为天津市政建设集团，两者均属于天津市政建设的平台公司。2018年5月，中电投先融旗下的另一款资产管理计划也出现违约，该项目资金用于认购光大信托计划发行的投向绿源农产品贸易股份公司的事务管理类集合信托，募集资金用于建设西安绿源农产品批发市场项目，该项目属于西安市的市政建设项目。这一项目由西安市灞桥区基础设施建设投资有限公司担保，该公司属于西安市市政建设的平台公司。融资能力和评级较高的省级融资平台相继出现违约兑付风险，而相对来说，信用评级较差、财政状况堪忧的三四线城市及县市级政府所发行的城投债更受到严重质疑。2018年以来，这一类型的城投债发行难度陡升，甚至出现取消发行的情况。2018年4月24日，兰州城投取消了兰州市城市发展投资有限公司2018年度第二期中期票据的发行。无独有偶，2018年5月3日，宝鸡市投资（集团）有限公司发布了关于宝城投2018年度第一期中期票据取消发行的公告。

地方政府债务背后隐含的巨大风险受到了中央高层的持续关注。2017年的全国金融工作会议强调，各级地方党和政府要树立正确政绩观，严控地方政府债务增量。2018年7月24日，中央政治局会议强调，要积极稳妥化解累积的地方政府债务风险，有效规范地方政府举债融资，坚决遏制隐性债务增量。2017年年底的中央经济工作会议则提出，要打好防风险等三大攻坚战，防范金融风险，重视地方债务。2018年以来，地方政府债务问题仍然是中央重点关注的对象。2018年3月5日，李克强总理在政府工作报告中指出要"防范化解地方债务风险"。3月底，财政部印发文件，进一步规范金融企业与地方政府和地方国企的投融资行为，遏制地方政府存在的违法违规和变相举借债务问题。4月2日,中央财经委员会第一次会议要求,地方政府和国企要尽快降杠杆。5月15日,在全国政协"健全系统性金融风险防范体系"专题协商会上,地方政府的债务问题成为重要议题之一。在会上,全国政协委员、中国证监会前任主席肖钢指出,地方政府债务形式多样,透明度差,债务风险高,已经成为防范化解系统性金融风险的"灰犀牛"。种种举措表明,严查地方政府隐性债务,严控地方政府债务风险,是中央部署的"防范和化解系统性金融风险"的一项重要任务。

二、研究方法概述

结合现有的研究和我国的实际情况,我国的地方政府债务可以划分为显性债务与隐性债务。显性债务即地方政府在市场上公开发行的地方政府债,这一部分债务可以通过公开发行的债券资料获得,从而加总到省级层面,结合地方审计部门公布的显性债务存量数据,我们可以估算得到省级的地方政府显性债务规模。

而隐性债务则主要是地方政府的担保性融资,即地方政府融资平台债务,具体包含城投债、以平台名义获取的但有政府担保的银行贷款。此外,随着近年PPP的展开,PPP项目中的政府资本金及银行贷款中政府隐性担保的部分也应当计入政府的隐性债务中。具体而言,我们基于各个省审计部门公布的地方或有债务存量数据(包括具有担保责任和可能具有救助责任的债务),同时将地方发行的城投债和PPP项目加总到省级层面,从而估算得到了各省2012—2017年的隐性债务存量。但是,如果将全部PPP项目投资额作为政府隐性债务计入,则将造成明显高估。因此,在估算隐性债务时,需要设置特定的比例,将部分PPP项目计入地方政府的隐性债务中。不同省份的PPP存量规模不同,地方政府的财政资源也不尽相同,需要考虑不同的计算比例。因此,本文在计算得到各个省份显性负债率的基础上,将所有省份按照负债率划分为三组,将这些省份的PPP存量按照不同的比例计入地方的隐性债务存量中。具体而言,我们将显性负债率在40%以上的省份划分为较高债务水平的省份，由于显性债务水平已经较高，地方政府的偿付压力大，PPP 项目可能无法维持，造成 PPP 投资转化为隐性债务的比例较高，我们估算时将 70% 的 PPP 投资额记为隐性债务。我们将显性负债率在 20%~40% 的省份划为中等债务省份，将 50% 的 PPP 投资额记为隐性债务；将负债率低于 20% 的省份划为低债务省份，将 30% 的 PPP 投资额记为隐性债务。由此，我们估算得到了省级层面的隐性债务存量规模及相应的负债率。

根据上述方法，我们得到了省级层面的地方政府显性债务和隐性债务水平，但是，由于无法在公开途径获取地方政府对存量债务的偿付数据，我们在估算时没有扣除已经偿付的债务，造成了一定的高估。例如，2017 年，国家审计署公布的地方政府总的具有偿还责任的债务存量数据为 164 706 亿元，而本文估算得到的数据为 185 838 亿元，相差近 2.11 万亿元。

三、地方政府债务规模测算

首先，我们估算中国政府部门（包括中央和地方）的整体债务存量和负债率水平；其次，我们在省级层面讨论地方政府的显性、隐性债务的存量和相应的负债率水平；最后，我们分析了地方政府债务的区域结构。分析发现，2017 年中国政府部门整体债务占 GDP 的比例约为 67%，债务风险较高。15 个省市的负债率超过了 60%，其中有 11 个西部省市和 2 个东北省份，2 个地区的债务风险尤为突出。

1. 中国政府部门整体债务水平估算

如表 1 所示，估算显示，2012 年地方政府显性债务存量约为 8.8 万亿元，2017 年存量债务约为 18.58 万亿元，新增债务 9.7 万亿元，年均增速为 16.03%；2012 年地方政府隐性债务存量约为 6.84 万亿元，2017 年约为 23.57 万亿元，新增隐性债务 16.73 万亿元，年均增速 28.04%。其中，由于 PPP 项目的计入，2016 年的地方政府隐性债务水平相对 2015 年有较大跃升，从10.81万亿元激增至19.40万亿元，2017年依旧保持较快增长。

结合财政部公布的中央政府的债务余额数据，中央政府债务余额2012年约7.76万亿元，2017年约为13.48万亿元，新增债务5.72万亿元，年均增速为11.68%。我们可以加总得到中国政府部门全部的债务存量。2012年，中国政府部门全部债务为23.44万亿元，2017年该数字为55.63万亿元，新增债务32.19万亿元，年均增速约为18%。

测算表明，2016年，PPP项目的升温，导致地方政府隐性债务骤然升高了79%，带动中国政府部门整体的债务水平激增了33%，总负债率也从2015年的警戒线以下的53%上升至64%，2017年则进一步上升至67%。如果去除这一部分不确定的隐性债务，将中央政府债务与地方政府显性债务加总为中国政府部门的总显性债务，那么2017年相应的负债率为38.76%，2016年为38.47%，整体变化不大，并且负债率水平远低于60%的警戒线标准。由此可见，中国政府部门债务的快速积累主要来源于地方政府的隐性债务，尤其是近两年PPP项目大量上马，致使地方政府隐性债务快速增长。

表1 中国政府部门的债务规模、结构与负债率（单位：亿元）

年份	中央政府债务 总额	占比	地方政府显性债务 总额	占比	地方政府隐性债务 总额	占比	政府部门总债务	政府部门总负债率
2012	775 66	33.09%	88 379	37.70%	68 484	29.21%	234 429	43.38%
2013	86 747	31.50%	105 990	38.49%	82 667	30.02%	275 405	46.27%
2014	95 655	30.74%	121 554	39.06%	94 002	30.21%	311 212	48.33%
2015	106 600	29.16%	150 765	41.25%	108 142	29.59%	365 507	53.04%
2016	120 067	25.01%	166 026	34.58%	194 042	40.41%	480 135	64.57%
2017	134 770	24.23%	185 838	33.40%	235 718	42.37%	556 327	67.26%

资料来源：Wind，作者计算。

中国政府部门的显性债务与总债务规模及负债率如表2所示。

表 2 中国政府部门的显性债务与总债务规模及负债率（单位：亿元）

年份	显性债务	显性负债率	总债务	总负债率
2012	165 944	30.71%	234 429	43.38%
2013	192 737	32.38%	275 405	46.27%
2014	217 209	33.73%	311 212	48.33%
2015	257 365	37.35%	365 507	53.04%
2016	286 093	38.47%	480 135	64.57%
2017	320 608	38.76%	556 327	67.26%

注释：表 2 的显性债务是指中央政府债务与地方显性债务之和。
资料来源：Wind，作者计算。

2. 分省显性债务规模及负债率

从分省的显性债务存量水平来看，目前显性债务存量最高的省份为江苏省，为 1.3 万亿元，而超过 1 万亿元的省份还有浙江、山东、广东，但是这些省份由于经济总量高，以负债率衡量的话，偿债压力并不大，广东、山东、

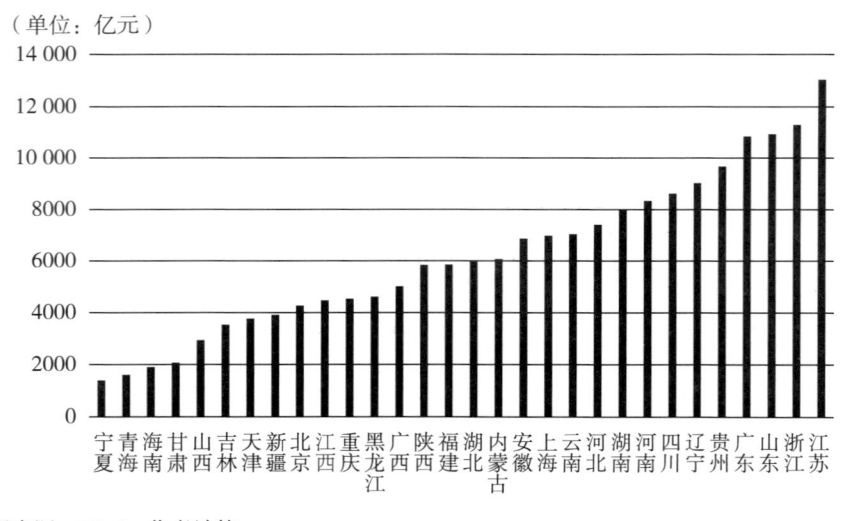

数据来源：Wind，作者计算。

图 1 2017 年分省显性债务存量

江苏均为负债率较低的省份。

从负债率（见图2）的角度来看，贵州、青海的显性负债水平较高，均超过了60%。结合存量水平，贵州不仅存量债务水平突出（位于第五位），而且负债率水平极高，显性负债率就高达71%。此外，云南和海南的显性负债率水平也超过了40%，债务风险较高。大部分省份位于20%~40%的区间内，债务水平总体可控。另外，有7个省份的负债率水平不到20%，债务负担较轻，包括江苏、广东、山东等存量债务水平较高的省份。

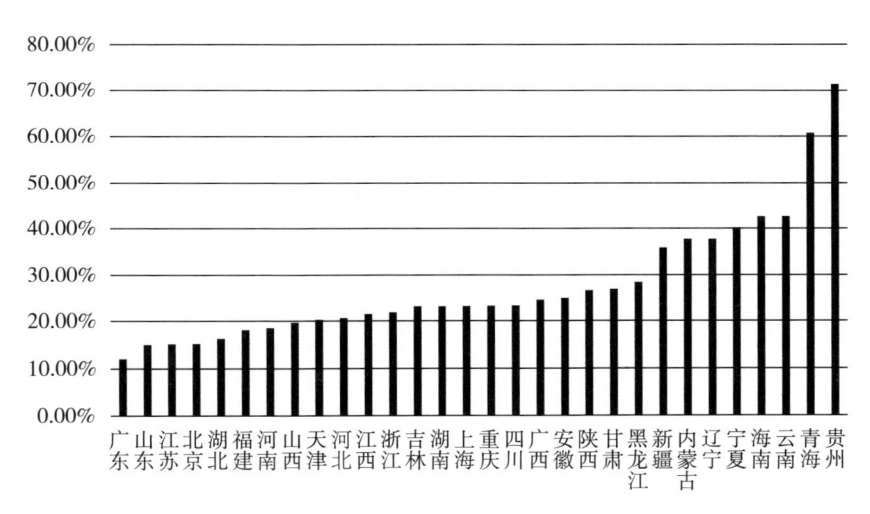

数据来源：Wind，作者计算。

图2　2017年分省显性负债率

3. 分省隐性债务规模及负债率

从分省的隐性债务存量水平（见图3）来看，隐性债务存量最高的省份依旧为江苏省，达到了2.5万亿元，而超过1万亿元的省份还有四川、浙江等7个省份。隐性债务存量较低的省份为青海等省份，其隐性债务存量不足5000亿元。

（单位：亿元）

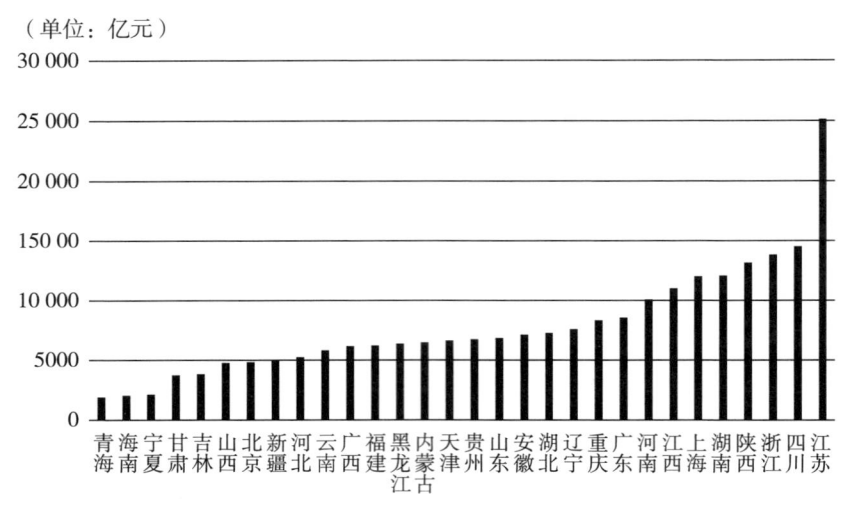

图3　2017年分省隐性债务存量（单位：亿元）

数据来源：Wind，作者计算。

结合显性债务存量水平，我们可以计算出总负债率，如图4所示。我们发现，青海、贵州、宁夏的总负债水平较高，三者的总负债率甚至超过了100%，分别为133%、121%、102%。此外，还有15个省份高于60%的国际

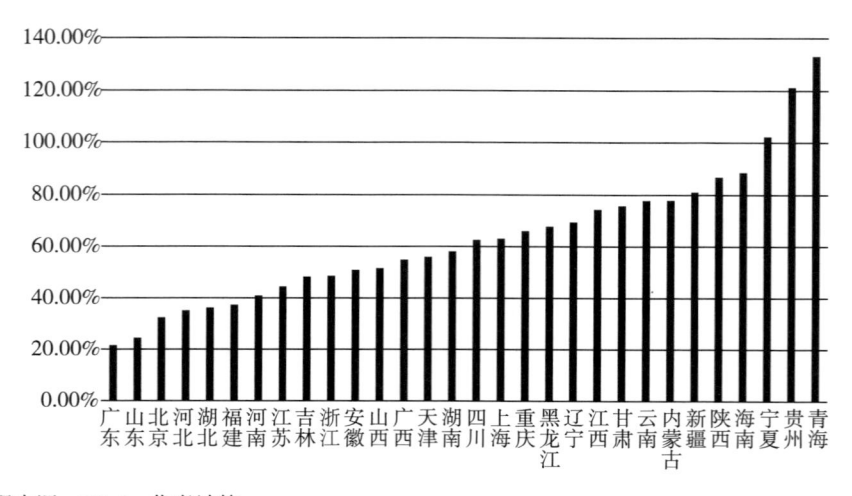

图4　2017年分省总负债率

数据来源：Wind，作者计算。

警戒线标准，包括11个西部省市，2个东北省份。也就是说，除广西以外的所有西部省市，除黑龙江以外的所有东北省份，负债率水平均超过了60%的警戒线。由此可见，这两个地区的债务风险不容忽视。

如图5所示，综合两部分的债务数据，分析发现，较为发达的省份中，江苏、浙江等省份存在显性、隐性债务存量"双高"的问题，并且隐性债务占比高，债务情况不透明。虽然由于经济总量较大，显性债务的偿还压力不大，但大量隐性债务的存在使得这些省份的地方政府的债务存在很多不确定性。广东等省份显性债务占比高，且负债率较低，偿付压力不大，且债务结构较为透明，是相对来说较为健康的省份。欠发达省份中，江西、陕西等省份虽然显性负债率不高，但债务结构中隐性负债占比较高，不透明的债务结构可能隐藏较大风险。而贵州等省份虽然债务结构比较显性化，但由于债务存量偏大，且经济体量较小，负债率高，因此风险较为突出。

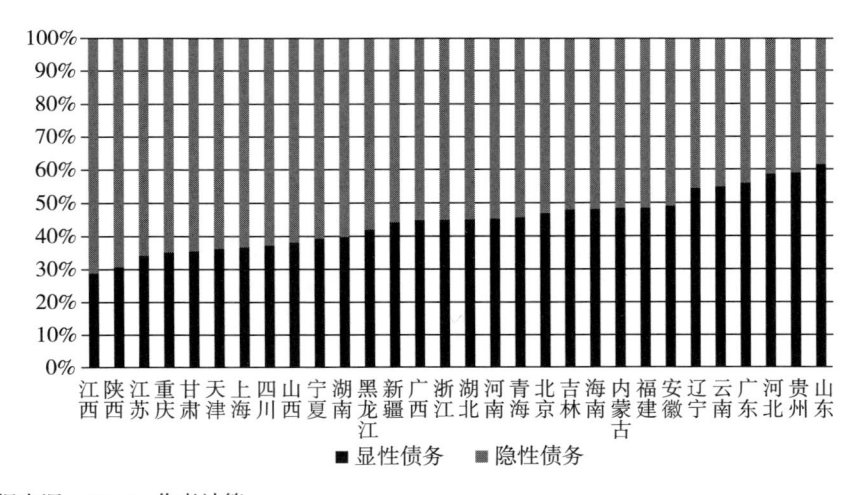

数据来源：Wind，作者计算。

图5 2017年分省显性与隐性债务比例

4. 地区结构

我们将省份按照地区进行加总，并计算该地区省均债务存量水平。我们具体将全部省份划分为东部、中部、西部、东北四个地区①（如图6所示）。从省均的债务存量上来看，东部的债务存量水平最高，其次为西部、中部、东北。

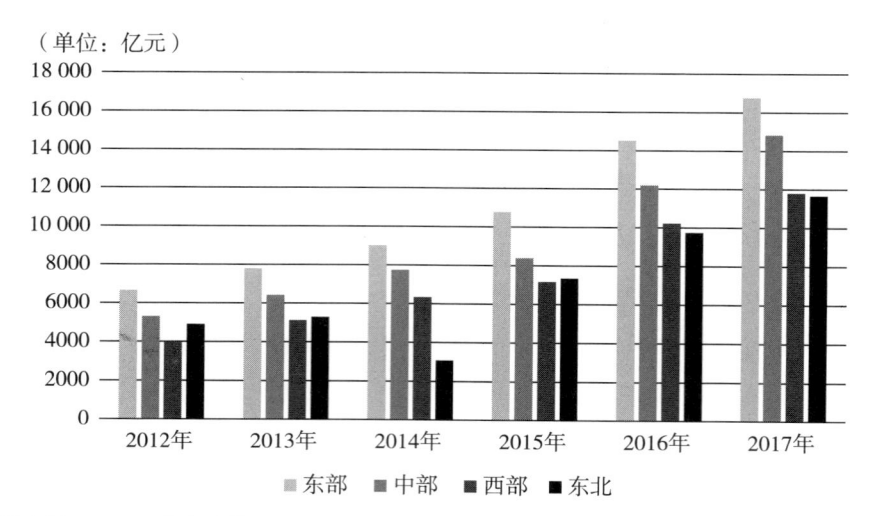

（单位：亿元）

图 6 2017 年地方政府债务存量的地区分布

数据来源：Wind，作者计算。

我们对区域内省份的负债率进行简单算术平均，得到了这一区域的平均负债率水平，如图7所示。从地区负债率水平来看，除个别年份以外，所有地区的负债率水平均有所上升，但各个地区表现不一致。其中，东部、中部省份的负债率水平比较接近，且在 2012—2017 年保持稳定，并显著低于 60%，整体风险可控。而西部和东北省份的平均负债率高于60%，严重高于东部、中部省市，不仅如此，两者的负债率水平在这些年不断上升，增长迅速，债务风险十分突出。

---

① 东部包括北京市、广东省、福建省、海南省、河北省、江苏省、上海市、山东省、浙江省、天津市，中部包括安徽省、河南省、湖北省、湖南省、江西省、山西省，西部包括甘肃省、广西壮族自治区、贵州省、内蒙古自治区、宁夏回族自治区、青海省、陕西省、四川省、新疆维吾尔自治区、云南省、重庆市，东北包括黑龙江、吉林省、辽宁省，西藏自治区未找到相关数据，暂不列入。

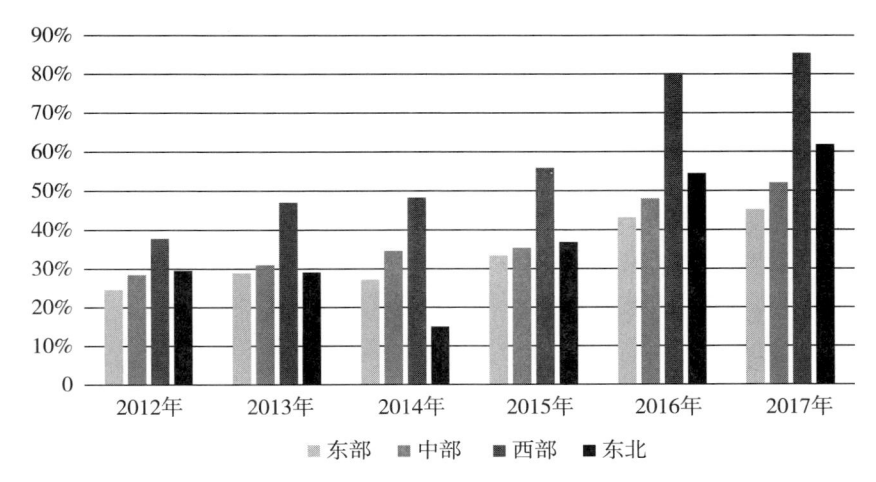

数据来源：Wind，作者计算。

图7 2017年地方政府负债率的地区分布

三、总结性评论

本文在结合现有的研究和我国的实际情况的基础上，综合利用了地方审计部门公布的债务存量数据（包括负有偿还责任、具有担保责任、可能存在救助责任的债务数据）、2015年以后地方政府公开发行的新增债券数据、地方城投债数据、2016年以后的PPP项目数据，估算得到了省级地方政府的显性债务存量和隐性债务存量。基于此，我们对中国整体政府部门的债务水平、各地的债务水平进行了测算和分析。

本文的测算表明，从整体负债率来看，2017年，中央政府债务余额与地方显性债务存量之和为32.06万亿元，占当年名义GDP的比重约为38.76%，负债率低于60%的警戒线，但如果计入地方政府的隐性债务23.57万亿元，那么负债率就上升至67.26%，债务风险较高。从省级层面来看，东部省份绝对负债规模较高，而西部、东北省份负债率显著高于东部、中部省份。西部和东北地区的平均负债率均超过了60%。具体来说，贵州、青海等省份总负债率甚至超过了100%。此外，海南、陕西、新疆等15个省市的负债率水平超过了60%，其中包括11个西部省市和2个东北省份，西部和东北的地方债务风险令人担忧。

诚然，本文所采用的方法存在一定的瑕疵，需要进一步讨论和完善。第一，由于数据的可获得性问题，本文在计算省级债务存量时，没有将已偿还的债务扣除，导致估计值相较实际值出现一定程度的高估，但造成的误差并不明显。第二，本文将全部城投债、一定比例的PPP投资额计入隐性债务进行估算，这一做法较为简化，存在一定的随意性，并不十分完善，调整PPP投资额的计入比例会产生不同的结果，但是我们认为，基于一定的口径对债务情况进行估计，仍然有助于提示风险，具有现实意义。

我们相信，在中央政府的推动之下，地方政府的隐性债务将逐步显性化，我们也将真正揭开地方政府债务的面纱。

关于中国股市健康发展的8点建议[①]

中国金融市场的发展自有其特点，以下是笔者对中国股市发展提出的8点建议，以期其健康发展，以利国家和广大投资者。

建议之一：无论股市行情如何，都必须鼓励股指期货交易的发展。一个股市只有具备了健全的做空机制，才能具备完善的价格发现功能。健全的做空机制使得投资者可以通过做空股票或指数获利，这其实有助于避免股市形成过高的泡沫。

建议之二：所有的股市板块都应推出规则明确、实施便捷、成本可控的退市机制。完善的退市机制是上市公司优胜劣汰的重要渠道，也有助于降低壳资源的价值及针对壳公司的投机。

---

① 本文写于2019年2月。

建议之三：无论股市行情如何，IPO①交易都不能停。畅通的 IPO 渠道是广义股权市场（包含天使投资、风险投资、私募股权投资等）得以顺利运行的前提条件。如果 IPO 陷入停滞，那么可能会导致整个股权融资链条的停滞。

建议之四：对所有股市板块而言，上市公司的核准制应该尽快转为注册制。对公司上市申请的审批权应该下放至交易所。注册制的推出应该与退市机制同步，以避免产生相关的道德风险。

建议之五：在科创板推出的同时，应该对创业板未来何去何从有个明确的说法，毕竟这两者之间有着明显的交集。科创板与创业板未来分工如何、有无可能互动，这两个市场与主板市场的转板机制是否通畅，这些问题都亟待明确。

建议之六：应该进一步加强对投资者的保护，尤其是对中小投资者的保护。完善中小投资者针对上市公司的集体诉讼机制。加强对中小投资者的保护，对于中国这样的散户占比很高的股票市场而言尤为重要。

建议之七：在推动股市进一步加大对外国投资者开放的力度的同时，加强对国内投资者与外国投资者的相应监管。外国投资者资金流动的波动性可能要比国内投资者更强，前者可能是中国股市波动的放大器，而非稳定器。

建议之八：不能用股市涨跌来评价监管机构的业绩。股市涨跌有多种原因，既有外部的也有内部的，既有可控的也有不可控的。应该建立对股市监管机构的客观透明、多元化的业绩评价方式，这样才能实现监管机构的独立性与客观性。

"金融新常态"下中国商业银行的生存发展之道②

近年来，"新常态"这个词被频繁提及。但对不同主体而言，新常态的含

---

① IPO：intial public offering 的缩写，即首次公开募股。
② 本文写于2019年2月。

义迥然不同。对中国商业银行而言,"金融新常态"至少意味着经营环境的以下嬗变。第一,随着中国经济潜在增速的下行,传统行业企业的平均收益率显著下降,针对这些企业而投放的信贷的整体风险显著上升。第二,随着人口老龄化的加剧,以及2008年全球金融危机爆发以来居民部门杠杆率的显著上升,居民部门储蓄进一步增长乏力,反而可能出现持续负增长。为了吸引居民储蓄,商业银行不得不提高真实存款利率,且不得不勉力维持刚性兑付的局面。第三,金融监管的持续加强使得商业银行通过开展表外业务绕开金融监管的余地越来越小,商业银行表外业务整体上不断被压缩。第四,金融风险的上升与不断显性化,一方面使得商业银行资产方面临越来越多的违约压力,进而导致商业银行不良率的上升及拨备覆盖率的下降;另一方面也使得商业银行在投放新增信贷资源时面临安全资产匮乏的局面。第五,中国政府针对房地产的调控日益常态化与坚定化,中央政府坚定且持续地严控地方政府加杠杆,使得商业银行在两大传统领域——房地产与基建行业——的资源配置与资源调度方面面临越来越大的问题与不确定性。

在这种新常态下,商业银行应该如何自处,如何生存下来并寻求进一步的发展呢?笔者认为,可以从负债方、资产方、权益方与表外这四个视角来分析商业银行的应对策略。

从负债方来看,中国商业银行至少面临两重挑战。挑战之一是,随着人口老龄化的加速及居民部门杠杆率的上升,未来居民储蓄整体上会缩水,而商业银行争夺居民储蓄的竞争将不断加剧,因为这毕竟是最为稳定的一种负债来源。挑战之二是,随着监管当局对商业银行通过同业业务开展套利的监管逐渐加强,曾经占比一度较高的同业负债规模也倾向缩水。换言之,从负债方来看,在未来能否吸引到更多、更稳定、成本相对更低的资金,是商业银行面临的重要挑战。

商业银行如何应对负债方的挑战呢?首先,商业银行应该从整体上提高供应金融产品的能力。过去中国储蓄者被惯坏了,因为一方面真实存款利率与理财产品收益率较高，另一方面理财产品实际上是刚性兑付的。然而，随着银行资产端收益率的下降及风险的上升，商业银行继续保持刚性兑付的难度越来越大。在这一背景下，商业银行能否提供品种足够多、期限足够丰富、收益率与风险更加匹配的金融产品，就成为能否吸引到储蓄者的关键。其次，未来中国居民进行全球资产配置的意愿将显著增强，因此与全球金融机构合作，提供具有独特性与吸引力的全球化资产配置方案，也是商业银行未来的核心竞争力之一。最后，拥有针对零售客户提供量体裁衣式综合金融服务的能力，也变得越来越重要。总体来看，以下三类商业银行能够更好地应对负债方的挑战：第一类是传统的四大国有商业银行，它们享有大而不倒及路径依赖的优势；第二类是更早向零售银行转型、在零售业务方面拥有突出优势的商业银行；第三类是背靠全牌照综合金融集团的商业银行。

从资产方来看，中国商业银行的经营普遍面临以下挑战。第一，随着中国经济潜在增速的下滑，中国企业整体投资回报率显著下降，这会降低商业银行资产端收益率，并提升资产端风险。第二，随着中国企业去杠杆及地方政府控杠杆进程的推进，企业业绩爆雷与地方政府爆雷的案例将越来越多，这会加剧商业银行的不良资产压力及拨备压力。第三，中国政府调控房地产的思路正在发生重大转变，未来房价与地价走势面临更大不确定性，而中国商业银行资产端普遍重仓房地产相关贷款。第四，中国政府目前正力推普惠金融、中小企业融资与绿色融资，而这些领域均非商业银行的传统擅长领域，在这些领域的过快扩张可能意味着未来更大的风险。

商业银行如何应对资产方的挑战呢？首先，在未来企业与地方政府业绩注定会加剧分化的背景下，商业银行自然要加大争夺优质客户的力度。而对于优质客户来讲，商业银行除了能够提供贷款之外，还必须能给优质客户提供一揽子量身定制的综合金融服务，例如，投融资联动、财务与税务筹划、资产证券化与不良资产处置等。其次，商业银行要降低对高危企业、行业与区域的风险暴露，把更多的新增信贷资源投向发展更快、风险更低的领域，例如，从对公适度转向零售。再次，商业银行要针对未来房地产调控思路、地方债处置思路的可能转变制定预案，缓解由于政策变动可能造成的潜在风险。接着，商业银行要主动通过拥抱金融科技来化解新兴业务背后可能蕴含的风险。例如，通过大数据、云计划、人工智能等手段来提前甄别普惠金融与中小企业贷款背后的风险。最后，对未来可能进一步恶化的不良资产，应该及时以市场化手段进行剥离。

从权益方来看，基于以下两个原因，未来中国商业银行普遍会遭遇资本金的巨大压力。第一，由于不良贷款压力上升，商业银行不得不增提拨备及核销坏账，从而导致资本金的损耗。第二，金融监管力度的加强总体上会加剧影子银行体系回表，而这意味着商业银行的资本金可能规模不足。未来几年内，中国商业银行体系会面临集体补充资本金的浪潮。

因此，抢在市场同行之前，更低成本、以更加多元化的方式（母公司增资、上市、配股、可转债、永续债等）更加及时地补充到足够规模的资本金（包括核心资本与二级资本），是商业银行普遍面临的挑战。在这方面，率先行动者将拥有很强的先发优势。此外，通过资产证券化手段实现表内优质资产或不良资产（目前有些优质资产将来也可能沦为不良资产）的出表，加快资产周转率并降低对资本金的占有率，也是商业银行可以考虑的潜在选项。

从表外来看，来自"一委一行两会"的金融监管的趋势性加强，会给中国商业银行的传统表外业务造成较大负面冲击。中国式的影子银行业务迄今为止经历了两个主要的发展阶段。阶段之一是通道业务。2010年至今，商业银行一直在设法寻求各种新的通道（如信托、基金、保险、租赁、证券、中小企业贷款等）来规避监管部门的监管，继续实现将信贷资源输送给房地产开发商与地方融资平台的目标。阶段之二是同业业务。金融监管部门针对通道业务的监管日益强化，而针对银行同业业务的监管总体上较为松弛，因此在过去几年间，商业银行普遍通过大规模开展同业业务（通过发行同业存单、同业理财来募集资金，再通过其他通道转贷给房地产与地方融资平台，或者通过委外投资于金融市场）来规避监管。但 2016 年年底以来的金融监管，同时将通道与同业业务纳入重点监管范畴，从而造成了中国商业银行影子银行体系的收缩。

在未来一段时间里，银行理财子公司将成为中国商业银行表外的重要实体。一方面，银行理财子公司能够向潜在客户提供更为丰富多样的金融产品；另一方面，银行理财子公司在资源投放方面也相对更加自由。因此，目前银行理财子公司已经成为各大商业银行纷纷跑马圈地的市场，而预计这也会给其他机构投资者（如公募私募基金等）带来新的挑战。然而，商业银行不得不考虑的问题则是，如何控制银行理财子公司的相关风险。一旦银行理财子公司出现重大金融风险，商业银行应该如何应对？商业银行是否应该在银行理财子公司出现重大危机时，进行并表处理？如果不进行并表处理，银行理财子公司如何在投资者那里建立声誉？换言之，针对银行理财子公司，商业银行应该考虑好是更多地向投资者强调银行与子公司之间的联系与合作（这样可以凸显综合优势），还是更多强调两者之间的风险切割（这样可以避免交互传染），抑或力图实现两者之间的平衡呢？

综上所述，在"金融新常态"下，中国商业银行的生存发展将面临来自负债方、资产方、权益方与表外方的诸多挑战。而要应对这些挑战，中国商业银行应该加快发展综合金融，强调零售业务的重要性，实现负债端与资产端的联动发展，拥抱金融科技以化解金融风险，在更大规模上使用资产证券化手段，及时处置可能恶化的不良资产，抢在市场之前补充资本金，更好地处理表内与表外业务在收益与风险层面的关系。哪家银行能够率先实现转型，它就能更好地应对"金融新常态"的挑战，走在下一阶段商业银行竞争的前列。

2020年五大趋势下的大类资产配置建议[①]

2020年，我们认为国内外宏观经济有以下几个重要趋势值得关注。

趋势一：全球经济同步下行，货币政策继续宽松。随着美国经济投资出口双弱带动劳动力市场与消费转弱，美国经济会加速回落，非美经济体则有望延续弱势。"美强欧弱"格局将转为"美欧双弱"，全球经济将同步下行。全球央行货币政策宽松的脚步恐难停下，降息与扩表将成为2020年全球各大央行货币政策的主流。

趋势二：全球经济政治地缘等潜在风险可能加剧。第一，2020年为美国大选年，两党博弈将加剧，特朗普政府将把更多精力放在美国国内，而对外会采取更缓和的策略，这可能导致中东地缘政治局势升温；第二，美国大选年时中美关系往往会出现波折，加上中国台湾地区领导人选举即将进行，中美博弈可能由贸易领域转为地缘领域；第三，2020年可能成为英国脱欧元年，给英欧双方带来的冲击将逐渐显现。

趋势三：美元长周期"牛转熊"元年将至。美元指数刚刚经历了近50年"三落三起"中最长的一轮上行周期，这来自金融危机后美国经济的相对强劲和市场对美元的高度信任。2020年，导致美元指数转为弱势的主要原因有三：一是美国经济增速的加速下行将缩小其与全球经济增速之差，这导致美元作为反周期货币的特性被削弱；二是美联储重启了降息与扩表宽松周期；三是特朗普政府急剧趋向单边、保守、民粹与功利主义的行为，严重损害了市场对美元的信心。

趋势四：中国经济延续下行态势。从三大需求来看，消费受中国居民杠杆率高企及居民收入增速下行的掣肘难有亮眼表现，不过汽车和地产消费有

[①] 本文写于2019年10月，由张明、陈晓、郭子睿、薛威合作完成。

望边际改善；固定资产投资受房地产投资下行和制造业投资低迷的拖累仍具有下行压力，不过基建投资的反弹将有所对冲，投资将不会失速下行；出口受全球经济回落及多轮关税负面影响的显现将继续放缓，"衰退型"顺差对经济的支撑将减弱。预计 2020 年中国实际 GDP 同比增速将放缓至 5.8%。

趋势五：国内货币与财政继续宽松将发挥逆周期调节作用。在全球经济普遍回落，各国开启降息潮，以及中国经济延续下行、就业压力增大的情况下，货币政策中长期偏宽松的趋势不变。2020 年货币政策宽松的掣肘因素也会有所减少，降准和 MLF 利率下调都值得期待。财政政策仍将继续落实落细减税降费政策，中央财政让利地方试点有望扩大，地方政府专项债仍将继续发力稳增长，老旧小区改造在全国范围内有望加快推进。

海外大类资产配置上，以美元以外的避险资产为主。海外债券市场优于海外股市，高评级债券与政府债券优于低评级债券，大型蓝筹股优于中小盘成长股，中国股市表现将好于大多发达与新兴市场，日元、瑞郎将强于美元、欧元及大多新兴市场货币。大宗商品的表现预计为：黄金等贵金属>农产品>原油/动力煤>黑色金属>有色金属。

国内大类资产配置上，利率债受益于经济增速的回落和货币政策的持续宽松，投资机会较为确定，10 年期国债收益率将趋于下行，高等级信用债也具备较好的投资机会（尤其等到 2020 年春节之后，CPI 增速冲高回落之时，预计将在第二季度至第三季度）。股票市场将继续保持震荡格局，在经济转型、资本市场改革及金融开放提速的大背景下，不乏结构性投资机会。房地产市场在严调控下继续降温，长效调控机制建设稳步推进，不同城市房价继续分化：一二线相对稳定，三四线加速下行。

第七章

风险隐患：透视房地产现状与前景

中国房地产的周期嬗变[①]

自中国政府在20世纪90年代末推动住房商品化改革以来，房地产就一直是有关各方持续关注的热门话题。一方面，过去20年来，房地产投资对中国经济增长功不可没。2017年房地产投资占到中国GDP的10%以上，房地产及上下游相关行业对中国GDP的整体贡献超过30%。另一方面，房地产也成为中国居民财富最重要的积累形式，没有之一。房地产投资占到绝大部分家庭整体财富的50%以上，甚至更高。

市场最关注的自然是房价的变动。众所周知，过去十余年，房价增速显著高于人均GDP增速。这就意味着，如果一个人在过去购入了房地产（越早越好），那么他的财富增速就会显著高于收入增速。而如果一个人迄今为止没有购入房地产，那么他的相对收入与购入房地产的群体相比，实际上处于缩水状态。换言之，是否持有房地产，以及持有房地产数量的多少，是过去十余年间中国居民部门财富多少的最重要的决定因素。

中国政府对房地产问题也是非常敏感的，这大致是出于以下四方面原因。第一，如前所述，房地产是中国老百姓最为关注的敏感问题之一；第二，如

---

① 本文写于2017年9月。

前所述，房地产投资是推动中国经济增长的重要动力之一；第三，在当前分税制的格局下，地方政府的财权与事权严重不匹配，而土地出让金则成为地方政府最重要的预算外收入来源，使得地方政府存在通过推高地价来提高预算外收入的动力；第四，中国银行体系已经与房地产错综复杂地捆绑在一起。根据我们的初步估算，中国商业银行总贷款中超过40%的部分，都与土地与房产作为抵押品有关。一旦房地产价格大幅下滑，中国商业银行体系将会出现大量坏账，甚至引发系统性金融风险。

因此，宏观经济波动、房地产行业内部的供需变化，以及来自中国政府的房地产宏观调控（在市场过热时来帮助市场降温，在市场清淡时来帮助市场升温），共同铸就了中国房地产行业的周期特征。

根据房地产销售价格、房地产销售面积、房地产开发投资增速等指标来展开分析，就会发现，从2005年左右至2017年9月，中国房地产市场呈现出3年左右一个轮回的短周期。例如，从房价变动来看，如果按从谷底到谷底来算，那么2007年中期至2017年9月，中国房地产市场出现了四轮周期。前三轮周期分别为2007年4月至2009年3月、2009年4月至2012年5月、2012年6月至2015年4月，持续的时间恰好都在3年左右。本轮周期从2015年5月至2017年9月，已经持续了两年多时间，且在2017年年初已经进入下行周期。不出意外，本轮周期在2018年第二、三季度时达到谷底。

在前三轮周期中，房地产各项指标的走势大致符合"销售量—资金来源—房价—投资—新开工"的传导规律。例如，随着商品房销售量的上升，房地产企业能够获得的资金来源逐渐增加，资金充裕与房价持续上涨的预期相互叠加，推动了房地产投资增速的上升，进而带来了新开工面积的增长。

而在本轮周期中，房地产各项指标的传导规律被打乱。销售量的上升的确推升了房价，但在较长时间内都没有推动资金来源增速、投资增速与新开工面积增速的上升。为什么会出现这种情况呢？我们认为，一是因为在本轮周期中，房地产销售量的回暖趋势较为疲弱；二是因为本轮房地产销售回暖与政府人为推动的去库存关系密切，导致房地产对市场是否会进入自发性周期复苏心存疑虑；三是因为随着人口老龄化的加剧及城市化进程的放缓，中国房地产市场已经进入发展的中后期。

在前三轮周期中，中国一、二、三线城市的房价变动，大致遵循了以下规律。第一，在每轮涨跌过程中，一线城市的涨跌幅度超过了二线，二线城市的涨跌幅度超过了三线；第二，尽管各线城市之间的房价涨幅差异较大，但在各线城市内部，房价涨幅差异较小；第三，一线、二线、三线城市房价变动方向尽管存在细微的时滞，但基本上是同涨同跌的。

而在2015年中期至2017年9月的本轮周期中，各线城市的房价变动呈现出与前三轮极为不同的特征。首先，在本轮上涨过程中，部分二线城市的房价涨幅（如所谓的二线城市"四小龙"：合肥、南京、厦门、苏州），甚至超过了一线城市中的北京、上海与广州；其次，在本轮周期中，各线城市内部的房价涨幅也明显拉大。例如，本轮深圳的房价涨幅就显著超过了北京、上海与广州，而上述"四小龙"的房价涨幅也显著超过了其他二线城市；最后，截至2017年9月，一线城市的房价增速已经回落，而三线城市的房价增速仍在上升，说明各线城市之间房价变动的同步性显著削弱了。

研究者总是热衷于寻找资产价格变动的先行指标，因为一旦确认了先行指标，就可以根据先行指标的变化来预测资产价格的走势。我们的研究发现，房地产信贷增速、贷款利率变动基本上是房地产周期的同步指标，而广义货币M2则是中国房地产周期的先行指标。一般而言，M2增速变动将领先房地产周期变动两个季度左右。考虑到本轮M2增速的顶部出现在2016年1月，且从2017年5月起，M2增速已经连续4个月低于10%，这就意味着在2017年年底至2018年年初，中国房地产市场将遭遇更为明显的下行压力。

从更长期、更深层次的力量来看，金融周期的变动将深刻影响房地产等资产价格的变化。金融周期的长度一般为十余年，要比经济周期更长。我们的估算表明，中国本轮的金融周期始于 2009 年第二季度（谷底），目前基本上处于波峰水平（这意味着本轮金融周期上行过程为 8 年左右）。这就意味着从现在起，中国金融周期将掉头向下，而且持续时间很长。从这一角度来看，中国房地产市场最好的时间已经过去了。未来一段时间，房地产自身周期下行，将与金融周期下行相互叠加，引发更大的调整压力。对此，我们应提前做好准备。

2018年为何部分城市的房价越调越涨？[①]

哪怕是只学过简单经济学的人，也知道价格由供给与需求共同决定。通常情况下，要降低特定商品的价格，需要一方面抑制需求，另一方面增加供给。具体到房地产，我们想抑制一个城市的房价上涨，甚至压低这个城市的房价，就需要一方面抑制购房者的需求，另一方面增加房屋的供给。

从 1998 年左右住房商品化启动至 2018 年，中国重点城市房地产已经经历了多轮调控，但某些城市的房价基本上是越调越涨，导致中国房地产市场其实没有经历过一个完整的市场化周期的洗礼（当然，少数城市除外，如温州或鄂尔多斯）。而房价越调越涨的重要原因之一就是，作为调控主体的地方政府，一直在逆经济规律行事。

如前所述，要抑制房价上涨，就应该需求与供给两手抓，应该抑制需求，增加供给。但截至 2018 年 6 月，在多轮调控期间，地方政府的思路均是，一方面严格抑制购房者需求（主要是通过限购与限贷的方式），另一方面以更严格的手段抑制商品房供给（主要是限制开发商融资，限制开发商拿地，拿地需要经过更严格的层层审批等）。

---

① 本文写于2018年6月。

由此造成两方面的问题：其一，短期内部分投资投机需求的确被抑制住了，但刚性购房需求依然存在，在限购的背景下压力不断累积，等待释放的机会；其二，由于供给被收紧，即使是在调控的过程中，当地的房地产存量依然在不断下降，而增量迟迟没有到来。最终导致的结果则是，一旦政府出于某种原因而放松调控（通常是由于经济增速下滑或地方财政收入下滑），刚需则很快回到市场，但供给却持续保持在低位，结局自然是房价新一轮的暴涨。

广大购房者或围观群众反复目睹了以下事实，即地方政府声称是压低房价的调控措施最终导致房价不断上升。这也意味着，但凡相信政府政策宣示的购房者（即停止或推迟购房的人）最终将不断错过在较低水平上的购房机会，而反其道而行之的购房者（即想办法绕开购房限制，如假离婚）至少到目前（2018年）为止，赚得盆满钵溢。这就强化了购房者关于房价"只涨不跌"的预期，使得压低房价的努力变得越来越困难。换言之，除非房价发生断崖式下跌，否则，如果房价温和下降，就会被潜在购房者视为"逢低买入"的机会。

那么，一个很重要的问题是，为什么地方政府一直在使用违背基本经济规律的房地产调控政策呢？原因在于，房地产行业的兴衰对于地方政府而言至关重要，地方政府从内心深处来讲是不愿意看到房价持续下跌而导致房地产行业持续萧条的。首先，在当前中国的分税制下，地方政府持续处于财权小于事权的局面，迫切需要通过预算外收入来平衡财政收支，并为自己带来自由度更大的潜在资金，而通过向房地产开发商出售土地的土地出让金收入，则是几乎所有地方政府最重要的预算外收入来源。其次，地方政府对土地的需求价格弹性很低的事实心知肚明。对于需求弹性很低的商品而言，要最大化商品销售额，理性的做法是降低商品的供给，由此带来的单位价格的上升的收益将超过销售数量下降而造成的损失。因此，地方政府都有很强的压低土地供给来最大化土地出让收入的倾向。再次，房地产投资增速、房地产业贡献的各种财税收入、房地产行业解决的就业，甚至开发商主动或被动承担的市政基础设施建设，对于地方政府而言都非常重要。最后，房地产行业已经与商业银行业密切绑定在一起。很多地方商业银行超过一半以上的贷款与房地产存在各种形式的联系。一旦房地产行业出现深度调控，商业银行体系就可能面临重大负面冲击，这一点也是政府不愿意看见的。

正是由于房地产行业对地方政府而言至关重要，因此，截至2018年6月，各地房地产调控思路的真实目的，并不是真正压低城市的房地产价格，而是让房地产价格的上涨速度变得慢一点。然而，由于地方政府采取了同时抑制需求与供给的策略，最终非但没有长期压制房地产价格的上涨，却反过来对房地产价格产生了火上浇油的作用。

最近两年来，在"房子是用来住的，不是用来炒的"的调控精神下，中央政府对地方政府的房地产调控要求更加严格，控制房价上升甚至成为对各地政府官员的硬性政绩考核指标。按理说，这应该会改变地方政府的行为。

的确，地方政府的行为近两年来的确发生了重要变化，但对于部分城市而言，房地产市场非但没有降温，反而越来越火爆。原因何在呢？

问题的核心在于，当前中央政府对地方政府房地产调控业绩的核心考核指标是，各城市新房房价的同比或环比不应继续上升。看起来这个指标是相当合理的，但问题在于，只限新房房价而不限二手房房价，因此新房与二手房房价之间的差距显著拉大，这就给市场提供了新的套利空间。

一方面，地方政府严格限制新房单价，以及当前开发商在各种融资方面都面临压力，导致开发商没有很强的动力去开发新盘，导致对于很多城市而言，新房的供给量很小。另一方面，由于新房单价显著低于二手房，购房者心知肚明，买到新房后再转到市场上销售，是只赚不赔的买卖，这就导致了对新房的需求量猛增。

由于新房的供给量远低于需求量，很多地方政府就顺理成章地采取了"摇号买房"的政策，这进一步刺激了市场上的购房需求，以致多个城市出现了数万人排队摇号购买几百套商品房的新闻。而这样的新闻被报道出来的结果是，吸引了更多的人加入新房市场。

由于在新一轮房地产调控背景下，外地人很难在一些核心城市获得购房资格，而本地人购房也面临一个家庭限购两套或三套的调控政策，按理说，这样的"摇号买房"现象是很难持续的。万万没想到的是，2018年年初以来，很多城市加入了"抢夺人才"的行列。需要指出的是，笔者并不是说这些地方政府放开人口落户就是为了激活房地产市场，然而事实是，调控新房房价新规引发的套利游戏，的确被当前各大城市的人才抢夺战进一步放大。

当前地方政府的这种房地产调控思路究竟会产生何种后果呢？

首先，这违背了"房住不炒"的中央政府宏观调控的初衷，导致当前购买新房的行为受到投资性炒作的主导。众所周知，由于想买房的人太多，目前开发商出售房屋的主要条件之一就是全款支付。事实上，能拿得出全款的通常不是自住需求的购房者（如应届毕业生或潜在的改善住房者）。例如，据媒体报道，很多城市当前能够摇到号的购房者，都不是个人，而是公司。试问，公司成批量买房，这是用于自住吗？

其次，这可能会导致新的腐败行为。不难看出，当前的调控已经形成了新房与二手房的价格双轨制，而双轨制是最容易滋生寻租行为的。只要能拿到低价的商品并到高价的市场上出售，就会稳赚不赔。这自然会吸引具有寻租能力的官员或其他主体参与进来。例如，媒体报道，某城市一个楼盘摇号的结果是，某部门官员的占比异乎寻常地高，商品房几乎成了这个单位的内部分房。这背后的问题与风险值得我们深思。

再次，这会显著推高部分一二线城市的房价水平，最终使这个城市的房价水平远超当地收入水平，导致城市竞争力下降。例如，成都是本轮调控下新房市场最火爆的城市之一，而成都最近两年整体房价的上升幅度非常惊人。当前核心城区的房价已经远远超过了普通人的支付能力，特别是对刚毕业的年轻人而言，过去在成都贷款买房的梦想是不难实现的，而现在却变得越来越遥不可及。换言之，"抢夺人才大战"的后果是这个城市越来越不适合年轻人打拼，这样的政策似乎有些南辕北辙。

最后，这会导致居民部门杠杆率进一步上升，以及中国居民部门的财富过度集中于房地产，而一旦未来房地产市场出现深幅下跌，那么不仅可能会给商业银行体系造成系统性风险，也会导致部分居民的违约及大量居民的重大财富损失。从宏观角度来讲，自2015年以来的这一波房地产牛市，本质上与地方政府试图通过诱导居民部门加杠杆，来帮助国有企业与地方政府去杠杆的调控思路密切相关。然而这种做法是非常危险的。中国经济长期持续的高速增长，与中国居民的勤劳工作和高储蓄率密切相关。房地产市场的过度火爆，一方面降低了中国居民通过勤劳工作去支付的积极性（因为工作的回报远低于炒房的报酬），另一方面则通过诱导居民部门加杠杆而降低了居民部门的净储蓄。一个经济体的增长过度依赖房地产，本身就是脆弱性的一种表现。网络上常常把中国屡败屡战的投资者戏称为"韭菜"，而居民的财富损失则被戏称为"被割了韭菜"。过去的"韭菜"主要集中在中国股市，而其实股市是中国最市场化的金融市场，投资者普遍接受了"愿赌服输"的逻辑。笔者深深担忧的是，没有只涨不跌的楼市，而一旦中国楼市面临显著下跌的格局，是否会有无数家庭通过辛勤工作积累的财富"被割了韭菜"呢？而这是否会影响中国经济的可持续增长呢？

因此，当前部分城市的房地产调控思路亟待调整。正如笔者反复指出的，要真正控制房价上涨，就必须同时抑制需求，增加供给，而目前增加有效供给是主要短板。但是，要地方政府能够真心实意地增加供给，就必须或者改革分税制（让地方政府的财权与事权更加匹配），或者给地方政府增加新的收入来源。只要地方政府的激励机制没有变化，它们就始终存在在房地产行业"做市"的动机。

中国房地产市场现状与前瞻：各线城市，结局迥异[①]

自 1998 年住房商品化改革以来，中国房地产行业迅猛发展，成为 21 世纪以来中国经济增长最重要的引擎之一。尤其是自 2005 年以来，中国房地产行业形成了每三年一个周期、上下行时间几乎对称的模式。换言之，2005 年至 2017 年，中国房地产市场迎来了四波显著上涨，而每次下调的幅度却非常有限。这种价格非对称运动产生了三个中国政府事先没有预料到的结果。第一，中国银行业的资产负债表与房地产行业深度捆绑，中国商业银行大概 40%的贷款或多或少地与房地产相关。第二，中国居民财富过度集中于房地产。根据不同机构的估算，中国城市居民的财富有 80%~90%集中在房地产上。第三，中国地方政府严重依赖土地财政模式。如果没有房地产行业快速发展带来的巨额土地出让金收入与土地储备抵押价值，不仅地方政府可能会收支窘迫，而且中国日新月异的城市化进程也可能不会如此之快。

十多年以来对房地产的过度依赖，产生了一个负面后果。那就是，中国经济、商业银行、中国居民与地方政府似乎都难以承受房地产价格显著下跌所造成的冲击。试想，如果中国房价显著下跌，那么经济增速则可能显著放缓，银行体系可能出现大量坏账，中国居民财富将显著缩水（部分高杠杆家庭甚至可能会破产），地方政府财政收入将显著萎缩。而恰恰是这种顾虑，决定了中国政府在过去的每轮针对房地产价格的宏观调控中，均没有把"压低房价"作为调控目标，而调控目标仅仅是"抑制房价过快上涨"。中国政府也并没有把显著增加商品房供给作为调控的重要手段，而仅仅是把抑制居民购房需求与抑制开发商融资开发作为主要手段。长此以往的结果则是，购房者形成了房价只涨不跌的预期，而中国经济、商业银行、居民财富、财政收入

---

① 本文写于2018年8月。

对房地产的依赖程度却越来越高。

中国政府已经意识到房地产价格过高可能产生的种种危害。从2016年的"930"调控开始，"房住不炒"已经成为中国政府进行房价调控的首要目标。而且，自2016年年底以来的这轮调控，政府的态度是非常认真的。如无意外，尽管2018年由于经济下行与金融市场震荡，货币财政政策均有所放松，但预计针对房地产市场的各类调控仍会显著加码。在这一背景下，中国各线城市的房地产市场将何去何从呢？笔者认为，截至2018年8月，一线城市、准一线与二线城市、三四线城市的房地产市场格局是迥然不同的，未来潜在走势也各异。总体而言，三四线房地产市场高峰期已过，未来将逐渐下滑，甚至加速下滑，三四线城市的房地产市场将越来越缺乏流动性支持；准一线与二线城市本来有着持续向好的市场前景，但地方政府人为制造的套利游戏正在迅速透支原本美好的市场前景；一线城市的房地产市场供需严重失衡，未来房价走势具有高度不确定性。

一、三四线城市：佳期不再来，未来很凶险

事实上，笔者在几年前就不看好三四线城市的房地产市场。逻辑很简单，一方面，全国人口老龄化；另一方面，具有购买力的年轻人口正在从三四线城市流向一二线城市。在这种背景下，三四线城市的老龄化将比一二线城市更为剧烈，三四线城市居民的购买力也显著低于一二线城市，因此前者房地产市场的前景自然也会远远弱于后者。

没有想到的是，2017年成为三四线城市房地产市场最为火爆的一年，没有之一。2017年涌现出三家房地产销售额超过5000亿元的公司——碧桂园、万科与恒大，它们大部分的销售收入来自三四线城市。问题在于，为何三四线城市房地产销售在2017年能如此火爆？这种火爆的格局能够持续下去吗？

笔者认为，三四线城市房地产市场在2017年的热销，背后受到了两个难以持续的因素推动，且背后还蕴含了房地产市场行业集中度的快速提高。

第一个因素是棚户区改造的规模在 2017 年达到了 600 万套的历史性峰值。所谓棚户区改造，是指国开行通过抵押补充贷款（PSL）管道从央行贷款，而地方政府再从国开行贷款，并对当地中低收入的棚户区居民进行货币化补贴的方式。我们的调研表明，在某些县城，货币化补贴可能高达当地一套商品房的 50%。截至 2018 年 7 月底，央行 PSL 的余额高达 3.2 万亿元人民币。这说明，三四线城市房地产市场在 2017 年的热销在很大程度上是由政府人为推动的，其部分目的在于帮助三四线城市去库存。这种政策驱动模式是很难持续的。也难怪前段时间传闻棚户区改造政策可能显著调整，马上导致国内房地产股票集体大跌。

第二个因素是三四线城市居民在 2017 年购房过程中开始大规模加杠杆。在 2017 年之前，三四线城市居民在购房时要么不向银行贷款，要么向银行贷款的比例相当有限。然而在 2017 年，三四线城市居民在购房时开始大规模加杠杆。相关证据之一是，2017 年的居民住房抵押贷款增速与 2016 年相比并未显著下降，而 2017 年一二线城市居民的购房规模在调控之下已经显著下降。三四线城市居民的收入本就偏低，通过加杠杆购房的行为也是难以持续的。

2017 年三四线城市房地产热销的背后，还隐藏了一条很重要的线索，就是全国性大地产商正在快速洗掉三四线中小开发商的牌。在 2017 年之前，诸如碧桂园、恒大之类的全国性大地产商，经营领域主要以地级市为主，很少切入县城。然而在 2017 年，这些全国性大地产商迅速切入县城，而且采用了快速拿地、快速开放、快速回笼资金的"快销"模式。由于这些县城之前缺乏全国性大开发商开发的楼盘，因此当地高收入人群纷纷到这些楼盘购房。全国性大地产商通常 3~6 个月就能回笼所有资金。但全国性大地产商的楼盘热销，却使得当地中小开发商给当地高收入人群开发的楼盘陷入滞销格局。在很多县城，全国性大地产商房产的热销与当地中小开发商的跑路是并行不悖的。这意味着，三四线城市的房地产行业集中度正在迅速提升。

此外，不少报道或调研显示，2017 年三四线城市的房地产热销，其中很大一部分其实是投资盘，而非自住盘。所谓外地农民工返乡购房并自住的故事，其实只能解释其中很小一部分销售额。

综上所述，2017年三四线城市的房地产热销，受到多种不可持续因素的推动，因此注定是不能持续的。2017年事实上就是三四线城市房地产市场的最高点，未来则盛况难再。短期来看，三四线房地产市场将逐渐降温。中期内，三四线城市房地产可能加速下滑。流动性将是三四线城市房地产市场面临的最大问题。试想，在老龄化加剧、年轻人流出的背景下，谁再来接当前购买投资盘的购房者手里的盘呢？

二、准一线与二线城市：迅速透支美好未来

在2018年以前，笔者还最看好准一线与二线城市的房地产市场前景。这是因为，一方面，这些城市面临持续的人口净流入，另一方面，这些城市的房价水平相对城市的人均收入而言并不算贵。然而，过去一年左右的时间内，通过政府人为鼓励的套利游戏，准一线城市与二线城市的房地产市场正在迅速透支原本美好的未来。

这种套利游戏的核心是，为了向中央政府的房地产调控政策交差，这些地方政府均严格控制新房房价，但对二手房价格没有任何限制。由此导致的结果是，这些城市中新房价格要比相同地段的二手房价格低20%~30%。新房价格显著低于二手房价格的现象将造成两个后果：其一，开发商没有动力开发新的楼盘，导致房地产供给下降；其二，就连老太太都能算明白，买到新房再到二手房市场出售，是稳赚不赔的买卖。这自然会导致房地产需求显著上升。换言之，上述房价"双轨制"将加剧当地房地产供求矛盾，推动真实房价上涨。

由于这些城市已经实施了本地居民购房套数的限制，供求矛盾即使恶化，也不会恶化得太厉害。但没有想到的是，准一线城市与二线城市政府，在前段时间纷纷加入"抢夺人才"的大军。例如，对某些城市而言，只要一个人

拥有大学本科文凭，在提交申请之后，当天就可以落户，第二天就可以申请购房。"抢夺人才"政策的本意固然是好的，然而实施的后果却显著加剧了这些城市新房市场的供求失衡，以致出现了几万人摇号抢购几百套商品房的格局。

市场是非常聪明的。尽管当地政府会限制新房房价，但供求失衡如此剧烈的格局下，新房真实价格的上涨不可避免。举个例子，笔者曾经调研的某个热门二线城市，新房房价名义上是150万元，但还要强制购买高达80万元的车位，以及强制缴纳30万元的茶位费，最终新房的真实价格高达260万元！

相比这些城市的居民收入，新房真实房价在套利游戏刺激下的过快上涨，使得准一线与二线城市的房价收入比显著上升，部分城市甚至出现了泡沫化趋势。换言之，如果没有上述套利机制，准一线与二线城市的房地产市场能够"慢牛"相当长的时间，而这种套利游戏则将慢牛行情快速地透支了事。

然而，**使得游戏变得更为凶险的，则是在摇号购房的群体中，企业客户的占比并不低**。众所周知，企业客户摇号买房，主要是为了套利，而非自住，其投资行为注定是快进快出的。当然，不少二线城市都设置了购买新房之后的锁定期。那么是否会出现以下情形呢？在锁定期结束后，购买新房的企业受融资限制，快速抛出手中的新房，导致这些城市的二手房市场房价突然下跌？一旦这种情形发生，那么高杠杆买房的中产阶级年轻人将情何以堪？

三、一线城市：中期房价走势具有高度不确定性

北京、上海、广州、深圳这四个一线城市房地产市场2018年面临的最大问题是，基本上没有库存了。长期以来房地产市场调控的结果，一方面是大量刚需被限购、限贷政策所冻结，另一方面则是开发商没有能力开发新的楼盘（土地限售、开发商限贷的自然结果）。供需矛盾之激烈前所未见。在这种供求严重失衡的背景下，未来一线城市的房地产价格走势具有高度不确定性。

在笔者看来，至少有以下三种情景。

情景一：房价再度暴涨。如果宏观经济增速显著下降或地方政府财政收入迅速下滑，那么地方政府自然会放松房地产调控。一旦刚需回到市场，却没有供给来匹配，自然会造成房价再度暴涨。在极端情景下，一线城市的房价再涨一倍也并非没有可能。但考虑到中国一线城市的房价在全球范围内也已经是非常昂贵的了，房价再次暴涨可能带来的潜在风险无疑是巨大的。

情景二：中国政府在未来一年或一年半时间内放大招，房产税的出台时间可能早于预期，这将有效遏制一线城市房价上涨，但也可能造成一线城市房价暴跌。中央政府已经说过多次"房住不炒"。近期政治局会议将调控口径由"努力遏制房价过快上涨"调整为"努力遏制房价上涨"。笔者认为，市场千万不要低估中国政府控制房地产价格的决心。然而，考虑到一线城市房地产供需矛盾十分巨大，如果没有大招，则很难逆转居民关于房价只涨不跌的预期。而大招一是房产税，二是显著增加商品房的供应。当然，笔者注意到了深圳新出台的房地产政策。然而，让一个城市的房地产市场迅速地从香港模式[①]切换到新加坡模式[②]，谈何容易。

笔者认为，2018年的诸多信号表明，房产税的出台可能早于市场预期。首先，几个月之前，中国香港市场上出现了一个内地房产税的版本。很多人对此一笑了之，但笔者仔细研读了相关文本，发现这个版本的考虑较为周全，逻辑相当严密，绝非一个草根人士拍脑袋就能写出的，因此不排除是相关部门放风来试探市场反应的。其次，目前一些地方政府的财政已经相当困难了，甚至开始拖欠公务员工资与中小学教师工资，亟须通过新的税收收入来平衡收支。再次，目前全国性的房地产联网登记系统已经建立。然后，国税地税

---

① 香港模式：指政府出让土地给开发商，依靠土地溢价支撑政府财政的地产模式。这种模式下，保障性住房与商品房的比例为3：7，最终易造成炒房客横行。

② 新加坡模式：指新加坡的组屋三轨制模式。对占据人口总数80%的中低收入群体提供政府出资建设的组屋，对15%的高收入群体提供商品房，对5%的社会最底层提供政府廉租屋。

合并似乎也为开征房地产提供了保障。最后，目前一些部委与媒体开始频繁地提及房产税。

当然，短期内中国政府要出台房产税的话，最大的顾虑很可能是，担心房产税的出台从根本上逆转了市场主体的预期。在这种情况下，大量的卖盘可能出现，由此会导致一线城市房价大幅下跌，这不仅可能引发银行体系的系统性风险，而且可能引发社会动荡。因此，相关部门在放大招之前一定会慎重考虑。例如，房产税对特定家庭的第几套房产开始征收，在拿捏上是需要进行仔细斟酌的。

情景三：当前这种压缩房地产交易的调控做法可能会延续下去。如前所述，一线城市地方政府不敢放松调控，因为可能会导致房价暴涨。而中央政府在是否放大招方面仍在反复斟酌。在这两方面背景下，一线城市可能会延续当前对居民限购限贷、压缩房地产交易的做法。然而，这种做法一方面非长久之计，另一方面可能会继续加剧一线城市的供需失衡，因此是无法一直用下去的。这就意味着，到未来的某个时期，中国政府必须在情景一与情景二之间做一个抉择。

四、结语

总体来看，中国房地产市场的最好时期已经过去，而且难以回来。房地产制造财富及加剧收入失衡的功能也将得到显著调整。三四线城市房地产的危险程度要超过一二线城市。中小开发商未来的日子将更加艰难，房地产行业集中度有望显著提升。一二线城市未来的租房比重有望显著上升，商品房的比重有望显著下降。但整体上从香港模式向新加坡模式的转型绝不会一帆风顺。中国房地产市场未来可能发生显著调整，中国政府、金融机构、相关企业应该提前做好预案。而中国居民在财富配置上也应该及时调整，以免在房地产市场下行过程中遭遇重创。

一线城市房地产调控变局：新"三位一体"策略[①]

2019年，中美贸易摩擦再度恶化，中国经济增长预期下调。有观点认为，为了稳定经济增长，中国政府可能会再度放松房地产调控，因此未来一段时间一二线房地产市场可能重新趋于火爆。

的确，从历史上来看，每当中国经济增长显著放缓时，针对房地产市场的紧箍就会放松，由此带来新的一轮房地产市场繁荣。中国房地产市场每三年一次的短周期，大致就是调控放松与收紧的轮回所致。

然而，时移世易。经过长达15年的房地产繁荣，中国经济过度依赖房地产的问题已经变得越来越明显。第一，中国经济增长高度依赖房地产行业与土地财政；第二，中国商业银行资产负债表与中国房地产行业紧密绑定在一起；第三，房地产价格持续上涨，是加剧中国城市居民收入与财产差距的重要因素。因此，如果继续回归到依靠房地产发展来拉动经济增长的传统模式，那么无异于饮鸩止渴。即使有助于稳定短期增长，中长期的成本与风险也是毋庸置疑的。

基于上述考量，笔者认为，即使未来一段时间内中国宏观经济增速有所下行，中央政府依然会保持政策定力，一线城市房地产调控显著放松的概率很低。

众所周知，一线城市由于面临大规模的劳动力净流入，房地产的需求一直都很旺盛。而出于种种原因，一线城市地方政府加大土地供给的意愿始终不强，由此造成供给持续低于需求，这就使得一线城市的房价处于易涨难跌的状态。从2016年的"930"调控至2019年，中国政府主要是通过既限制需求（限购、限贷）又限制供给（压缩开发商融资规模，以及压缩房地产市场

[①] 本文写于2019年6月。

交易）的方式来抑制一线城市房价上涨。但实施这种调控模式，可能会进一步加剧供求失衡，从而导致一旦放松调控，房价就可能出现报复式反弹的局面。

不过根据笔者的观察，从2018年下半年起，中国政府针对一线城市房地产调控的思路已经发生了重大变化。这套新的调控思路可以用"三位一体"来形容。

调控思路之一，通过加大多种非商品房的住房供给，来分化原本打算购买商品房的潜在需求。

我们先以深圳市为例。深圳市在2018年8月出台了《关于深化住房制度改革，加快建立多主体供给、多渠道保障、租购并举的住房供应与保障体系的意见》。该文件提出，深圳市将在2035年之前新增150万套住房。其中商品房仅占40%，而公租房、安居型商品房与人才房占到60%。2019年4月，深圳市针对公租房、安居型商品房与人才房均出台了管理办法的征求意见稿。其中，公租房与安居型商品房主要针对具有深圳户籍的中低收入家庭，而人才房主要针对深圳市政府认定的各类人才，且人才房可租可购。试想，一旦上述管理办法真正落地，那么未来在深圳，决定继续购买商品房的人群，与之前相比可能会明显缩水。

我们再以北京市为例。2018年有好几家很多年没有集中分房的部委，开始较大规模地提供集资建房了。也有更多的高校获得住建部的批准，可以集资建房了。试想一种较为极端的情景，即如果北京所有的公务员与高校老师不再购买商品房，那么购买商品房的潜在人群是否会明显缩水？此外，目前北京市似乎也在明显加大对公租房与安居型商品房的供给。

调控思路之二，通过以房产税为代表的政策组合，将闲置的二手房逐渐逼入市场。

一线城市的房地产新增供给虽然一直很少，但各城市的闲置住房其实规模很大。从这一角度来讲，虽然中美贸易摩擦加剧可能推迟房产税的出台，但房产税是一定会来的。房产税及其他政策（如未来可能出台限制一个家庭能够享受到政策性优惠住房的套数的政策）出台的目的是增加持有多套住房的家庭的持有成本，从而最终使这些家庭出售手头囤积的部分住房，从而增加市场上的二手房供给。根据目前市场上传闻的一些房产税版本，针对多套住房的房产税税率是累进的，因此房地产持有数量越多，持有成本会越高。

调控思路之三，无论是分化需求还是逼出供给都需要时间，因此在前两项措施生效之前，核心的限购限贷指标不会出现根本性的松动。

在新的举措产生效果之前，如果贸然放松限购限贷措施，那么在市场供求失衡的背景下，房价很可能出现报复式上涨。这不仅会让过去的调控努力功亏一篑，而且可能会让新的调控措施在出台之初就面临非常被动的局面。因此，中国政府不会轻易放松现有的限购限贷政策，尤其是核心指标。

房地产限购的核心指标就是，非特定城市户口不能买房，以及本地户口家庭只能买两套房。房地产限贷的核心指标是，对购买多套房的首付进行限制。例如，目前在北京购买二套房，首付比例高达60%~70%，正是这个措施才真正锁死了二手市场交易的流动性。笔者认为，短期内一线城市房地产交易可能会适当放松首套房首付比例及首套房贷款利率的上浮幅度，但上述核心限购限贷指标，短期内显著放松的概率依然很低。

上述新"三位一体"举措，具有较强的互补性。增加新增非商品房供给是为了降低购买商品房的潜在需求，通过税收或其他政策来逼出二手房供给是增加商品房潜在供给，这两个政策合起来就是为了缓解目前一线城市商品房市场上的供不应求现象。而在这两个政策生效之前，政府仍要通过限购限贷政策来压缩交易，抑制房价上升。

随着上述"三位一体"调控策略的逐渐实施，一线城市的房地产市场将逐渐由"香港模式"转换至"新加坡模式"。一方面，这意味着一线城市房价重现过去15年内持续大幅上升现象的概率显著下降；另一方面，即使一线城市房价未来不会出现明显下跌，但房地产市场的流动性可能会显著下降。

换言之，房产的名义价值可能依然稳定，但如果投资者想在短期内把房产变现，那么可能不得不给出一定的折扣。

这一情景一旦成为现实，那么我们大致可以做出以下判断，即房地产在过去 15 年作为重要的造富手段的时代，可能已经一去不复返了。对此，投资者应该提前做好准备。尤其是以高杠杆购房的刚需家庭，应该做好一定的风险防范。

第三篇

直击焦点：人民币汇率、外汇储备与人民币国际化

第八章
穿越周期：人民币汇率变化与汇率改革

"我就要走在老路上"[①]

在影片《老炮儿》的结尾，影片基调由之前的阴霾、紧张转变为明媚、活泼，耳畔响起了崔健的《花房姑娘》："我就要回到老地方，我就要走在老路上。"这两句歌词让人感慨良多，恰好也可以用来形容"811"汇改以来人民币汇率形成机制的嬗变。

本轮人民币兑美元贬值预期始于2014年第二季度。从斯时起到2015年"811"汇改之前，央行主要通过人为抬高每日人民币兑美元汇率中间价，来抑制人民币兑美元汇率的贬值。这样做的好处是不用通过公开市场上卖美元买人民币来稳定汇率，因而不会导致外汇储备的大量损失。

为了尽快让人民币加入SDR，央行在2015年8月11日启动了新一轮汇改。这一轮汇改的关键，用官方的语言来讲，是让每日人民币兑美元汇率的中间价，在更大程度上参考前一日收盘价。事实表明，从"811"汇改起至2015年年底，央行基本上放弃了对中间价的干预，中间价与前一日收盘价之间的差距几乎可以忽略不计。

然而，在人民币贬值预期持续存在的前提下，央行一旦放弃对中间价的

[①] 本文写于2016年3月。

干预，人民币兑美元的汇率就会面临很大的贬值压力。"811"汇改三天之内，人民币兑美元汇率贬值幅度就超过了3%。之后在国内外多重压力下，央行被迫出手稳定汇率。

由于承诺不再干预中间价，因此新一轮央行干预的手段，就变为在公开市场上卖美元买人民币。作为人民币国际化的结果，2016年已经形成离岸与在岸两个人民币市场。为了不让两个市场之间的汇差拉得太大，央行不得不在两个市场上同时进行上述干预。

由此产生的代价便是央行外汇储备的加速流失。2016年1月底，央行的外汇储备规模为3.23万亿美元，与最高峰时相比已经缩水了近8000亿美元。即使考虑到美元兑欧元、兑日元升值造成的估值损失，央行用于公开市场操作而出售的美元也超过了5000亿美元。尤其是在2015年12月与2016年1月这两个月，外汇储备月均下降超过了1000亿美元。按照这样的速度持续下去，到2016年年底，中国外汇储备规模很可能低于2.5万亿美元。

为了控制外汇储备的流失，最终央行不得不回到中间价干预的老路上来。当然，与过去的中间价管理不同，央行声称，新的中间价管理将同时参考前一日收盘价与有效汇率变动。这反映了央行试图既想抑制贬值压力，又想反映市场供求的折中思路。

但是，同时参考两个目标，却不宣布这两个目标的权重，这事实上重新赋予了央行相机抉择的权力。换言之，对市场而言，人民币汇率中间价形成机制的不确定性再度增强，预测未来的中间价变动将变得更加困难。

中间价形成机制回到老路上的结果是，央行将继续致力于汇率维稳，而不是让汇率顺应市场供求，释放贬值压力。由此造成的后果：一是贬值预期持续存在，短期资本外流不会停止；二是外汇储备虽然流失速度放缓，但很可能继续下降；三是为了维持汇率稳定，央行可能会在降息、降准等国内货币政策操作上畏首畏尾；四是高估的人民币有效汇率将继续影响出口竞争力。

人民币汇率定价新机制将会持续经受考验[①]

在 2015 年"811"汇改后,人民币兑美元面临较大的贬值压力,且"811"汇改中央行主动放弃了对每日汇率中间价的干预,导致人民币兑美元汇率中间价出现较大幅度贬值。在各种压力下,央行不得不通过出售美元、买入人民币的方式来稳定人民币兑美元汇率,而此举又导致中国外汇储备缩水近 8000 亿美元。在这种环境下,中国央行不得不通过新的机制来稳定人民币汇率预期,降低人民币汇率的市场波动性。

2015 年 12 月 11 日,中国外汇交易中心发布了 CFETS 汇率指数。该指数包括外汇交易中心挂牌的 13 种人民币兑外汇交易币种的货币篮子,采用考虑转口贸易因素的贸易权重法计算而得。在该货币篮中,美元、欧元、日元这三大货币的权重分别为 26.40%、21.39% 与 14.68%。中国央行随后转发了特别评论员文章,建议市场观察人民币汇率的视角应该由只看人民币兑美元的双边汇率,转为参考一篮子货币。

在 2016 年 5 月 6 日央行发布的《2016 年第一季度中国货币政策执行报告》中,央行首次公布了做市商报价的人民币兑美元汇率中间价形成机制。据称,做市商在进行人民币兑美元汇率中间价报价时,需要同时考虑收盘汇率和一篮子货币汇率变化这两个组成部分,而且这两个部分的权重大致相同。此举引发市场高度关注,被认为是央行增强人民币汇率形成机制透明度的一大举措。

然而,该报告也指出,由于各家做市商根据自己的判断,参考 CFETS、BIS 与 SDR 三个货币篮子的比重不同,因此各家做市商报价存在差异。中国外汇交易中心将做市商报价作为计算样本,去掉部分最高与最低的报价后,

---

[①] 本文写于2016年6月。

经平均得到当日人民币兑美元汇率中间价。

笔者认为，人民币兑美元中间价形成机制依然存在较大的不确定性，原因如下。第一，央行并未公布各家做市商的具体报价；第二，央行并未公布"去掉部分最高与最低的报价"的具体做法；第三，央行没有公布"平均"是算数平均还是其他平均。这事实上也给了央行在一定程度上干预人民币兑美元汇率中间价的空间。

从2016年年初至4月底，人民币兑美元汇率中间价的走势呈现温和升值态势，由2016年1月7日的6.5646上升至5月3日的6.4565，升值了大约1.6%，而同期内人民币兑CFETS货币篮的汇率指数却基本上处于一路贬值的状态，由2015年12月31日的100.9下跌至2016年4月30日的96.6，贬值了4.3%。这意味着，至少从2016年年初至4月底，央行似乎并未在更大程度上参考CFETS货币篮。

原因在于，在美元指数走弱的前提下，做市商要维持人民币兑CFETS货币篮的稳定，人民币兑美元汇率中间价就一定会显著升值，且升值幅度要远超过现实中的升值幅度。因此笔者猜测，在美元走弱的背景下，为了防止人民币兑美元汇率中间价过快升值，央行可能相机降低了对CFETS货币篮的参考程度。

2016年5月左右，风云突变。随着市场对美联储在2016年6月或7月加息的预期日益变得强烈，美元指数结束了从2016年1月底至5月初的贬值趋势。5月2日至5月31日，美元指数已经由92.6上升至95.9，升值了大约3.5%。此外，从5月初期，人民币兑美元汇率中间价呈现出一波显著贬值态势，由5月3日的6.4565贬值至6月3日的6.5793，贬值了大约1.9%。从2015年5月初起，人民币兑CFETS篮子汇率也一举逆转了2016年1月下旬至5月初的持续贬值态势，稳定在97.0~97.5的区间内。

随着美元指数转跌为升，市场上人民币兑美元贬值压力加剧。如果央行遵循其宣布的人民币兑美元汇率中间价定价新规则，那么人民币兑美元汇率应该出现显著贬值。由于人民币兑美元汇率中间价近期的确出现显著贬值，因此我们认为，至少在2016年5月，央行较好地遵循了其宣布的人民币兑美元汇率中间价定价新规则。

不过，我们还不应太早为人民币汇率形成机制改革的新进展欢欣鼓舞。原因在于，在美元指数上升的背景下，人民币兑美元汇率中间价贬值是符合中国经济基本面利益的。而央行是否能一直遵循其宣布的定价新规定，面临以下两种挑战。第一，如果美元指数持续升值，从而要求人民币兑美元中间价持续贬值，那么中国央行能否承受来自中国国内资本市场与美国政府的内外压力。第二，如果美元指数再度转升为跌，人民币兑美元中间价能否相应地也转跌为升。

换言之，截至2016年6月央行的行为模式还没有摆脱笔者在2016年5月初所概括的人民币汇率"非对称性贬值"模式。这种模式指出，当美元指数走弱时，人民币倾向于跟随美元走弱，而兑CFETS货币篮贬值（情景I）；反之，当美元指数走强时，人民币倾向于跟随CFETS货币篮走弱，而兑美元贬值（情景II）。换言之，从2016年5月初起，人民币汇率的定价模式，无非是从情景I走向了情景II。

总之，未来美元指数的波动将持续检验中国央行是否真正遵循了汇率中间价的定价新机制。中国央行能否顶住压力，坚持其公布的人民币汇率中间价定价机制，未来将面临重大挑战。

克服人民币浮动恐惧，加速汇率形成机制改革[①]

一直以来，预期管理都是央行汇率政策的着力点。自2014年中旬开始，美联储加息预期升温，中国短期资本外流加剧，人民币贬值压力上升。在此

---

① 本文与肖立晟、余永定合作，写于2016年9月。

期间，央行管理汇率预期的主要方式是通过各种方式来维持汇率中间价的稳定。

2015年"811"汇改前，当上一日人民币兑美元收盘价逼近汇率浮动区间的下限时，央行制定的当日中间价却依然稳定在6.11的水平，甚至还略有升值。

但是，央行却难以通过干预来维持离岸市场人民币汇率的稳定。结果，离岸市场人民币汇率在供求关系作用下贬值。离岸市场CNH与在岸市场CNY的偏差一度达到200个基点。当时，中国政府正积极争取使人民币加入SDR货币篮子。

在2015年8月5日IMF发布的《特别提款权（SDR）估算方法的评估—初步考虑》报告中，IMF指出，SDR货币篮子在定价过程中需要确定各国货币的汇率，因此，需要一个市场化的人民币汇率对SDR中的人民币进行计价。

或许正是在上述背景下，中国人民银行决定于2015年8月11日实施对人民币中间价报价机制的改革。

"811"汇改的主要内容是，要求做市商在每日银行间外汇市场开盘前，参考上一日银行间外汇市场收盘汇率，综合考虑外汇供求情况及国际主要货币汇率变化，向中国外汇交易中心提供中间价报价。

与此同时，央行让人民币兑美元汇率下跌了1.9%。这种幅度的贬值在过去是没有过的。

"811"汇改颠覆了长期以来市场所形成的"人民币兑美元基本稳定"的预期，人民币贬值预期骤然上升。贬值预期的上升导致了资本外流加剧，进而导致了人民币的实际贬值。市场上出现贬值—贬值预期—贬值的恶性循环趋势。

在人民币汇率连续两个工作日触及浮动区间下限后，2015年8月13日，央行强力入市干预，宣布人民币兑美元汇率的一次性调整已经完成，中止了汇改实验。

由于人民币汇率稳定的预期已经被"811"汇改颠覆，为了稳定汇率预期，央行不得不逆市场而动，不仅不让人民币贬值，还要让人民币升值。为了实现汇率稳定，央行不得不大量卖出美元，买进人民币，不到半年就消耗了上千亿美元的外汇储备。当然，央行也不愿意看到外汇储备损耗过快。因而在2015年第四季度的一段时间内，当市场的汇率预期趋于稳定时，央行就减少了对外汇市场的干预，听任人民币小幅贬值。但是，人民币贬值很快又导致贬值预期的升温，贬值压力的加剧。

2016年1月，当时央行官员发文宣布："中间价报价机制将加大参考一篮子货币的力度，即保持一篮子汇率的基本稳定。"此后，外汇市场开始恢复平静，人民币贬值压力明显降低。

"收盘价+篮子货币"汇率形成机制的推出，到底对稳定"811"汇改之后的外汇市场发挥了什么作用呢？当人民币兑美元处于贬值通道时，同之前的参考前日收盘价确定当日中间价的机制相比，在一定条件下，"收盘价+篮子货币"的机制可以稳定市场的汇率预期。

例如，在按前日收盘价决定当日中间价的机制下，如果前日人民币兑美元贬值，市场就很可能会形成"今日"人民币兑美元将继续贬值的预期。在"收盘价+篮子货币"机制下，如果其他货币兑美元升值（美元指数贬值），即便前日人民币兑美元贬值，考虑到央行将保持篮子货币（CFETS指数）的稳定，市场仍可能会形成"今日"人民币兑美元将维持稳定甚至升值的预期。

在肯定"收盘价+篮子货币"机制在一定条件下对汇率预期具有稳定作用的同时，我们很难判断这种机制究竟发挥了多大作用。事实上，2016年1月也是大多数新兴市场货币由弱走强的转折点。

可以说，2016年1月以来，人民币汇率的大致稳定和外汇储备损耗的减少，主要是因为美联储推迟了加息和中国央行加强了资本管制。

虽然几经调整，"811"汇改之后中国汇率政策的实质依然是"逆市场的预期管理"。这种政策有以下三个主要环节。

首先,在市场普遍预期汇率会贬值的情况下,通过持续干预,将汇率稳定在给定水平,甚至使汇率有所升值。

其次,通过持续的汇率维稳,打破贬值预期。

最后,贬值预期消失导致资本外流减少、贬值压力消除,汇率实现自主稳定。

大家似乎相信,只要贬值预期消失,在不需要动用(或少量动用)外汇储备的情况下,人民币汇率就能维持稳定。

这种政策同以前"坚决打破市场对人民币升值的非理性预期"政策的指导思想如出一辙。

然而,从2005年至2014年,人民币升值预期始终"打而不破",而人民币也正如市场所预期的那样不断地升值。为了抑制人民币升值,央行只能持续干预外汇市场。由于人为拉长了汇率的调整时间,套利、套汇资本(热钱)乘机不断流入,为投机者造就了千载难逢的一场盛宴。事后来看,如果当年我们尽快让人民币升值到位,2016年的麻烦也许会少一些。

预期由升值到贬值的转化则是经济基本面变化的结果,而非当时的"逆市场的预期管理"取得成功。当人民币出现贬值压力时,大家又将这种压力归结于人民币贬值预期。但是,人民币的贬值预期又是从何而来的呢?

在2015—2016年,首先是中国的国际收支状况恶化,特别是资本外流明显增加,使得人民币出现贬值压力。以"逆市场的预期管理"为主要内容的汇率政策在消耗大量外汇储备之后,并不能真正维持汇率的自主稳定。而外汇储备的过度积累和大量损耗都将导致中国国民财富的损失和国民收入分配的不平等化。

退一步来讲,维持人民币兑美元名义汇率稳定性有多重要呢?

正如罗格夫指出的,货币危机(大幅度贬值25%以上)主要会产生四个问题:通货膨胀、银行资产负债表币种错配、主权债务危机、企业外债危机。我国只有第四个问题比较突出。

不过在 2015 年中，中国企业外债已经大幅度减少，应该不会因为人民币的大幅度贬值而受到很大冲击。

相反，在中国 2016 年经济存在产能过剩、通货收缩的情况下，一般而言，只要不是暴跌，人民币贬值对中国经济的影响应该是利大于弊。别人都在拼命让自家货币贬值，我们却用掉数千亿美元来维持汇率稳定，回头来看，这有些得不偿失。

我们相信，中国经济的基本面不支持人民币的长期、大幅度贬值。中国应该克服人民币浮动恐惧症，果断推进汇率形成机制的真正实质性的改革。

人民币汇率中间价新机制的优势和缺陷[①]

"811"汇改的核心是，央行放弃了对每日人民币兑美元中间价的干预，而是让每日中间价在更大程度上参考前一日收盘价。

从 2015 年年底以来，央行出台了两项全新对策，来实现既抑制人民币兑美元过快贬值，又降低外汇储备消耗的目标。对策之一是，央行显著收紧了对短期资本外流的管制，这从源头上削弱了市场上抛售人民币、购入美元的行为；对策之二是，从 2016 年年初开始，央行转为实施新的人民币汇率中间价定价机制。

根据央行在 2016 年第一季度货币政策执行报告中的官方解释，在新机制下，做市商在提供每日人民币报价时，需要同时参考两个目标：一是前一日人民币兑美元汇率的收盘价，二是为了维持人民币兑篮子货币汇率不变而需要的人民币兑美元汇率的变动。根据央行给出的具体例子，央行事实上要求，做市商在给出每日汇率报价时，上述两个目标的权重各占 50%。

① 本文写于2016年10月。

那么，应该如何来评价人民币汇率中间价新机制呢？笔者认为，这一新机制具有两大优点与两大缺陷。

优点之一是，新的中间价定价机制具备有规则、透明、可验证三个特征。首先，上述人民币定价的规则相当清晰，即参照两个等额权重的目标；其次，央行已经将这个汇率定价机制公之于众，因而该机制是透明的；最后，感兴趣的研究者可以利用市场数据来验证央行是否遵循了上述规则。换言之，与过去央行不透明地干预汇率中间价相比，新机制的确是一种进步。

优点之二是，新机制下的短期汇率走势具有很强的不确定性，这使得市场参与者很难判断短期汇率中间价走势，从而有助于遏制投机。如前所述，由于在每天早上报价时，做市商除了参考前一日人民币兑美元汇率收盘价之外，还要参考前一日人民币兑各种其他主要货币的汇率走势。事实上，要准确猜测人民币兑十余种货币汇率的走势是非常困难的，这就意味着，市场参与者很难预测第二天人民币兑美元汇率中间价的走向。这种短期汇率变化的不确定性，可以起到分化市场预期、抑制投机活动的作用。

缺陷之一是，新的汇率机制可能并不能导致外汇市场出清，这意味着汇率扭曲可能长期存在。要出清外汇市场，就必须让汇率基本上由市场供求来决定。事实上，参考前一日汇率收盘价，就是在参考市场供求。然而，新机制还要稳定人民币兑一篮子货币汇率，这就意味着，新机制下的汇率运动方向可能与市场出清方向背道而驰。举个例子，假定市场上存在人民币兑美元贬值压力，与此同时，美元却兑欧元、日元等其他货币强烈贬值。这就意味着，在新机制下，人民币兑美元中间价很可能不贬反升。换言之，如果外部冲击的方向与市场出清的方向相反，就可能加剧人民币汇率的扭曲，而非缓解扭曲。

缺陷之二是，新的汇率机制可能引入不必要的外部冲击。再举个例子，假定人民币兑美元汇率恰好处于均衡水平，既没有升值压力，也没有贬值压力，这时汇率的理想状态自然是不动。但是在新机制下，只要美元兑其他国际货币的汇率出现波动，就会导致人民币兑美元汇率中间价发生不必要的变动。这就意味着，不必要的外部冲击可能会导致人民币汇率出现不合意的变动。

人民币汇率定价新机制之所以存在上述两大缺陷，归根结底，是源于央行试图把"自由浮动"（free floating）与"盯住一篮子"（basket pegging）这两种截然不同的汇率制度强行捆绑到一起。制定自由浮动的目标是让外汇市场出清，而制定盯住一篮子的目标是稳定对外贸易（外汇市场通常并不会出清）。强行把这两种制度捆绑到一起，从机制上看固然是透明的，也能抑制投机，但结果是既没有经济理论作为支撑，又可能时常产生冲突。在最糟糕的情形下，新机制很可能既不能出清外汇市场，也不能稳定对外贸易。

因此笔者认为，当前的中间价定价新机制，只能是过渡阶段的权宜之计。作为一个大型开放经济体，未来中国必将施行自由浮动的汇率制度。我们应该进一步克服浮动恐惧，增强汇率形成机制弹性，让汇率在更大程度上由本国市场供求来决定。

对于广大市场主体而言，从现在起应该有一个非常清晰的认识，那就是未来汇率波动的幅度可能越来越大。如果不足够重视汇率波动的风险，未来将遭受显著损失。换言之，不要期望央行会持续维持汇率稳定。只要贬值的压力存在，持续抑制贬值的结果就是，在未来某个时点，一次性大幅贬值的小概率事件可能会发生。对此，我们应该做好准备。

为了避免外汇市场出清，我们失去了什么？[①]

本轮人民币兑美元贬值预期始于2014年年中，但在2015年"811"汇改后迅速放大。在"811"汇改过程中，央行主动放弃了中间价管理这一曾经得心应手的工具，而让中间价在更大程度上参考收盘价。由于当时市场上存在

---

① 本文写于2017年1月。

较大的贬值压力，因此"811"汇改后，人民币兑美元汇率一度快速下跌。

由于害怕人民币兑美元贬值引发金融市场波动，并造成其他不利冲击，"811"汇改后不久至2017年年初，央行一直致力于缓解人民币兑美元的贬值幅度。这种延缓市场出清的做法的最大问题在于强化了市场的贬值预期，进而加剧了居民与非居民的卖出人民币买入美元的行为，最终导致更大规模的资本外流。

截至2017年年初，央行用来稳定外汇市场的主要措施包括：一是重新调整人民币兑美元汇率中间价定价机制；二是加强资本流出管制；三是对离岸人民币市场进行干预；四是动用外汇储备干预市场。问题在于，这四种措施本身都需要不菲的成本。

央行在2015年年底推出了CFETS货币篮，并从2016年年初转而实施"收盘价+盯住篮子"的中间价定价新机制。在2016年上半年美元指数疲软的时期，新机制的实施似乎稳定住了贬值预期与资本外流。然而，随着2016年下半年美元指数重新走强，即使是在新机制下，人民币兑美元依然持续贬值。为了缓解新机制下人民币兑美元贬值压力，央行又将CFETS篮子货币由13种增加至24种。换言之，虽然"811"汇改至2017年年初只有不到一年半时间，但人民币兑美元中间价定价机制已经发生两次重大变化，这自然会削弱市场对于人民币汇率制度的信心，并且会引发公众对央行政策的稳定性与前瞻性的质疑。

对资本外流加强管制，的确有助于缓解资本外流与人民币贬值压力。然而，我们也不能忽视过于严格的资本管制对于资源配置的扭曲作用。例如，相关研究表明，过严的资本流动管制将显著提高中小企业融资成本。此外，据说现在的资本流动管制已经不限于资本账户，已开始影响到经常账户下的外资企业利润汇回等项目。换言之，过于严格的资本账户管制将降低国内外主体对于中国经济的信心，也会削弱中国市场对外国投资者的吸引力。

离岸与在岸人民币汇率价差如果拉大，的确容易引发做空等投机行为，从而给在岸人民币汇率带来更大的贬值压力。因此，央行开始收紧离岸人民币市场的流动性，并且开始间接地干预离岸人民币汇率。然而，这样做的问题在于，香港离岸人民币市场已经不再是一个真正由市场供求决定汇率的离岸市场，其价格发现的功能将大打折扣，这也会对人民币国际化进程产生负面影响。

持续动用外汇储备干预市场的结果是，中国外汇储备快速缩水。中国外汇储备存量已经由顶峰时期的4万亿美元下降至目前（2017年年初）的3万亿美元左右。外汇储备是过去中国通过持续的贸易顺差积累起来的宝贵财富，理应有更加适宜的用途（如进口中国急需的资源、技术、人力资本等），而不应该在外汇市场上简单地卖掉。此外，如果未来外汇储备继续快速缩水，那么将降低市场主体的信心，引发更大幅度的贬值压力。

综上所述，维持人民币兑美元持续渐进贬值（而非一次性调整到位）的做法，面临的成本是相当高昂的。笔者希望，在经过风险调整的成本收益计算后，中国央行能够下定决心，继续增强人民币汇率形成机制弹性，只有这样才能真正实现汇率的双向波动，消除人民币单边贬值预期，也可能会将央行的手脚从汇率的束缚中解脱出来。

汇率弹性下降，维稳意图增强
——人民币汇率形成机制新改革点评[①]

一、人民币汇率机制新举措：引入逆周期因子

2017年5月下旬，中国外汇交易中心表示，中国央行确实考虑在人民币兑美元中间价报价模型中引入逆周期因子，主要目的是适度对冲市场情绪的顺周期波动，缓解外汇市场可能存在的"羊群效应"。在回答记者提问中，中

---

① 本文写于2017年5月。

国外汇交易中心进一步表示，近期中国宏观经济总体向好，但在美元指数出现较大幅度回落的背景下，人民币兑美元市场汇率多数时间都在按照"收盘价+一篮子"机制确定的中间价贬值方向运行。这意味着汇率运行的结果与基本面相背离。"当前我国外汇市场可能仍存在一定的顺周期性，容易受到非理性预期的惯性驱使，放大单边市场预期，进而导致市场供求出现一定程度的失真，增加市场汇率超调的风险。"中国外汇交易中心答道。

据此，在新的定价公式（中间价=收盘价+一篮子货币汇率变化+逆周期调节因子）下，央行提供了部分设定好的系数。对比新旧公式，在新的央行系数设定下，逆周期调节因子会削弱上一日16：30收盘价对开盘价的影响，减少市场过度波动给中间价造成的冲击。

二、政策点评

首先，本次人民币兑美元中间价的再次调整，依然从属于2015年"811"汇改之后，为了缓解人民币兑美元的贬值速度，央行采取的一揽子政策的一部分。央行采取的三管齐下的政策包括：在公开市场上出售美元购入人民币，显著加强对资本外流的管制，频繁改革人民币兑美元中间价定价机制。

尽管早在2014年上半年，市场上的人民币升值预期就逆转为贬值预期。但2015年的"811"汇改真正放大了市场上的贬值预期，并造成人民币兑美元汇率及兑篮子汇率的显著贬值。2015年8月10日至2017年5月26日，人民币兑美元汇率开盘价由6.1162下降至6.8698，贬值了12.3%。2015年7月至2017年4月，BIS计算的人民币名义有效汇率与实际有效汇率分别贬值了9.0%与8.9%。

在实施"811"汇改初期，人民币兑美元汇率呈现快速贬值态势，这引发了国内外金融市场动荡。为了缓解人民币兑美元贬值的速度，中国央行采取了三管齐下的应对方法：第一，央行通过在外汇市场上卖出美元买入人民币的公开市场操作来稳定本币汇率；第二，央行显著收紧了对资本外流的管理措施；第三，央行自"811"汇改以来，一直在不断调整人民币兑美元汇率中间价定价策略。

到 2017 年年初，央行宣布对"收盘价+一篮子"定价机制进行两项改动。第一，把 CFETS 篮子中的货币数量由 13 种增加至 24 种。第二，把参考一篮子货币的时间由过去 24 小时缩短为过去 15 小时。第一项改动的直接后果是将美元与港币占篮子的权重分别由 26.40% 与 6.55% 下调至 22.40% 与 4.28%，这意味着显著下调了美元占篮子的权重。第二项改动是为了避免对国内外汇市场开市期间，全球外汇市场波动的相关影响进行重复计算。

2017 年 5 月下旬，中国央行宣布引入逆周期调节因子，把"收盘价+一篮子"的中间价定价机制，转变为"收盘价+一篮子+逆周期调节因子"的定价机制。

不难看出，从"811"汇改前至 2017 年 5 月，人民币兑美元中间价定价机制，已经经历了 5 次重要变化。在不到两年的短时间内，人民币中间价定价机制的变化可谓非常频繁，这对市场预期的冲击也是非常显著的。

其次，本次人民币兑美元中间价调整的大背景是，2017 年年初至 5 月，美元指数表现疲弱，而人民币兑美元汇率升值有限，导致人民币兑篮子汇率显著贬值。在这一背景下加入逆周期调节因子，央行试图加快人民币兑美元汇率升值幅度，稳定人民币兑篮子汇率。央行此举既与中国经济基本面向好有关，也与中美之间进入敏感的"百日谈判期"有关。

2017 年年初以来（至 2017 年 5 月），一方面由于欧元区经济、日本经济相对美国经济的复苏（前两者增长与后者增长差距的缩小），另一方面由于特朗普相关政策诉求在美国国内受挫（包括 FBI 调查特朗普通俄事件），以及欧元区大选不确定性的消退，美元兑欧元、兑英镑与兑日元均显著贬值（见图1），这导致美元指数由 2017 年 1 月 2 日的 102.8 下降至 2017 年 5 月 29 日的 97.4（见图2）。根据"收盘价+一篮子"的中间价定价机制，在美元兑其他主要国际货币显著贬值的前提下，要维持人民币兑一篮子货币汇率稳定，需要

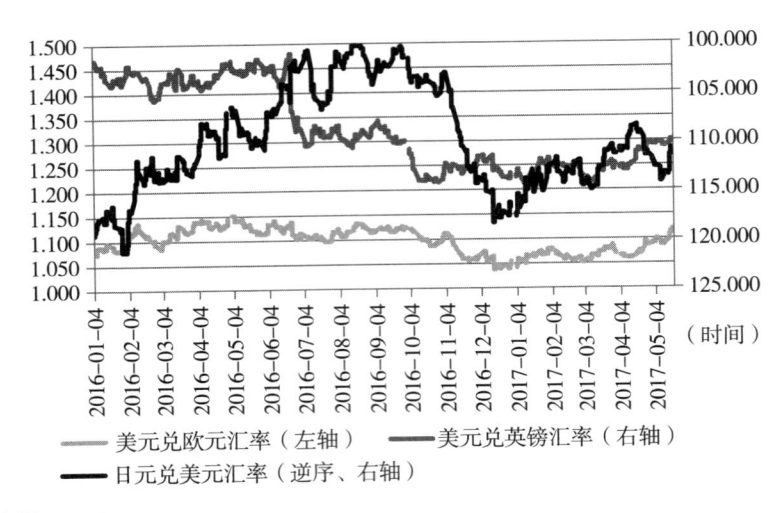

数据来源：CEIC。

图1 美元兑主要国际货币的走势（向下表示美元升值）

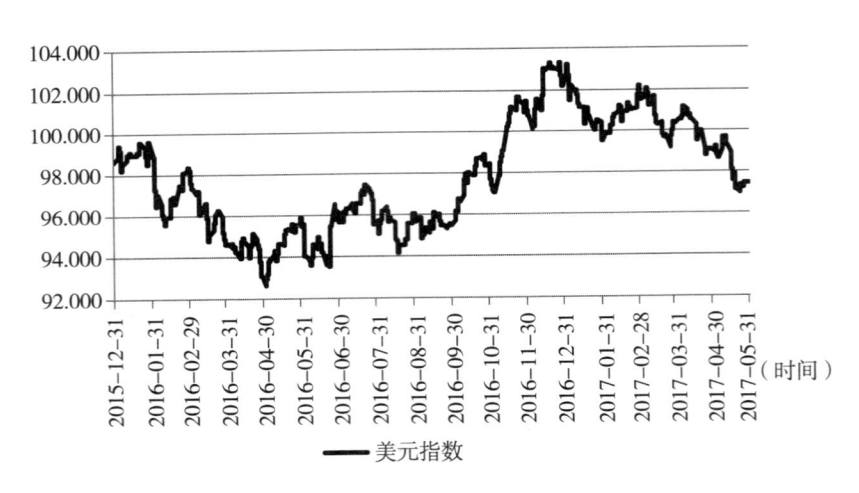

数据来源：CEIC。

图2 美元指数走势

人民币兑美元汇率显著升值。然而，如图3所示，人民币兑美元汇率仅在2017年1月显著升值。2017年1月24日，人民币兑美元汇率中间价一度升至6.8331的年内高点。而从2017年1月24日至2017年5月，人民币兑美元汇率中间价总体上仍在贬值。换言之，"一篮子"部分决定人民币兑美元汇率中间价应该显著升值，而人民币兑美元汇率中间价最终却不升反降，这说明在"收盘价"部分，人民币兑美元汇率依然面临较大贬值压力。反过来，也正是因为人民币兑美元的升值幅度不能弥补人民币兑其他主要国际货币的贬值幅度，造成了 2017 年年初以来人民币兑 CFETS 篮子汇率指数出现显著贬值（由 2017 年 1 月 6 日的 95.3 下降至 2017 年 5 月 19 日的 92.5，如图 4 所示）。

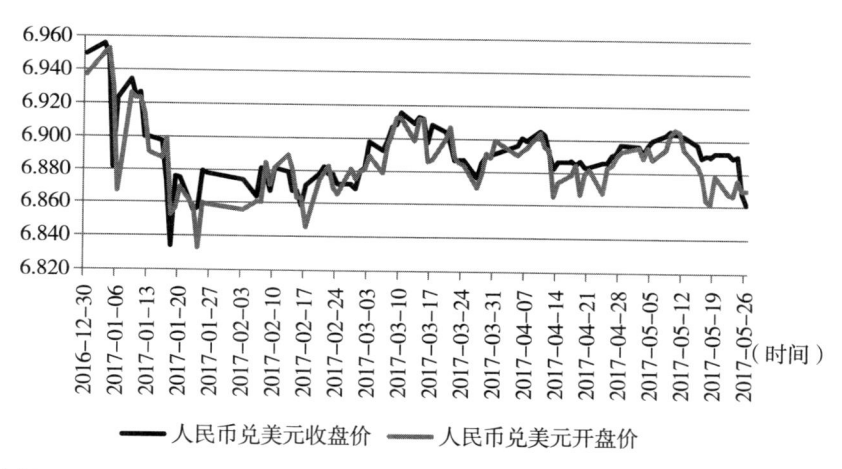

数据来源：CEIC。

图 3　人民币兑美元双边汇率

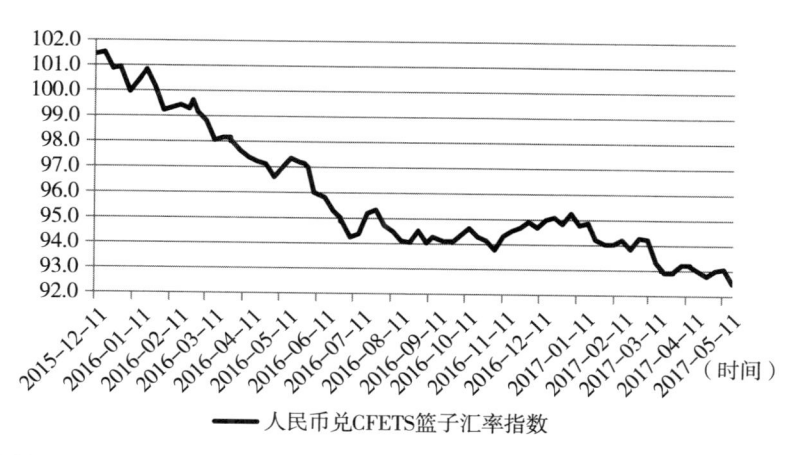

数据来源：CEIC。

图 4　人民币兑 CFETS 篮子汇率指数

一方面，2017年年初至2017年5月，中国出口增速改善明显；另一方面，人民币兑货币篮的有效汇率不升反降。由于2017年5月中美之间正处于首次"习特会"后的"百日谈判期"，中国央行可能担心，上述"贸易改善+货币贬值"的格局可能引发特朗普政府的不满，从而招致来自美国的新的汇率指责与贸易保护主义行为。为了避免这一点，就需要抑制人民币兑货币篮的有效汇率的贬值。而由于人民币兑美元升值有限是人民币兑货币篮贬值的主要原因，因此央行就必须加快人民币兑美元的升值。更进一步讲，由于中国国内外汇市场上人民币兑美元持续供不应求的格局是压低人民币兑美元收盘价的原因，因此央行本次在定价机制中加入逆周期调节因子，就是要降低收盘价对人民币兑美元中间价的影响。

再次，截至2017年5月，人民币汇率运动仍未改变笔者提出的"非对称性贬值"的格局。造成"非对称性贬值"的根源在于，外汇市场供求格局没有根本出清，导致现行机制下内嵌了人民币贬值预期。加入逆周期调节因子的做法只能缓解人民币贬值预期，而不能从根本上解决问题。更进一步讲，加入逆周期调节因子实质上降低了外汇市场供求自身对汇率的影响，这与汇率改革的市场化方向南辕北辙，甚至可能妨碍外汇市场的出清。在特定情形下，新机制可能妨碍外汇市场的出清，加大外汇储备的消耗。此外，新机制也使得市场参与者预期汇率变动变得更加困难，降低了汇率形成机制的透明度。

从2016年年初至2017年5月，人民币汇率运动可以大致用笔者在2016年提出的"非对称性贬值"来刻画，如图5所示。在2016年上半年，人民币兑美元汇率大致稳定，人民币兑CFETS货币篮显著贬值。在2016年下半年，人民币兑CFETS货币篮大致稳定，而兑美元汇率显著贬值。出现这种非对称性贬值，与美元汇率自身走势高度相关。事实上，如图2所示，2016年上半年，美元指数于波动中走弱；2016年下半年，美元指数显著走强。而在2017年年初至2017年5月，随着美元指数再度走弱，人民币再度回到兑美元汇率

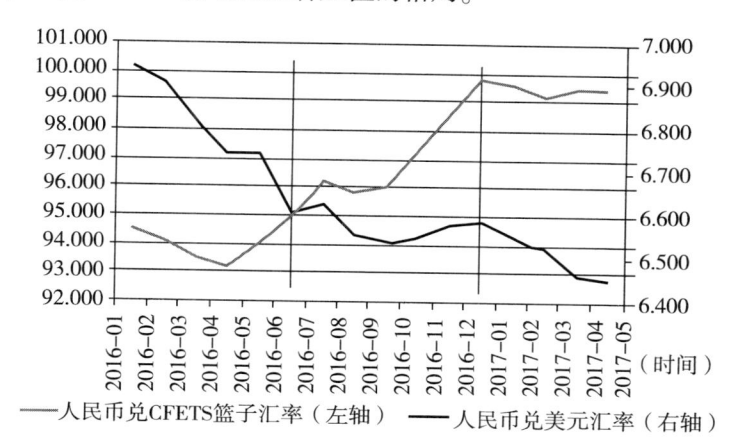

大致稳定，而兑 CFETS 货币篮显著贬值的格局。

图5 人民币的"非对称性贬值"格局

数据来源：CEIC。

在"收盘价+一篮子"的中间价定价规则下，如果美元指数上升，央行就可以顺水推舟地让人民币兑美元汇率贬值，并保持人民币兑 CFETS 货币篮大致不变。这种情形下，央行不会显著消耗外汇储备。然而，还有另一种情况：在美元自身面临贬值压力、美元指数下跌的同时，出于资本外流等原因，外汇市场上人民币兑美元面临贬值压力。在这种情况下，根据"收盘价+一篮子"的中间价定价规则，由于中间价的上升，即便依然存在很强贬值压力，央行也必须保证次日人民币兑美元的收盘价不突破2%的下限。这就意味着央行必须干预外汇市场，人为推高人民币兑美元汇率，这也意味着央行要更多地消耗外汇储备。而在"收盘价+一篮子+逆周期调节因子"的新规则下，在上述第二种情形中，新规则需要人民币兑美元中间价有更大幅度的升值。这最终可能意味着央行对外汇市场更多的干预和更大的外汇储备消耗及更大程度的汇率扭曲。

此外，不得不指出的是，在新机制下，市场参与者预测未来的人民币兑美元中间价，会变得更加困难。这是因为，逆周期调节公式本身未必会对市场公开，更重要的是，该公式中只有某些参数是央行预先设定的，而另一些参数可能由银行根据自身状况来设定。这就使得市场试图通过计量回归方法来推算逆周期调节因子的努力变得非常困难。这意味着，新机制的实施事实上降低了人民币汇率形成机制的透明度。

我们不妨换种角度来加以考虑。当汇率中间价等于前日收盘价时，这意味着汇率完全由国内市场供求决定，相当于是自由浮动（free floating）的汇率制度。让人民币兑一篮子货币汇率保持不变，意味着本币汇率完全由全球市场汇率波动来决定，相当于是盯住一篮子（basket pegging）的汇率制度。一般而言，大型开放经济体（如美国与日本）通常会选择自由浮动，而小型开放经济体（如新加坡）会选择盯住一篮子。中国央行"收盘价+一篮子"的做法，事实上相当于用各自50%的权重，把自由浮动汇率制度与盯住一篮子汇率制度人为地捆绑到一起。而"收盘价+一篮子+逆周期调节因子"的做法，事实上相当于进一步降低了自由浮动机制的权重。笔者认为，对于中国这样的大型开放经济体而言，最终选择的汇率制度必然是自由浮动，而最新的汇率机制改革却与这一目标渐行渐远。未来中国央行应该增加收盘价对中间价的影响权重，而非相反。

最后，在"收盘价+一篮子+逆周期调节因子"的新机制下，预计短期内会推动人民币兑美元汇率的走强，而在2017年下半年，如果美元重新走强，那么新的机制便会缓解人民币兑美元汇率的贬值压力。相比"收盘价+一篮子"的机制，新机制下人民币兑篮子货币汇率可能更加稳定。因此，我们调高了2017年年底人民币兑美元汇率的预期。2017年年底人民币兑美元汇率破7概率有所下降，预计将在6.9~7.0的区间运行。但如前所述，由于新机制的实施阻碍了国内外汇市场的出清，这可能会导致当轮资本外流延续更长的时间。此外，一旦国内宏观经济数据下滑，新机制也可能会加剧人民币兑美元中间价贬值的压力。

为什么汇率浮动至关重要？[①]

中国社会科学院世界经济与政治研究所有一个在国内外颇具影响力的宏观经济研究团队，团队里有十余名中青年学者。在这个团队工作的 11 年中，我与团队成员之间有着密切的互动与合作，我们在很多宏观经济与国际经济问题上发出了自己的声音。这些声音有时与政策相契合，有时与政策相背离，但由于声音背后有一以贯之的框架与逻辑的支撑，因此受到了很多学者、市场人士与政策制定者的关注。

在我们团队的几大核心观点中，汇率自由浮动是其中至关重要的一个。汇率既是本国货币与外国货币之间的相对价格，也是本国贸易品（以制造品为主）与非贸易品（以服务品为主）的相对价格。如果汇率不能自由浮动，那么汇率的水平与市场供求决定的汇率均衡水平之间就可能存在持续的背离。这种背离会造成资源配置的扭曲，并增加宏观层面的成本（这可以被视为国民福利损失）。

例如，如果人民币的汇率水平明显低于市场供求决定的汇率均衡水平（也即人民币汇率存在"低估"），就会导致中国出口商品的国际竞争力上升，从而带来更多的贸易顺差及经常账户顺差；与此同时，这会使得贸易品领域的投资收益率上升，从而带动更多的国内资源由服务业流向制造业，造成制造业欣欣向荣而服务业发展滞后的问题。

事实上，以上情景即大致符合 2003—2013 年中国经济的现实。在这段时期内，中国经济不仅出现了持续的经常账户顺差，而且出现了持续的资本账户顺差，这种格局被称为双顺差。在双顺差格局下，央行为了避免人民币汇率过快升值，实施了在外汇市场上持续用人民币购入美元的公开市场操作。

[①] 本文写于2017年12月。

这种公开市场操作带来的结果之一是，中国的外汇储备规模迅速上升，从数千亿美元攀升至最高 4 万亿美元的水平。而问题在于，外汇储备并非越多越好，原因之一是，外汇储备的投资收益率通常很低。事实上，尽管中国一直是全球净债权人，但由于中国海外资产中投资收益率很低的外汇储备投资占主体，而中国海外负债中投资收益率很高的私人投资占主体，因此导致中国成为海外投资收益一直为负的国际债权人。这也意味着，中国不仅一直借钱给其他国家，还一直向其他国家支付利息。原因之二是，外汇储备规模越高，则由于本币兑外币汇率升值而造成的外汇储备规模缩水的损失就越大。

这种公开市场操作带来的结果之二是，央行因为购买美元而释放的人民币（这被称为外汇占款）规模越来越多。如果央行对外汇占款的上升视而不见，那么这会加剧国内的流动性过剩，进而造成通货膨胀与资产价格上升，影响宏观经济与金融市场的稳定。因此，为了避免这种情况发生，央行采取了大规模的冲销操作。在第一阶段，央行主要通过发行央行票据的方式来吸收外汇占款。然而，随着冲销规模的上升，央行不得不提高央行票据的发行利率（以吸引到足够的国内投资者购买），这就导致央行财务成本的上升。因此，在第二阶段，为了降低财务成本，央行主要通过提高法定存款准备金率的方式进行冲销。由于央行对法定存款准备金支付的利率要显著低于央行票据的利率，因此，冲销手段的上述转变的确降低了央行的冲销成本，但这实际只是将冲销成本转移给了商业银行。这是因为，原本可以通过放贷获得更高收益的资金，目前不得不以法定存款准备金的形式上缴给央行，并仅仅能获得很低的存款准备金利息。最后，商业银行又通过被政策压低的存款利率，将冲销成本转移给中国家庭。

综上所述，积累过多外汇储备而导致的投资收益率损失与汇率风险的增加，以及冲销外汇占款而产生的财务成本，都是央行为了避免人民币过快升值，持续保持人民币汇率低估而付出的代价。

从 2009 年起，央行开始大力推动人民币国际化。迄今为止，人民币国际化主要沿着两条路径来开展：其一是推动人民币在跨境贸易与投资过程中的结算，其二是推动诸如中国香港、新加坡、英国伦敦等离岸人民币金融市场的发展。

从表面上来看，在 2010 年至 2015 年上半年，无论是人民币在跨境贸易与投资中的结算规模，还是离岸人民币金融市场的人民币存款规模，均呈现显著上升态势。然而，人民币国际化欣欣向荣的发展态势，并不完全是真实需求驱动的。其中很大一部分，其实是由跨境套利行为驱动的。之所以会出现跨境套利行为，是因为在人民币国际化之后，形成了两个人民币市场：一个是在岸市场，另一个是离岸市场。离岸市场的人民币价格（包括利率与汇率）大致是由市场供求决定的，而在岸市场的人民币价格则很大程度上由央行来确定。这就意味着，在离岸市场与在岸市场之间，通常会存在汇率差与利率差，这无疑会给市场主体以跨境套利的巨大激励。

一方面，中国国内人民币利率水平显著高于离岸市场利率水平；另一方面，由于人民币存在显著升值预期（这是人民币汇率长期低估的自然结果），离岸市场上的人民币汇率要比在岸市场上的人民币汇率更高。这就驱动了两类套利交易：一是市场主体倾向于到境外借入外币或人民币，并通过各种渠道转移至境内进行套利；二是市场主体倾向于将境内人民币携带至境外兑换为外币，以赚得汇率差价。由于央行为了鼓励人民币国际化，对人民币资金跨境流动的监管明显弱于对外币资金跨境流动的监管，因此很多套利交易伪装成跨境贸易人民币或投资结算来进行。最终，就形成了套利交易驱动的人民币国际化的"泡沫"。

人民币兑美元的持续升值预期在 2014—2015 年开始逆转，套利行为驱动的人民币国际化"泡沫"显现。最主要的原因是在这一期间，由于美联储在实现货币政策正常化（包括停止量化宽松与启动加息进程），美元兑其他国际货币显著升值。再加上因为人民币在这一时期内大致盯住美元，所以造成人民币兑全球主要货币的有效汇率快速升值。有效汇率的快速升值与国内疲弱的基本面形成鲜明反差，市场主体的人民币升值预期逆转为贬值预期。

2015年"811"汇改之后，人民币兑美元汇率较快贬值引发了国内外金融市场的动荡，央行不得不着手抑制人民币兑美元汇率的贬值速度。为此，央行采取了三管齐下的方式：第一，央行通过在外汇市场上持续卖出美元、买入人民币来稳定汇率，此举导致中国外汇储备从4万亿美元快速下降至3万亿美元左右；第二，央行显著收紧了对跨境资本流动的管制，此举确实抑制了跨境套利行为（戳穿了人民币国际化的"泡沫"），但也影响到一些正常的投资项目；第三，央行通过反复调整人民币兑美元的每日开盘价定价机制，重新提高了央行对开盘价的影响力。

换言之，如果说在人民币汇率面临升值压力的时期，央行在努力抑制人民币汇率升值的话，那么在人民币汇率面临贬值压力的时期，央行同样在努力抑制人民币汇率的贬值。不过，维持人民币汇率稳定的努力无疑会带来各种成本。如果说在升值阶段，汇率维稳的成本包括外汇储备的收益率损失与汇率风险的增加、冲销成本的增加及服务业发展不足的话，那么在贬值阶段，汇率维稳的成本则包括外汇储备缩水、潜在的资本外流压力的增加、资本管制带来的资源配置扭曲，以及制造业承受更大压力等。

综上所述，很多分析师更加强调维持汇率稳定的各种收益，而我们团队则更加强调维持汇率稳定的各种成本，尽管很多成本看起来没有那么直接。过去十多年来，我们始终认为中国政府有必要加快人民币汇率定价的市场化进程，让汇率水平更多地由市场供求来决定，维持汇率水平稳定的做法很可能是得不偿失的。

逆周期因子恐难"功成身退"[①]

2018年年初，根据彭博新闻的报告，据知情人士称，中国央行通知人民币汇率中间价报价行，对人民币中间价机制中的逆周期因子参数进行调整，即各报价行不再对上一交易日的日盘波幅进行逆周期过滤，机制中的其余参数未做调整。这一消息引发了市场广泛关注，为什么中国央行在2018年年初会再度改变人民币汇率中间价机制呢？

中国央行之所以在2017年5月下旬引入逆周期因子，根据央行发言人的说法，是因为国内外汇市场上一些交易者存在非理性的"羊群效应"，即尽管中国经济数据相对美国表现更好，但这些交易者依然认为人民币兑美元将贬值，这使得从收盘价维度来看，人民币兑美元汇率面临持续的贬值压力。而引入逆周期因子的目的在于抵消这种"羊群效应"。

尽管央行并未公布逆周期调节因子的细节，但笔者及团队之前的分析报告就指出，逆周期因子的调节重点在于对冲中间价三因子定价模型中收盘价环节的持续贬值压力。而从彭博新闻披露的信息来看，至少逆周期因子的一个重要维度，就在于"对上一交易日的日盘波幅进行逆周期过滤"，这显然验证了笔者团队的上述猜测。

在2017年5月下旬引入逆周期因子之后，2017年5月下旬至9月上旬，人民币兑美元汇率走出了一波显著的升值行情，从6.86左右一路攀升至6.46左右，如图1所示。换言之，逆周期因子的引入的确很好地打击了市场上的人民币贬值预期，维持了人民币汇率基本稳定。

[①] 本文写于2018年1月。

■ 差价（右轴）　　人民币兑美元中间价（左轴）
—— 人民币兑美元收盘价（左轴）

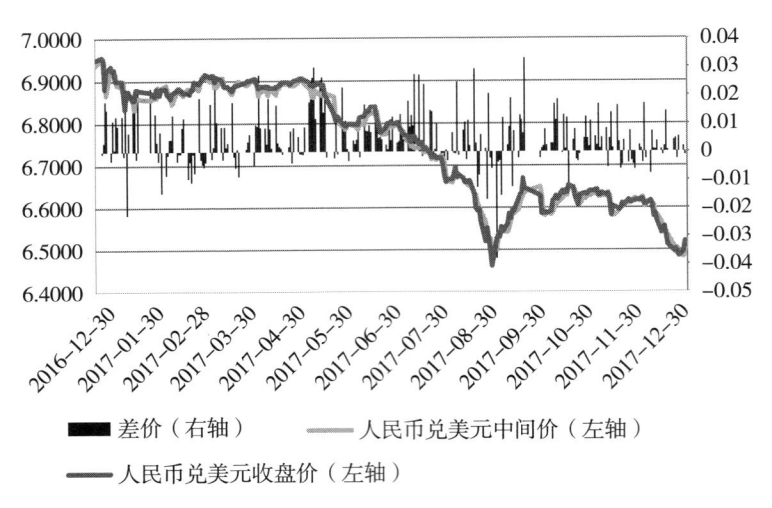

数据来源：Wind。
注释：差价为正，代表中间价高于前一日收盘价。

图1　人民币兑美元汇率的中间价与收盘价

由于人民币兑美元汇率反弹过快，中国央行一方面担心汇率过快升值可能会对出口造成显著负面冲击，另一方面担心升值预期重燃会加剧流动性过剩与资产价格泡沫，因此，在2017年8月底至9月初，中国央行采取了两种措施。一是取消了商业银行远期售汇的风险准备金，二是连续压低了人民币兑美元汇率的每日开盘价（见图1）。央行的措施有效地遏制了人民币兑美元的升值，使人民币兑美元汇率由2017年9月8日的6.46左右回落至9月中旬的6.60左右。在2017年9月下旬至2017年12月中旬期间，人民币兑美元汇率一直在6.60~6.65的狭窄区间内波动。市场一度认为，人民币兑美元汇率实现了真正的双向波动。

然而，从2017年12月下旬至2018年1月上旬，人民币兑美元汇率再次出现强劲升值，由6.60左右重新升至6.50。造成这波升值的直接原因，一方面是美元指数的下行，另一方面则是中国央行官员释放的2018年可能上调基准利率的信号。不难看出，央行再次调整人民币兑美元中间价定价机制，恰好发生在人民币兑美元汇率再次升破6.50的关口。这至少反映了以下两个事实：第一，央行不愿意人民币兑美元汇率升得太快，6.60左右（或者说6.50~6.70这一区间）可能是短期内央行设定的人民币兑美元汇率的"合意水平"；第二，央行觉得逆周期因子已经充分发挥了作用，人民币兑美元持续贬值的预期已经被打掉，人民币兑美元汇率显著贬值的概率很低，因此逆周期因子可以"功成身退"。

从人民币兑CFETS货币篮的汇率走势来看，从2017年9月初至2018年1月上旬，人民币兑CFETS篮子汇率一直在94~96的区间内波动（见图2）。该区间可能也是短期内央行认为的人民币有效汇率的"合意区间"。有趣的是，在引入逆周期因子之后，笔者之前所刻画的人民币"非对称贬值格局"已经得以扭转。如图3所示，所谓非对称贬值格局，是指在2016年年初至2017年5月逆周期因子引入之前的这段实施"收盘价+篮子汇率"的双因子定价机制的时期内，人民币要么盯住篮子兑美元贬值，要么盯住美元兑篮子贬值的现象。引入逆周期调节因子之后，在2017年5月下旬至9月上旬，人

数据来源：Wind。

图2　人民币兑CFETS货币篮子汇率

民币无论是兑 CFETS 篮子还是兑美元汇率均呈现显著升值状态；而在 2017 年 9 月中旬至 12 月中旬，人民币兑美元汇率及篮子汇率均保持大致稳定，如图 3 所示。这段时期或许是中国央行感觉非常舒服的时期。

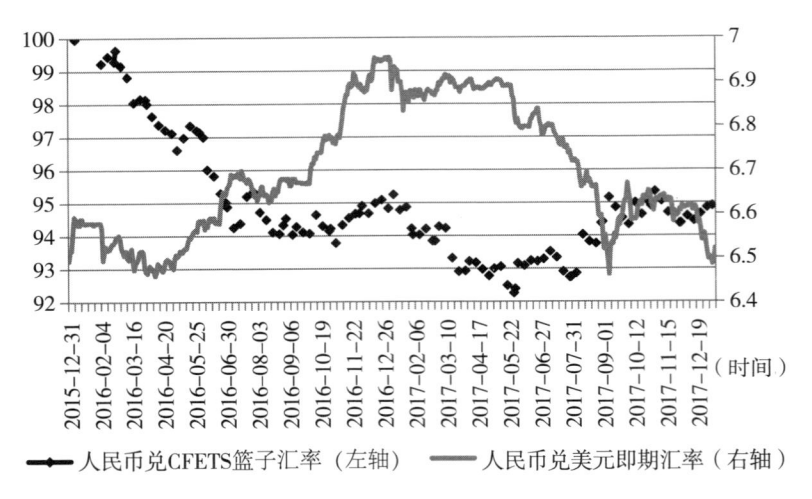

数据来源：Wind。

图 3　人民币非对称贬值格局已经得以扭转

那么，逆周期因子真的已经"功成身退"了吗？笔者觉得答案是未必。试想，如果逆周期因子不再发挥作用，那么事实上人民币兑美元汇率中间价机制又回到了"收盘价+篮子汇率"的双目标定价机制。我们再假设此时国内外汇市场的升贬值预期基本稳定（考虑到央行对资本外流的管制越来越强），那么事实上 2018 年人民币兑美元汇率何去何从，将基本上取决于美元汇率的自身走向。如果美元指数持续走弱，那么人民币兑美元汇率将面临持续的升值压力，而中国央行似乎并不希望人民币兑美元汇率过快升值。如前所述，过强的人民币既可能影响出口增长，也可能带来新的流动性过剩与资产价格泡沫。反之，如果美元指数转为持续走强，那么人民币兑美元汇率将面临持续的贬值压力。一旦人民币兑美元贬值超过央行的合意区间，央行就完全可能重启逆周期因子。

换言之，回归到"收盘价+篮子汇率"的人民币中间价机制能够维持的时间长度，实际上取决于美元指数在2018年的波幅。如果2018年美元指数仅仅是温和波动，那么中国央行就可能不再调整中间价定价机制。而如果2018年美元指数显著升值或显著贬值，那么中国央行就可能继续调整中间价定价机制。

笔者认为，2018年美元指数出现较大幅度波动的可能性是存在的（见图4）。为了摆脱人民币兑美元汇率中间价定价机制反复调整的尴尬，笔者认为，央行应该充分利用2018年人民币升贬值预期比较平稳的时间窗口，重新上调双目标定价机制中收盘价（市场供求）因素的占比，而适当下调篮子因素的占比。"收盘价（75%）+篮子汇率（25%）"的定价机制可能是更为理想的选择。提高收盘价占比，降低篮子汇率占比，既符合人民币汇率市场化改革的长期方向，也有利于在短期内维持人民币兑美元汇率的基本稳定。

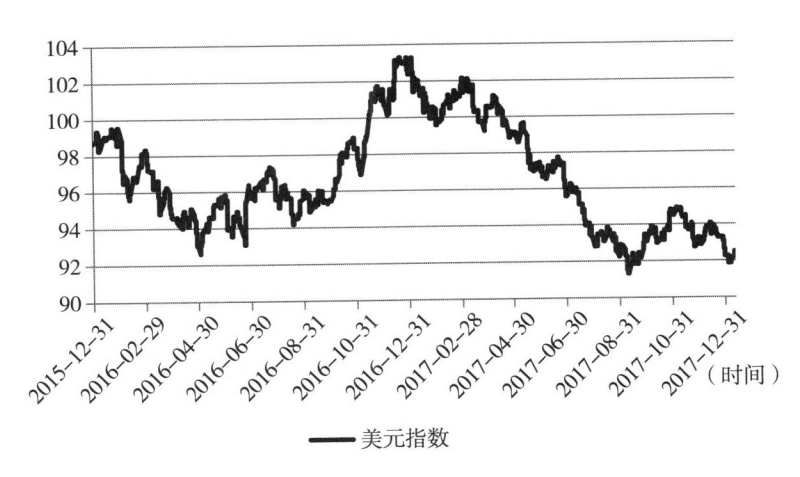

数据来源：Wind。

图4 美元指数未来走势存在不确定性

警惕汇率问题政治化，不宜对美元过快升值①

2018年1月前后，美元指数大跌，人民币兑美元汇率大涨，这似乎并非都由基本面因素所导致。

美元指数由93左右跌破90，跌幅在过去的一年多时间里最为陡峭。其原因究竟是什么呢？有观点认为是全球复苏由美国一枝独秀转为主要经济体同步复苏。然而，这一观点固然可以解释为什么2017年美元指数从103左右跌至93左右，但断难解释2018年1月前后美元指数的加速下跌。

也有观点认为，是全球投资者的股权投资从美国股市向其他股市的转移加剧了美元的卖压。然而，为什么这一趋势没有发生在2017年，而恰恰发生在2018年1月前后呢？毕竟中国股市对外国投资者的开放是有限的，我们没法用2018年前后中国股市的火爆来解释美元的贬值。

从美国政府的角度出发，至少从短期来看，其财政、货币与汇率政策的组合是完美的。减税政策的通过可以吸引本国资本的回流与外国资本的流入，进而提振投资增长与经济增长预期。加息与缩表一方面可以实施货币政策正常化，为应对下一轮经济下跌预留子弹；另一方面可以抑制美元贬值带来的输入性通胀。美元指数贬值可以提高美国产品的全球竞争力，抑制贸易逆差的扩大。

换言之，在美联储加息与缩表，美国政府通过减税方案，美国经济持续在高于潜在增速的水平上运行，美国股市迭创新高，美国10年期国债收益率明显上行的背景下，美元指数大跌，让我们很难相信是基本面因素驱动的。

当然，过去持续看空欧元的机构投资者在趋势反转的背景下继续平仓，此类交易面因素可以部分解释美元指数为什么反弹。然而，市场对于特朗普政府2018年在贸易问题上大做文章的预期，也可能导致部分投资者做空美

---

① 本文写于2018年1月。

元。美国财长努钦在达沃斯论坛上欢迎弱势美元的言辞，可以说是强化了这种预期，也可以说是刻意在迎合甚至助长这种预期。

众所周知，贸易战的内涵并不仅仅局限于贸易。在贸易问题上不能达成双边妥协的前提下，通过主动实施或者故意纵容本币贬值，来强化本国贸易部门的竞争力，也是一种常用的做法。换言之，汇率战（货币战）本身就是贸易战的有机组成部分。从这一视角来看，2018年1月前后的美元指数大贬，可能是由交易层面的因素所引发的，但却与美国政府的短期目标相一致，因此可能会受到政府有意无意的推动。这就意味着，2018年年初的美元指数可能发生超调式下行。或者说，与其说2018年1月前后美国政府对太阳能与洗衣机产品的政策意味着贸易战的开始，不如说美元指数大跌意味着贸易战的开始。

人民币离岸市场与在岸市场的汇率短期内均强势上涨，2018年1月已经要冲破6.3。当然，人民币对CFETS货币篮汇率暂时保持稳定，因此人民币兑美元汇率的升值，可以基本上由美元指数的下跌来解释。问题在于，如果美元指数继续大幅下探，我们是否应该容忍人民币兑美元汇率的继续强劲升值？换言之，本轮汇率是否会突破2015年"811"汇改之前的人民币兑美元汇率高点？

答案是，我们应该格外审慎。

中国政府宏观经济政策的主要基调是，在保证经济增速大致稳定的情况下，通过加强监管来避免系统性金融风险的爆发。而控制系统性风险的主要手段在于，通过维持流动性偏紧的格局来敦促金融市场与实体经济去杠杆。而如果人民币兑美元汇率持续快速升值，那么将有损这一目标的实现。

首先，"811"汇改以来，为了遏制人民币贬值压力，中国央行在资本管制方面采取了抑制流出而欢迎流入的非对称性政策。由于2018年中国国内利率水平显著高于国外，一旦人民币贬值预期逆转为单边升值预期，那么将带来很大规模的短期资本流入。短期资本流入会加剧流动性过剩，推升资产价格，这无疑会损害中国政府当前通过流动性管理来敦促宏观经济与金融市场去杠杆的首要目标。事实上，2018年1月前后中国股市的异动，已经孕育着一些令人不安的因素。

其次，有观点认为，让人民币兑美元汇率升值，有利于安抚特朗普政府，降低特朗普政府挑起中美贸易争端的可能性。问题在于，这种观点可能低估了特朗普政府在中美贸易方面的诉求。在其他条件不变的情况下，要用人民币兑美元汇率升值来压缩中国对美国的贸易顺差，需要的升值幅度可能远远超过中国央行能够承受的幅度。换言之，即使短期内我们让人民币兑美元汇率大幅升值，特朗普政府也依然可能在2018年春节后将双边贸易冲突升级，那时，我们应该如何来应对汇率问题呢？让汇率显著贬值，给对方留下我们在进行贸易战的口实吗？

最后，市场可能低估了2018年中国经济增速下滑的可能性。在居民消费方面，收入分配差距的拉大及居民部门债务水平的上升，都会抑制消费增速的回升。在固定资产投资方面，政府对于房地产风险与地方债风险的管控将抑制房地产投资与基建投资增速，而制造业投资增速本身就与外部需求有关。在出口方面，如果2018年全球复苏的同步性有所下降，且贸易摩擦可能显著加剧，那么出口增速本身就不容乐观。在这一背景下，人民币兑美元汇率的显著上升，似乎就更不应该发生。

综合上述考虑，如果人民币兑美元汇率进一步上升至6.2~6.3，那么中国央行就可能采取一些举措来抑制人民币兑美元汇率的继续上升。第一，中国央行可能会采取持续调低每日人民币兑美元汇率中间价的方式来引导市场预期。其实，逆周期调节因子可以发挥双向的作用，而非仅仅用于抑制人民币兑美元汇率的过快贬值。第二，中国央行可能会在离岸市场上通过多种方式来抑制离岸市场人民币的过快升值。第三，中国央行可能会尽快改变资本流动方面抑制流出、鼓励流入的非对称性格局。第四，中国央行短期内在收紧货币政策方面将格外审慎。在本币汇率强劲升值的背景下，央行提高存贷款基准利率的概率无疑会显著下降。

2019年人民币汇率的走势、成因分析与前景展望[①]

一、近期人民币汇率走势分析

2019 年年初至 2019 年 5 月的人民币兑美元汇率走势，可以用一波三折来形容。2019 年年初至 2019 年 2 月底，人民币兑美元汇率由 6.86 攀升至 6.69，人民币升值了 2.5%。2019 年 2 月底至 2019 年 4 月中旬，人民币兑美元汇率呈现水平盘整态势（中枢水平在 6.70 上下）。2019 年 4 月中旬至 2019 年 5 月中旬，人民币兑美元汇率从 6.70 贬值至 6.90，人民币贬值了约 3.0%。然而与此同时值得注意的是，2019 年年初至 2019 年 5 月，人民币兑 CFETS 货币篮指数呈现先升后降态势，大致由 93.3 上升至 95.7，之后又降值至 93.8。

从 2016 年年初开始，人民币兑美元中间价的定价机制便采用"收盘价+篮子汇率"的双因子定价模式。从该定价模式的实施效果来看，人民币兑美元双边汇率的运动与人民币兑 CFETS 篮子汇率指数的运动呈现出显著的正相关特征（见下页图 1）。换言之，当人民币兑美元汇率持续升值时，人民币兑 CFETS 篮子汇率指数也会呈现持续升值态势，反之亦然。一个典型的例子是，自 2018 年 10 月中旬至 2019 年 4 月中旬，无论是人民币兑美元汇率还是人民币兑 CFETS 篮子指数均呈现出显著的持续升值态势。而在 2019 年 5 月以来，两者双双下行。

总体来看，2019 年年初至 2019 年 5 月，人民币兑美元汇率略微贬值，而人民币兑篮子汇率略微升值。导致这一现象的重要原因之一是，2019 年年初至 2019 年 5 月，美元指数持续保持强势。这是因为，当美元对其他主要国际货币保持强势时，如果人民币兑美元汇率大致稳定，就意味着人民币兑其他主要国际货币汇率将面临更大幅度的升值。尽管 2016 年年初以来，总体上人

[①] 本文写于2019年5月。

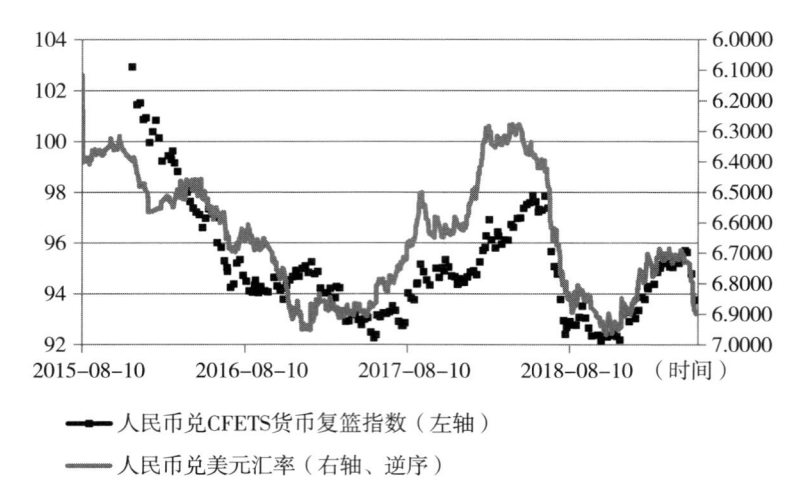

图1 人民币兑美元汇率与人民币兑 CFETS 货币篮汇率

数据来源：Wind。

民币兑美元汇率与美元指数呈现出显著的负向运动关系（即当美元指数贬值时，人民币兑美元汇率升值，反之亦然），但在 2019 年年初至 2019 年 5 月，美元指数与人民币兑美元汇率一度同步走强，但自 2019 年 5 月以来，在美元指数进一步走强背景下，人民币兑美元汇率呈现显著贬值态势，如图 2 所示。

数据来源：Wind。

图2 人民币兑美元汇率与美元指数

二、汇率走势的成因分析

在2019年年初时，市场上大多数分析师都认为，美元指数在2019年将显著下行，主要原因就是美联储将停止加息与缩表。然而笔者并不这么认为。笔者当时做出这一判断的主要理由包括：其一，美元走势大致与全球经济基本面反相关，当全球经济增速掉头下行时，美元指数通常不会走弱；其二，美元是一种重要的避险货币，当全球范围内不确定性高居不下时，美元走势通常也不会太弱。应该说，过去几个月美元指数不降反升，便很好地验证了笔者2019年年初的观点。2019年年初至2019年5月，欧元兑美元汇率呈现出波动中贬值的态势（见图3），主要原因则是欧元区经济增速下行的程度显著超过美国。由于欧元兑美元汇率的权重占到美元指数中货币权重的一半以上，因此欧元兑美元汇率的贬值自然会导致美元指数的上行。2019年年初至2019年5月，在发达国家国内政治不确定性上升（美国政府关门、英国脱欧、法国黄马甲运动持续发酵、德国总理即将换届）、地缘政治冲突（美伊冲突、俄乌冲突）与中美贸易摩擦重新加剧等因素的推动下，全球经济政策不确定性指数显著攀升，这显然推升了作为主要避险资产的美元走势（见图4）。

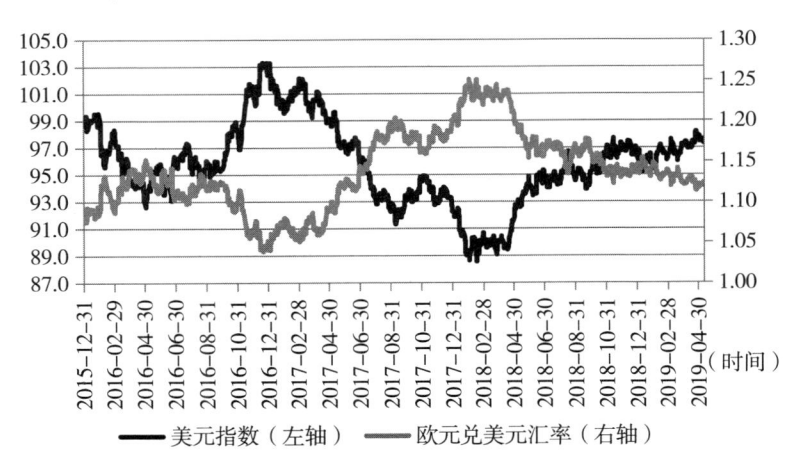

数据来源：Wind。

图3　美元指数与欧元兑美元汇率

图4 美元指数与全球经济政策不确定性指数

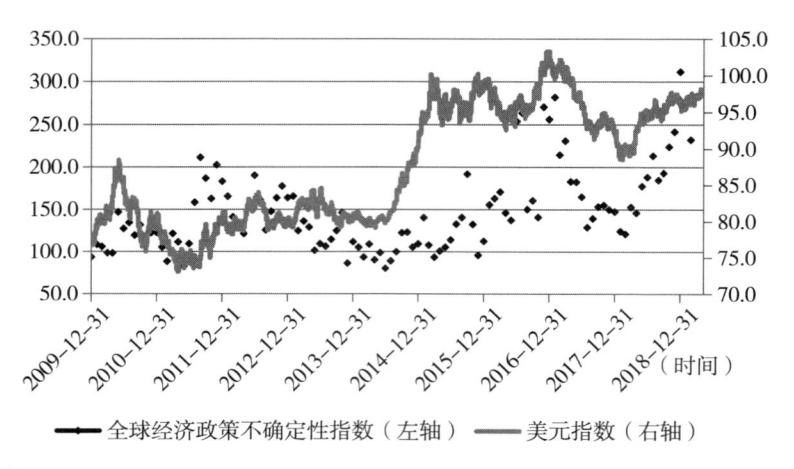

数据来源：Wind。

如前所述，在美元指数显著走强时，人民币兑美元汇率通常会贬值。然而，2019年年初至2019年5月，在美元指数走强的背景下，人民币兑美元汇率总体上保持稳定。导致这一现象发生的原因主要有两个。第一，2019年年初至今，随着中国经济增速的反弹，以及市场对于美国经济增长前景的信心转弱，中美双边长期利差重新扩大。2019年年初以来，中国10年期国债收益率由3.0%一度上升至3.4%左右，而美国10年期国债收益率却由2.8%下降至2.4%左右（见图5），双边长期利差一度重新扩大至1个百分点上下。中美利差扩大自然会提振人民币兑美元汇率。第二，中国面临的跨境资本流动状况在2019年年初至2019年5月呈现明显改善态势（见图6）。无论是用银行代客结售汇差额还是用银行代客涉外收付款差额来刻画的短期资本流动状况，在2019年上半年都要比2018年下半年显著改善。而导致资本流动改善的原因，既包括年初以来中美利差的再度扩大，也与2019年上半年中国股市表现强于预期有关。

数据来源：Wind。

图 5　中美双边长期利差

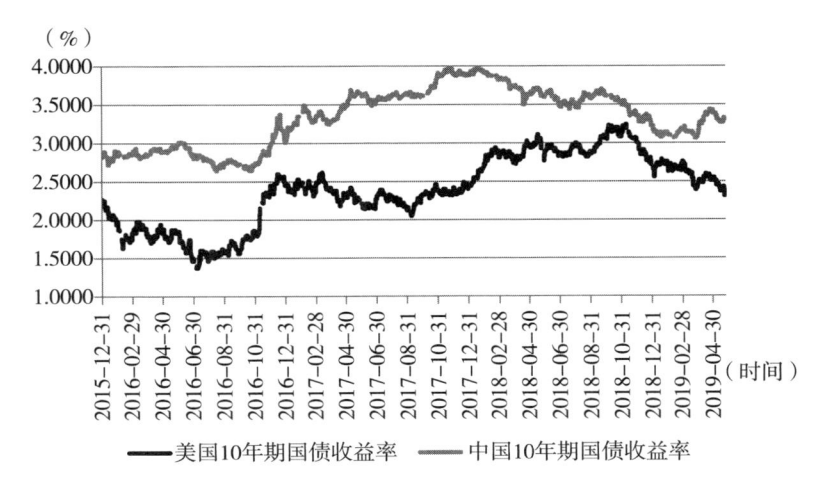

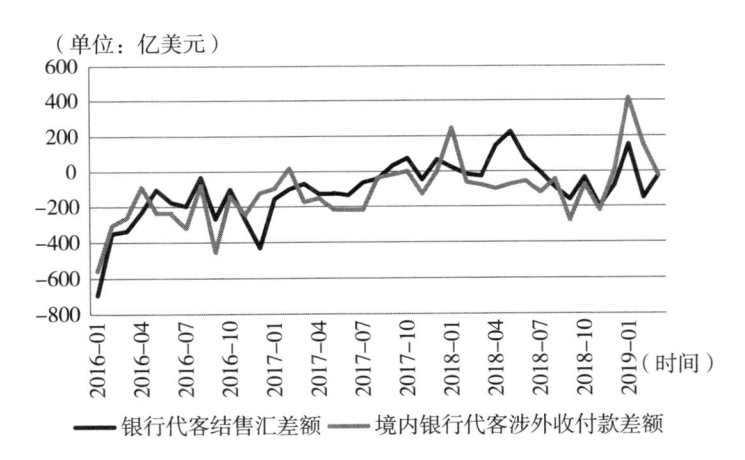

数据来源：Wind。

图 6　中国面临的短期跨境资本流动

三、汇率走势的前景展望

在 2019 年的后三个季度，美元指数仍将呈持续双边震荡格局，波动中枢可能在 96~97。之所以做出这一判断，主要基于以下原因。第一，全球主要经济体经济增速在 2019 年均会呈现回落态势，而美国经济增长动能在这些经济体中相对还算比较好的。毕竟2019年美国经济增速很可能保持在2%以上，这依然高于美国经济潜在增速。第二，目前美国经济隔夜利率（联邦基金利率）与10年期国债收益率均在2.5%左右，但美国失业率处于低位，核心通胀率仍在2%附近，短期内经济增速依然高于潜在增速，这意味着短期内美国长期国债收益率存在反弹的可能性。第三，发达国家国内政治不确定性（美国越来越临近新的选举季）、地缘政治冲突的不确定性、中美贸易摩擦加剧都会强化全球投资者的避险情绪，而避险情绪上升将会推升美元。

在2019年后三个季度，人民币兑美元汇率可能呈现先小幅贬值后趋于稳定的局面，波动范围或在6.6~7.0。导致短期内人民币兑美元汇率面临贬值压力的主要原因如下。一是中美双边长期利差存在再度缩小的可能性。随着中国经济增速在2019年第二季度可能回落，以及国内投资者避险情绪的增强，中国10年期国债收益率可能明显下降，再加上美国10年期国债收益率可能反弹，中美利差有望显著收缩，而这将打压人民币兑美元汇率。二是中美贸易摩擦再度加剧，将打压人民币兑美元汇率。从逻辑上来看，贸易摩擦短期内对顺差国的不利冲击要大于对逆差国的不利冲击，这意味着人民币短期内受到的负面冲击要大于美元。

不过，即使短期内人民币兑美元将承压，但笔者依然认为，2019年人民币兑美元汇率破7的概率依然很低。首先，总体来看，随着年初以来的宏观稳定政策逐渐发挥作用，2019年下半年中国经济增速有望企稳，而美国经济增速将继续下行，经济基本面的相对变化有助于人民币汇率企稳。其次，中美贸易摩擦加剧的情景下，中国经常账户恶化的程度，其实不及短期内中美贸易摩擦改善情景下经常账户恶化的程度。个中原因在于，如果中美贸易摩擦最终仍达成协议，中国将显著增加从美国的进口，这必然会导致中国的整体货币贸易顺差显著收缩。而在中美贸易摩擦加剧的情景下，虽然中国对美国出口可能有所下降，但中国从美国的货物进口则不会显著上升。此外，中国对美国的服务贸易逆差也可能有所收窄。最后，人民币兑美元汇率破7可能对市场主体的信心产生显著不利影响,这可能会引发国内资产市场出现更大幅度的波动。考虑到这一点,一旦人民币兑美元汇率面临较大的贬值压力,预计中国央行将通过保持严格的资本流出管制、加大逆周期因子调控力度、离岸市场干预等方式来实现短期内汇率的基本稳定。

中美贸易摩擦:扰动2019年人民币兑美元汇率走势的重要因素[①]

2019年年初至2019年11月的人民币兑美元汇率,可以用一个升值阶段、两个贬值阶段和三个平台阶段来概括。2019年1月至2月,人民币兑美元汇率总体上呈现升值趋势;2019年5月初至5月下旬、2019年7月底至8月底,人民币兑美元汇率出现过两次急速贬值;2019年3至4月、2019年6至7月及2019年9至10月,人民币兑美元汇率均处于水平盘整态势,如图1所示。换言之,尽管2019年年初至今人民币兑美元汇率总体上是贬值的,但绝大部分贬值主要是在2019年5月与8月这两个月内完成的。

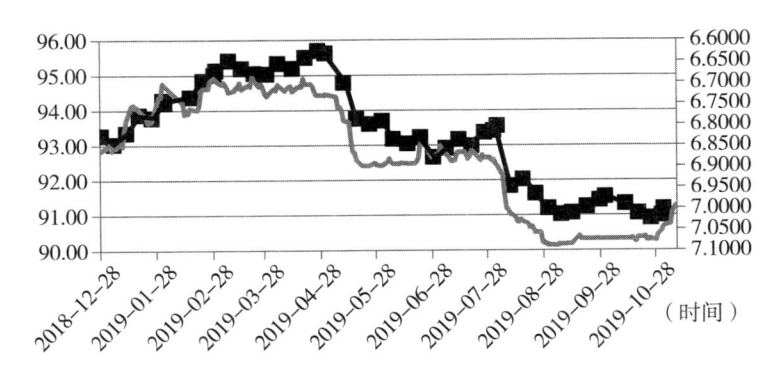

数据来源:Wind。

图1　2019年年初以来人民币兑美元汇率的走势

---

① 本文写于2019年11月。

有趣的是，2019年年初至2019年11月，人民币兑CFETS货币篮指数的走势，与人民币兑美元汇率走势之间呈现出非常显著的正相关（见图1）。例如，人民币兑CFETS货币篮指数，也在2019年5月与8月发生过两次急跌。2019年年内，人民币兑CFETS货币篮指数的最低值与最高值相比，贬值了5.0%。这至少说明，2019年稳定人民币兑CFETS货币篮的汇率，并不是中国央行外汇政策的核心目标。

下一个问题自然是，2019年人民币兑美元汇率的贬值，主要原因是否是美元自身的走强呢？诚然，总的来看，2019年美元指数的确呈现出震荡上升态势（见图2），这或许是导致人民币兑美元汇率走弱的部分原因。然而，在2019年5月，人民币兑美元汇率急跌之时，美元指数走势基本上是水平震荡的。而在2019年8月，人民币兑美元汇率再次急跌之时，美元指数走势的升值也显著低于人民币兑美元汇率的跌幅。这说明，至少在2019年，美元汇率自身走势并非人民币兑美元汇率急跌的主要原因。

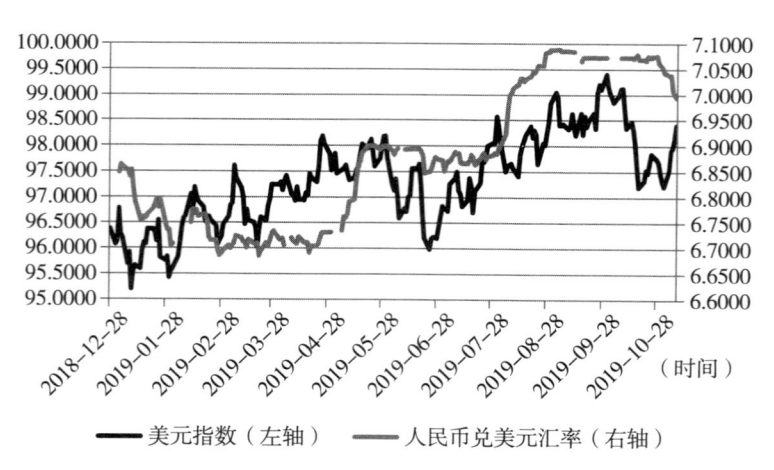

数据来源：Wind。

图2 2019年年初以来人民币兑美元汇率以及美元指数的走势

2019年以来，人民币兑美元汇率的走势是否是由中美经济基本面因素主导的呢？2019年年初至2019年11月，中美10年期国债收益率之差总体上呈现拉大趋势，尤其是在2019年5月至8月，如图3所示。从理论上而言，中美 10 年期国债收益率之差拉大，应该推动人民币兑美元升值。这就意味着，中美利差变动不是导致近期人民币兑美元汇率走势的主要原因。

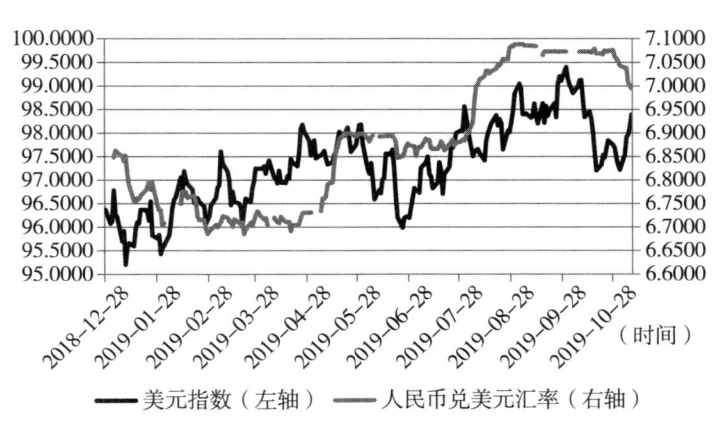

数据来源：Wind。

图 3　2019 年年初至 2019 年 11 月中美 10 年期国债收益率走势

短期资本流动的变化是否是 2019 年年初至 2019 年 11 月人民币兑美元汇率变动的主要驱动因素呢？答案似乎也是否定的。2019 年 3 月至 2019 年 11 月，中国总体上面临短期资本外流的态势，如图 4 所示。但在 2019 年 5 月，

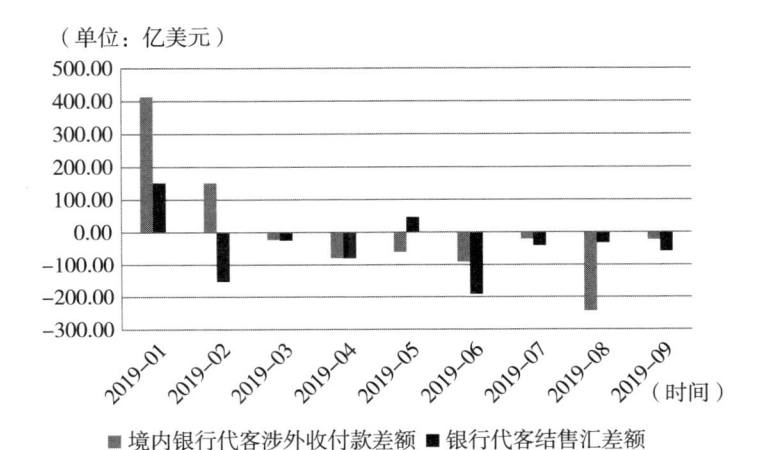

数据来源：Wind。

图 4　短期资本流动状况

短期资本流动与4月、6月相比反而有所改善,这显然解释不了2019年5月人民币兑美元汇率的急跌。不过在2019年8月,境内银行代客涉外收付款差额出现了前三个季度中的最大逆差,这可能是导致8月人民币兑美元汇率急跌的原因之一。

既然2019年年初至2019年11月的人民币兑美元汇率走势,既不是由美元汇率自身导致的,也不能用中美利差变动与短期资本流动变化等基本面因素来解释,那么汇率变动的驱动因素是什么呢?笔者认为,中美贸易摩擦的变动可能是当前人民币兑美元汇率走势的重要驱动因素。例如,2019年5月9日,美国政府宣布,自2019年5月10日起,对从中国进口的2000亿美元清单商品加征的关税税率由10%提高至25%。这很可能是2019年5月人民币兑美元汇率急跌的主要原因。而在2019年8月2日美国贸易代表办公室宣布,对于2019年10月1日生效的对约2500亿美元中国输美商品加征关税税率由25%上调至30%的行为向公众征求意见。这很可能是引发2019年8月人民币兑美元汇率急跌(包括人民币兑美元汇率破7)的主要原因。

当然,必须指出的是,虽然人民币兑美元汇率走势在2019年更多地受到中美贸易摩擦演进的主导,但这并不意味着是中国央行在主动调整人民币兑美元汇率以对冲贸易摩擦加剧对中国的冲击,而是中美贸易摩擦加剧影响了外汇市场上的投资者情绪,进而通过市场供求变动影响汇率运动所致。

最近,随着中美贸易摩擦达成阶段性协议,人民币兑美元汇率已经出现明显反弹,由2019年10月28日的7.08左右反弹至2019年11月7日的7.00。人民币兑美元汇率中间价甚至在11月8日重新返回7.0以上(报价6.99),这距离2019年8月8日人民币兑美元汇率破7恰好3个月时间。笔者认为,在未来一段时间内,人民币兑美元汇率走势可能仍将受到中美贸易摩擦谈判进程的主导。如果谈判进程向好,则人民币兑美元汇率有望继续反弹。如果谈判进程重新出现反复,则人民币兑美元汇率可能再度贬值。从基本面来看,近期中美货币政策走向均呈现出审慎放松的态势,这意味着人民币兑美元汇率如果受基本面主导的话,将会在7上下震荡一段时间。

第九章
管好钱袋：我国外汇储备管理

外汇储备与外汇储备不一样吗？[①]

自 2014 年以来，人民币汇率结束了 10 年的升值趋势，进入贬值通道。为了稳定人民币兑美元汇率，中国央行频繁在外汇市场上卖出美元并买入人民币。而对外汇市场的持续干预，导致中国外汇储备存量快速下降。

尽管美元兑其他国际货币（如欧元、日元）汇率的波动也会导致以美元计价的外汇储备的市场价值发生波动，例如，美元兑欧元与兑日元持续升值，会降低以美元计价的外汇储备市场的价值，但是即使把这种不利的估值效应考虑进来，80%左右的外汇储备缩水也还是可以归因于中国央行对外汇市场的干预。

为了维持人民币兑美元汇率的稳定，在不到两年的时间内，央行在市场上出售了大约 6500 亿美元的外汇储备，这在全球金融史上是前所未见的。IMF 的全部可动用资金，也就 6000 亿~7000 亿美元。对于中国动用外汇储备维持人民币汇率稳定的做法，一向出言谨慎的时任 IMF 总裁拉加德在 2016 年年初的达沃斯世界经济论坛上公开表示："大规模使用外汇储备肯定不是个特别好的主意。"

[①] 本文写于2016年6月。

大部分中国学者似乎并不认为以 8000 亿美元为代价,换来人民币兑美元贬值不超过 5% 这样一件事有什么不对。一些学者甚至认为,通过干预外汇市场,用掉这 8000 亿美元是中国求之不得的事情。为什么这样一件令外国学者瞠目结舌的事情,在中国学者眼里却如此稀松平常?

一些学者认为,中国积累的外汇储备的性质,与挪威、沙特等产油国积累的外汇储备的性质存在显著区别。对产油国而言,通过出售国内资源而赚取的外汇储备,是通过转让本国资源禀赋而积累的财富,是可以自由使用的。政府既可以通过把外汇储备交给主权财富基金而投资于海外,也可以把外汇储备分给本国居民。对中国而言,外汇储备的主要来源有二。第一,外汇储备增加是持续的贸易顺差所致,即出口商选择把出口获取的美元卖给中国央行;第二,外汇储备的增加是持续的资本流入所致,即居民或非居民选择把流入的美元卖给中国央行。无论是上述哪种来源,央行都是通过用人民币购买外币而形成外汇储备的。因而,在中国这些专家学者看来,中国的外汇储备是央行通过货币创造积累起来的,本质上不是中国的财富,而类似于一种被基金公司管理的资产,投资者要求赎回是再自然不过的。对于这样积累起来的外汇储备,最好的用途就是在外汇市场上被卖掉。

但问题是,通过出售资源而形成的外汇储备,与通过贸易顺差或者资本净流入形成的外汇储备,真的存在本质上的区别吗?

笔者认为,无论是通过哪种形式积累的外汇储备,只要是一国政府支付了合理对价之后形成的,它们就没有本质上的区别。认为一种外汇储备是积累的财富,可以被自由运用,而另一种外汇储备相当于基金,最好卖掉,这样的观点令人难以理解。

首先,通过出售本国资源而获取的外汇储备,与通过贸易顺差获得的外汇储备,并不存在实质上的区别。诚然,出售本国的原油、矿石是卖掉了本国的财富。但试想,中国通过系统地压低国内劳动力、资金、环境、资源的价格,通过促进出口来拉动本国经济增长的做法,难道不是出售中国的资源禀赋吗？难道出口"中国制造"换回的美元，与出口原油与矿石而换回的美元存在本质区别？如果出售本国原油、矿石是一种资源的代际转移配置，那么通过经常账户顺差把本国富余的储蓄（本国储蓄过剩）贷给其他国家不是旨在平滑长期消费的一种资源的代际转移配置吗？过去几十年中国通过贸易顺差形成的外汇储备，其性质同中国积累物质资本存量和人力资本存量一样，也是中国的国民财富！

其次，只要是一国政府通过支付了市场化对价而积累起来的外汇储备（无论是卖油得来的外汇储备，还是用本币购买的外汇储备），既然已经发生了市场化交易，那么该国央行原则上就具备了对外汇储备自由处置的权力。事实上，央行在购买外币资产的时候，并没有签所谓的回购协议（即承诺在未来特定时期卖出外币并买入本币），因此并没有义务对交易对手承诺到期出售外汇储备，更没有义务按照当时购入外币时的汇率，将外币再出售给交易对手。否则，一国政府就不可能在完全开放了资本账户之后，重新管理资本账户了。重新管理资本账户，就意味着开始限制资本自由跨境流动，按照这些专家学者的逻辑，这就意味着政府违约了。

最后，当年把外汇储备卖给央行的交易对手，未必就是现在从央行购买外汇储备的交易对手，因此套用基金投资者赎回基金的说法并不恰当。例如，过去中国积累的如此之高的外汇储备，大部分来自贸易顺差与外商直接投资的流入。而2016年中国面临的资本流动主要是短期国际资本的持续流出，其中有一部分还是在市场上做空人民币的投机者。这就意味着，过去中国央行积累外汇储备的交易对手，更多的是有着真实交易背景的企业与外资来华企业；而2016年中国央行消耗外汇储备的交易对手，更多的是跨境套利交易者与有着多元化配置需求的投资者。这两类交易对手并不是同一个群体，因此不能套用基金投资者赎回基金的做法。

在2003年至2008年，持续的经常账户顺差导致外汇储备持续增加，这其实是一种资源错配。持有太多的外汇储备会面临很高的机会成本、汇率风险与冲销成本。中国央行是在人民币兑美元不断升值的背景下，用人民币资产不断换回美元资产的，这意味着央行会承担福利损失。但是，为了汇率维稳而轻易地花掉这些外汇储备也是资源的错配。事实上，央行在当前背景下持续公开市场干预的结果，无非是在人民币兑美元贬值的背景下，不断用美元资产换回人民币资产，这会造成新一轮福利损失。笔者认为，更好地花掉外汇储备的方式是，用外汇储备去购买海外资源、先进技术与人力资本，抑或用外汇储备进行全球直接投资，或者用外汇储备更加积极地参与全球与区域金融合作等。仅仅为了汇率维稳就花掉如此宝贵的外汇储备，是一种不值当的策略。

综上所述，在当前国内外环境下，中国央行应该在加强跨境资本流动管理的同时，进一步增强人民币汇率的弹性。这样既有助于增强中国货币政策的独立性，也有助于节约储备的消耗。高达3万亿美元的外汇储备是中国未来经济发展与金融稳定的宝贵资源，是中国人民的国民财富，应该用到更具价值的渠道上。

善用中国的外汇储备[①]

2014年6月至2017年1月，中国外汇储备由39 932亿美元下降至29 982亿美元，缩水了25%。外汇储备快速下降的直接原因是，为了防止人民币汇率快速贬值，央行对外汇市场进行了持续单边干预而消耗掉了1万亿美元外汇储备。从理论上而言，即使一国存在持续的贸易逆差，如果央行不干预外汇市场，外汇储备也不会持续缩水。

关于是否应继续放松央行对外汇市场的干预以增强汇率形成机制的弹性，

---

① 本文写于2017年2月。

是业界争论的焦点之一。笔者所在正方的主要观点有二。第一，在市场上已经形成贬值预期的前提下，抑制汇率贬值的速度必然意味着外汇储备的损耗。而在汇率达到合理均衡水平之前，外汇储备就可能跌至某个重要关口，随即渐进的汇率贬值就可能转变为外汇储备缩水与汇率加速贬值的恶性循环。第二，中国的外汇储备是过去我们花了很大代价积累起来的国民储蓄，我们应该善用这笔储蓄，而不应该用来大规模地干预外汇市场。

有关争论主要集中于上述第二个问题，即外汇储备的性质及用途。为深化讨论，笔者在本文中提出关于外汇储备的 6 个观点。

观点之一：外汇储备是中国政府能够自由决定其用途的资产。

反方认为，外汇储备是通过在外汇市场上用人民币从出口商或中外企业手中购买而形成的。央行积累外汇储备的过程也是发放基础货币的过程，而基础货币是央行的负债，因此，外汇储备不是中国政府可以自由动用的资产，而是居民与非居民暂时存在央行的资产，未来，居民与非居民可能会从央行购回美元，而央行则必须以此来偿还负债（人民币）。

这种观点的最大问题在于，市场主体当年向中国央行出售外汇储备的交易，是一次性交易，而非回购交易。如果是回购交易，那么央行将承诺在未来以特定的价格将美元出售给当年交易的市场主体。而如果不是回购交易，而是一次性交易，就意味着未来央行可以拒绝交易，或者通过提高美元价格的方式进行交易。换言之，当年央行在买入美元的过程中已经用人民币支付了市场化对价，因此央行就获得了购入外汇资产的自由使用权。央行并没有义务承诺在未来以固定的价格，将固定数额的美元出售给特定的市场主体。

观点之二：除了维持汇率稳定，外汇储备有更多更重要的用途。

反方认为，中国央行积累外汇储备的过程，就是干预外汇市场以避免人民币过快升值的结果。因此动用外汇储备来干预市场以避免人民币过快贬值便是顺理成章的。

然而，外汇储备有着多种用途，例如，向市场提供必要的流动性，在合理均衡的水平上熨平汇率波动（而非在汇率持续高估的前提下稳定汇率），提供自我保险以强化对本国金融体系的信心，提供全球公共产品，以备不时之需等。此外，中国的外汇储备在很大程度上是在国内储蓄尚不能完全转化为国内投资的前提下，中国居民与企业通过央行存放在外国金融产品（尤其是美国国债）上的一种国民储蓄。这种储蓄应当被用于更加重要的用途，例如，进口中国未来发展需要的资源、技术、人力资本，或者由本国企业将其用于真实的海外投资与并购，抑或用来拓展中国的全球利益（如推动"一带一路"建设）等。

当然，央行通过外汇市场干预出售的外汇储备将流入居民、企业与非居民手中，他们也会将流回的外汇储备用于进口、购买海外资产、偿还海外债务等。然而，在汇率水平基本合理均衡前提下的外汇使用，与在本币汇率持续高估前提下的外汇使用，是截然不同的两回事，对国民福利的影响也大相径庭。

观点之三：如果仅实现传统用途，那么3万亿美元的外汇储备的确足够用。但如果在本币汇率持续高估的前提下干预外汇市场，尤其是在资本管制缺位的背景下，那么3万亿美元的外汇储备未必够用。

反方认为，目前3万亿美元的外汇储备足够用于支付进口、偿还外债及干预外汇市场，没有必要积累过度的外汇储备。

的确，当前3万亿美元的外汇储备如果仅仅用来支付进口与偿还外债，的确足够。但是，如果单边贬值预期没有转变，那么消耗外汇储备来干预市场就可能是个无底洞。例如，在IMF用来衡量外汇储备是否充足的评估体系中，对于没有资本账户管制，且试图维持本币汇率兑美元稳定的国家而言，充足的外汇储备规模应该同时满足：第一，短期债务的30%；第二，其他债务的20%；第三，M2的10%；第四，出口的10%。根据法兴银行在2015年9月初做出的估算，按照上述IMF的标准，中国的外汇储备规模不能低于2.75万亿美元。这距离3万亿美元的外汇储备存量已经不远了。

观点之四：消耗掉的外汇储备只有一部分是藏汇于民，而且这种形式的

藏汇于民还可能导致国民福利的下降。

反方认为，央行在市场上卖掉的美元，转变成了本国居民与企业手中的外汇资产，这是藏汇于民的做法，值得鼓励。

这种观点存在的主要问题如下。第一，它简单假设央行卖掉的美元都转变成了本国居民与企业的外汇资产，而忽视了其中一部分美元其实卖给了境外套汇、套利者。当年在人民币汇率开始升值时，非居民套汇、套利者卖出美元买入人民币。2017年，趁人民币开始贬值，但还未充分贬值之际，套汇、套利者会卖出人民币买回美元。动用外汇储备维持汇率稳定的政策使套汇、套利者得以实现套汇、套利交易平仓，他们可以赚取不菲的利润，实现"胜利大逃亡"。第二，有能力大量购买外汇并将其投资于海外的群体主要是中国的富裕阶层。外汇储备损耗完全转化为居民美元存款，实际上是把汇率风险转嫁给了公众。如果最终央行没能稳定住汇率，人民币兑美元以更大幅度贬值，那么这种干预市场的做法便会加剧中国的贫富差距。第三，在存在严重本币贬值压力的情况下，动用外汇储备维持汇率稳定意味着廉价出售美元，如此这般的"藏汇于民"是方便和鼓励资本外逃。第四，尽管并无确凿数据，但由于贬值过程已经持续了相当长时间，做空者大概也赚走了一些钱。第五，反方应该拿出切实的证据来，证明流失的外汇储备究竟是如何藏汇于民的。例如，以何种形式藏在了哪些主体的手中？第六，2014年第三季度至2016年第三季度，中国国际收支表的错误与遗漏项出现了4500亿美元的净流出，这应该算不上"藏汇于民"。

观点之五：估值效应不是外汇储备下降的主要原因。

有观点认为，2017年中国外汇储备规模下降的主要原因是美元兑其他主要货币升值，以及外币资产市场价值变动。

汇率变动与资产价值变动造成的估值损失的确可能导致外汇储备下降，但这并不是中国外汇储备下降的主要原因。例如，2014年6月底至2016年9月底，中国央行公布的外汇储备规模下降了8268亿美元。在同一时期，季度国际收支表中外汇储备缩水累计额达 6712 亿美元。由于后者的数据是流量，本身已经剔除了估值效应，因此便不难看出，在这一时期内，估值效应只能解释储备缩水的 19%。

观点之六，当年反对过度积累外汇储备，现在反对大量、单向、持续地使用外汇储备，并无逻辑不一致之处。

笔者及笔者所在团队当年的确反对为了防止本币过快升值而干预外汇市场、积累外汇储备的做法。因为作为一个发展中国家，中国本不应该是一个资本输出国。此外，中国在输出资本的同时也大量引入外资，由此形成的国际收支双顺差意味着不菲的福利损失。造成的结果是中国形成了一种极其不合理的国际收支结构，即在坐拥大量海外净资产的同时，投资收益却持续为负。

我们团队的逻辑是前后一致的。作为一种重要价格，如果汇率定价出现大的偏差，就必然会造成跨国或跨期的资源错配。因此，一直以来我们都在呼吁减少央行对外汇市场的干预，增强汇率机制的弹性。如果我们早已采用了浮动汇率制度，那么当年我们就不会积累那么多外汇储备，现在也不会消耗那么多外汇储备。

在当年积累外汇储备时，我们已经经历了一次福利损失。而如果现在我们把外汇储备用于长期、持续的单向干预，那么便意味着第二次福利损失。

外汇储备到底该由谁来管？[①]

缘起：在 2017 年 11 月召开的财新年度峰会上，全国人大财经委黄奇帆主任与央行研究局徐忠局长关于外汇储备管理模式的争论，使得外汇储备问题再次受到社会关注。其实，在过去十余年间，关于央行是否应该大量积累

---

① 本文写于2017年11月。

外汇储备、积累外汇储备的成本与收益如何、外汇储备是否应该由央行一家管理、外汇储备能不能分给老百姓、央行是否应该大量用外汇储备干预外汇市场等问题，持续引发过市场关注，笔者也多次参与过上述讨论。写作本文的目的是，借着这次辩论引发关注的契机，再次向公众阐述我们团队的观点，厘清相关模糊认识。

问题一：央行积累外汇储备是否必然会引起基础货币超发？

回答：未必。

虽然央行会在外汇市场上用人民币去购买美元，但在释放外汇占款之后，央行可以通过冲销的方式，重新回笼因为购买美元而释放的外汇占款。如果冲销能够做到百分之百，那么央行积累外汇储备的过程并不会引发基础货币超发。

不过央行冲销是有成本的，而且随着冲销规模的扩大，央行冲销的成本会更快地上升。例如，在21世纪初期，中国央行一度是靠发行央行票据来冲销外汇占款的。央行票据是央行发行的短中期债券。随着央票发行规模的扩大，央票的利率无疑会上升，这将增加央行的财务成本，最终导致央行亏损。后来中国央行的冲销方式由发行央票转变为提高商业银行法定存款准备金率。由于央行对法定存款准备金支付的利率水平显著低于央票利率，因此这种方法显著降低了央行的冲销成本，却将冲销成本转移给了商业银行，放大了商业银行资金的机会成本。这是因为，如果商业银行能把上交的法定存款准备金用于发放信贷，那么无疑将会获得更高的回报率。因此，通过提高法定存款准备金率来进行冲销的做法，事实上是央行对商业银行体系的征税。而最后，通过系统性压低商业银行支付给居民部门的基准存款利率，商业银行又可以把冲销成本转移给居民部门。[①]

正是因为冲销有成本且成本随着冲销规模的扩大而上升，因此冲销通常

---

① 笔者2012年发表在 China & World Economy 上的英文论文 Chinese Stylized Sterilization：The Cost-sharing Mechanism and Financial Repression 中详细地说明了此机制。

很难做到100%。因此，中国持续的国际收支双顺差导致国内流动性过剩，这种说法并不为过。

问题二：由于央行在积累了外汇储备的时候发放了基础货币，而基础货币是央行的负债，因此外汇储备只能由央行来持有。这种说法正确吗？

回答：不正确。

外汇储备是中国政府能够自由决定其用途的资产。市场主体当年向中国央行出售外汇储备的交易是一次性交易，而非回购交易。如果是回购交易，那么央行将承诺在未来以特定的价格将美元出售给当年交易的市场主体。如果不是回购交易，而是一次性交易，就意味着未来央行可以拒绝交易，或者通过提高美元价格的方式来进行交易。换言之，当年央行在买入美元的过程中已经用人民币支付了市场化对价，因此央行获得了购入外汇资产的自由使用权。央行并没有义务承诺在未来以固定的价格，将固定数额的美元出售给特定的市场主体。

问题三：中国政府通过发行长期国债来置换央行的外汇储备，这是"空手套白狼"吗？

回答：不是。

"空手套白狼"是指在不支付市场化对价的前提下单方向获得真实资产。外汇储备的确是一种硬通货资产，但中国政府发行的国债也是受到国际社会认可的一种优质资产。中国政府用自身发行的特别国债与央行的外汇储备进行资产置换，然后用置换出来的外汇储备构建主权投资基金并投资于海外，这是合乎经济逻辑的做法。事实上，当年中投公司的成立恰好是使用了这种方法。

这种做法会额外增加中国政府的财政成本吗？未必。如果央行将这批特别国债的到期本息，最终通过一个专门账户再次上交给国库，那么上述做法并不会额外增加中国政府还本付息的压力。

此外，财政部发行特别国债，还可以增加国内国债市场的规模，进一步促进国内债券市场的建设。

问题四：央行管理外汇储备是既成事实，那么由财政部来管理一部分外汇储备有何意义？

回答：意义至少有两个。一是通过提高主权外汇资产管理机构之间的竞争，来提高整体投资回报率；二是更好地弥补中国未来社会保障资金的缺口。

在 2007 年之前，中国只有一家主权外汇资产管理机构，就是央行旗下的国家外管局。2007 年中投公司成立，客观上与外管局形成了主权外汇资产管理竞争的格局。这事实上提升了中国主权外汇资产的投资回报率。当然，由于央行并未披露外汇储备的投资回报率数据，因此我们并不能真正比较"外汇储备的投资收益率与其他投资机构的投资收益率"。然而，只要外管局的大部分外储资产投资于发达国家国债，那么其综合投资收益率就不会太高。

在这一方面，做得更好的是新加坡。新加坡已经形成了 MAS（新加坡金融管理局）、GIC（新加坡政府投资公司）与淡马锡的三驾马车格局。这三家公司都是新加坡政府独资的主权资产管理机构，相互之间既有竞争也有分工。

很多有充裕外汇储备的国家都有主权养老基金。虽然中投公司看起来和挪威石油基金之类的主权养老基金很像，但公司章程并未规定中投公司未来的投资收益会进入社保账户。由于未来中国将面临严峻的老龄化与社保空账问题，因此，通过与成立中投公司类似的方式来利用外汇储备构建主权养老基金，对中国政府而言是值得考虑的选择。

问题五：用部分外汇储备来充实社保账户，会产生严重的二次结汇的问题吗？

回答：未必。

主权养老基金主要是将自身资产投资于国外金融市场，投资本金可以长期以外币资产的方式停留在境外。只有汇回的投资收益在转变为人民币时，会产生所谓的"二次结汇"问题。然而，相对中国每年巨大的经常账户顺差及跨境资本流动，主权财富基金的投资收益汇回产生的汇兑压力是非常小的，甚至可以忽略不计。

第十章
重新出发：人民币国际化进程

人民币国际化为何陷入停滞？[①]

自中国央行从2009年下半年起积极推动人民币国际化至2016年9月，人民币国际化进程大致可以分为两个阶段：2010年至2015年上半年，人民币国际化取得了快速的发展；2015年下半年起至2016年9月，人民币国际化的速度显著放缓，部分指标甚至出现了逆转。

中国央行主要是沿着两条路径来推进人民币国际化的：一是推进人民币在跨境贸易投资中的结算，二是促进离岸人民币金融市场的发展。为了帮助其他国家获得额外的人民币以满足市场需求，中国央行与越来越多的央行签署了双边本币互换。

那么，为什么人民币国际化的进程从2015年下半年显著放缓了呢？

原因之一在于，人民币兑美元升值预期转变为贬值预期，且贬值预期在"811"汇改后明显深化。事实上，从2014年第二季度起，人民币兑美元的每日中间价开始持续高于收盘价，这意味着市场上开始产生人民币兑美元贬值预期。但由于市场相信中国央行将会维持汇率稳定，上述贬值预期并不强烈。然而，2015年的"811"汇改中，中国央行主动放弃了对人民币汇率中间价

[①] 本文写于2016年9月。

的干预，这不仅导致人民币兑美元汇率由最高点的6.1左右贬值至2016年9月的6.7左右，而且进一步加深了人民币贬值预期。

众所周知，在过去普遍存在的人民币升值预期的情况下，发生了大量的人民币跨境投机套利活动。主要的跨境投机套利方式有两种：跨境套汇与跨境套利。所谓跨境套汇，是指如果存在持续的人民币兑美元升值预期，那么香港市场上的人民币价格要比内地的人民币价格更贵，因此可以通过将内地的人民币输送到香港市场来获利。这种套汇通常会通过跨境人民币贸易结算的方式来进行。因此，大规模的套汇不仅会导致香港市场上人民币存量上升，而且会导致跨境贸易的人民币结算规模上升。然而在2015年"811"汇改之后，伴随人民币兑美元升值预期的逆转，香港市场上的人民币价格变得比内地更加便宜，因此，输入人民币的套汇模式将发生逆转，这会导致香港市场上人民币存量的显著下降。

原因之二在于，内外利差的缩小与人民币兑美元的贬值，降低了跨境套利的吸引力。过去由于内地的人民币利率显著高于香港的人民币利率，跨境套利大行其道。所谓跨境套利，是指内地企业设法从香港银行借入人民币贷款，将其输送回内地市场，从而赚取不菲的利差。在人民币兑美元贬值预期下，如果从香港银行借入美元，再转换为人民币，然后输送回国内套利，则能获得利差与升值的双重收益。这种跨境套利的资金移动，依然会借助跨境贸易的人民币结算的伪装。因此，跨境套利的结果，是内地企业获得更多的香港银行的贷款，以及跨境贸易人民币结算规模的上升。然而，自2014年下半年起，随着中国经济潜在增速的下行，中国央行多次下调利率与准备金率，这导致内外利差显著收缩。再考虑到"811"汇改之后人民币兑美元贬值预期的加深，跨境套利活动从2015年下半年起显著收缩，甚至发生逆转，这既会导致香港银行对内地企业的贷款余额显著下降，也会导致跨境贸易人民币结算规模的下降。

原因之三在于，随着中国经济潜在增速的下滑及金融风险的显性化，持有人民币资产的收益率显著下降,潜在风险显著上升,这会降低境外投资者持有人民币资产的意愿,进而导致人民币国际化进程的放缓。考虑到这一点,即使2016年10月人民币正式加入SDR货币篮,我们也不要对短期内国际机构投资者配置人民币资产的需求做出过高估计,毕竟资本流动总是顺周期的。

总之,2015年下半年以来人民币国际化进程的放缓,主要是由跨境套利活动的萎缩所致。这事实上是挤出泡沫的过程。换言之,我们不必过分担心人民币国际化进程的放缓,未来人民币国际化进程虽然可能更慢一些,但很可能更多地由真实需求来驱动,因此其可持续性有望显著增强。

人民币国际化进程有所回暖[①]

2015年下半年至2017年年初,受"811"汇改之后人民币兑美元升值预期逆转、中国央行加强了对跨境资本流出的管制等因素的影响,人民币国际化进程明显陷入停滞,很多指标甚至出现了逆转。然而,从2017年后半年来看,人民币国际化进程已经开始回暖。

众所周知,自2009年以来,中国央行一直在从两个层面大力推进人民币国际化:一是跨境贸易与投资的人民币结算,二是离岸人民币金融市场的发展。因此,我们可以从这两个维度来观察人民币国际化的停滞与回暖。

首先,从跨境贸易与投资的人民币结算来看,跨境贸易的人民币结算规模在2015年第三季度达到20 900亿元人民币的历史性峰值,之后显著下行;在2017年第一季度降至9942亿元,降幅约为52%。然而,该规模在2017年第四季度重新上升至11 300亿元。对外直接投资(ODI)与外商直接投资(FDI)的人民币结算规模在2015年第三季度分别达到3323亿元与5734亿元

---

① 本文写于2018年1月。

的历史性峰值，在 2017 年第一季度分别下降至 641 亿元与 1776 亿元，降幅分别为 81% 与 69%。然而，上述规模在 2017 年第四季度分别上升至 2100 亿元与 4646 亿元。

作为上述变动的结果，人民币国际支付占全球国际支付的份额由 2015 年 8 月 2.79% 的历史性峰值下降至 2017 年 10 月的 1.46%（这是自 2014 年 4 月以来的最低点），但在 2017 年 11 月重新上升至 1.75%。人民币在全球国际支付货币中的排名曾经在 2015 年 8 月短暂爬升至第 4 位，在 2017 年 10 月跌至第 7 位，但在 2017 年 11 月重新上升至第 6 位。

其次，从离岸人民币金融市场的发展来看，香港市场上人民币存款规模在 2014 年 12 月一度达到 10 036 亿元的历史性高位，到 2017 年 3 月下降至 5073 亿元，降幅达到 49%。然而，该数据在 2017 年 11 月重新上升至 5592 亿元。台湾市场上人民币存款规模的变动幅度不大，先是由 2015 年 6 月的 3382 亿元下降至 2016 年 7 月的 3054 亿元，之后又回升至 2017 年 11 月的 3174 亿元。新加坡市场上人民币存款规模先是由 2015 年 6 月的 2340 亿元下降至 2016 年 9 月的 1200 亿元，之后又回升至 2017 年 9 月的 1390 亿元。

渣打银行的人民币环球指数（RGI）在 2015 年 9 月底的一度达到 2407 点的历史性高位，到 2017 年 6 月底下跌至 1622 点（遗憾的是，笔者在 Wind 上没有找到 2017 年下半年以来的该指数）。中国银行的人民币跨境指数（CRI）由 2015 年 8 月 321 点的历史性高位下跌至 2016 年 12 月底的 229 点，之后又回升至 2017 年 9 月底的 257 点。中国银行的人民币离岸指数由 2015 年 9 月底的 1.40 的历史性高位下降至 2016 年 12 月底的 1.15，之后又回升至 2017 年 9 月底的 1.22 点。

笔者认为，导致 2017 年中后期人民币国际化进程由停滞转为回暖的主要原因如下。

第一，人民币兑美元汇率由跌转升，尤其是逆周期因子的引入从根本上扭转了市场上人民币兑美元汇率的持续贬值预期。人民币兑美元汇率由 2015

年"811"汇改之前的 6.1 左右一度贬值至 2017 年年初的 6.9 左右，之后重新升值至 2018 年年初的 6.4~6.5。2017 年 5 月，中国央行在人民币兑美元汇率中间价定价机制中加入逆周期调节因子，这成为扭转市场上人民币持续贬值预期的关键。而随着人民币兑美元重新升值，外国投资者持有人民币资产的意愿重新增强。

第二，在"811"汇改之后，为了抑制人民币贬值与资本外流之间的相互强化作用，中国央行在资本流动管理方面采取了遏制流出与鼓励流入的措施。2016 年至 2018 年年初，中国央行加快了向外国投资者开放中国国内证券市场，尤其是国内债券市场的步伐。2016 年第二季度至 2018 年年初，外国投资者在经历了此前三个季度的净出售中国债券之后，开始重新净购入中国债券。

第三，从 2016 年年底开始，一行三会开始启动金融去杠杆、防风险的强化监管进程，此举导致中国国内货币市场与债券市场收益率显著上升。中国境内外债券息差的重新拉大，自然会吸引外国投资者大量购入中国利率债。例如，在 2017 年第三季度，受到人民币兑美元重新升值，债券市场利差拉大的综合影响，外国投资者对中国债券的净购入达到 481 亿美元的历史性峰值。

总之，人民币贬值预期的逆转与中外利差的重新扩大将再度提高外国投资者持有人民币计价资产的兴趣，而中国债券市场的开放给了外国投资者大规模投资人民币计价资产的新渠道。这两者的结合导致了人民币国际化进程的回暖。

人民币国际化：不忘初心再出发[①]

一、人民币国际化的缘起

在美元挂钩黄金、其他货币挂钩美元的布雷顿森林体系于 20 世纪 70 年

---

① 本文写于2018年10月。

代初期崩溃之后，国际货币体系进入牙买加体系时期。尽管牙买加体系也被称为"无体系"的体系，但其实质是美元本位制。尽管已经与黄金脱钩，但美元延续了其在布雷顿森林体系中的中心货币地位。在美元本位制下，一方面，美国政府可以通过输出美元而获得真实资源的注入，这意味着美国逐渐形成了庞大的经常账户逆差；另一方面，尽管美联储制定的货币政策主要从美国国内视角出发，却能发挥全球范围内的影响。事实上，美联储的货币政策周期决定了全球金融周期。

在 2001 年年底加入 WTO 之后，中国迅速成长为全球制造工厂。中国国际收支从 1999 年起出现了经常账户与资本账户的持续双顺差。持续双顺差的结果导致中国逐渐积累了巨额的外汇储备。2007 年，中国经常账户顺差占 GDP 的比例达到了 10%的历史性高位。这导致在 2008 年全球金融危机爆发之前，关于全球经常账户失衡的讨论一度主导了国际多边机构的议程。

在 2008 年全球金融危机爆发后，为了稳定美国国内金融市场，提振实体经济，美联储迅速将联邦基金利率降低至零，并开始实施三轮量化宽松政策。在美联储急剧放松货币政策的初期，中国政府开始担忧，如果美联储宽松货币政策导致美元汇率大幅贬值，那么中国政府持有的大量美元资产的市场价值将大幅缩水。中国时任国务院总理温家宝曾经向时任美国总统奥巴马当面表达过这一担忧。

正是在这一背景下，2009 年年初，中国央行开始大力推动人民币国际化。中国政府推进人民币国际化的初衷在于，降低在国际贸易与资本流动中对美元的依赖程度，以避免过度依赖美元而带来的各种风险。更加具体的目的则包括：第一，推进人民币国际化可以降低中国企业在对外贸易与投资中对美元的需求，从而降低中国企业的汇兑风险，以及降低中国政府进一步积累外汇储备的必要性；第二，推进人民币国际化可以方便中国企业用人民币在境外进行融资与投资，从而降低中国企业在投融资方面面临的汇率风险，降低融资成本；第三，推进人民币国际化有助于进一步发展中国国内金融市场，提高金融市场的深度、广度与开放度；第四，推进人民币国际化有助于倒逼国内的结构性改革；第五，当时人民币的国际地位远远滞后于中国经济的国际地位，因此，推动人民币国际化有助于让人民币的国际地位与中国经济的国际地位更好地匹配。

二、人民币国际化第一阶段：跨境结算+离岸市场+本币互换

从 2009 年起，中国政府开始采用"三管齐下"（或者说"三位一体"）的方式来推动人民币国际化。首先，中国政府大力鼓励中外企业在跨境贸易与直接投资的交易中采用人民币进行结算。通过鼓励人民币的国际结算，可以使人民币大量流入境外，也可以使部分境外的人民币通过跨境交易实现回流。其次，中国政府大力推动在中国香港、新加坡、伦敦、纽约、法兰克福、中国台北等国家和地区建立离岸人民币金融中心。离岸人民币金融中心的建立有助于激活人民币在境外以投融资的方式进行流通，创造境外非居民对人民币的需求。最后，中国央行开始与其他国家或地区的央行建立双边本币互换。创设双边本币互换的初衷在于，当其他国家对人民币的需求显著上升时，这些国家的央行可以通过激活与中国央行人民币的互换来获得额外的人民币，以满足上述需求。

2010 年至 2015 年上半年，用上述三维视角来衡量，人民币国际化取得了重大进展。跨境贸易人民币结算规模由 2010 年第一季度的 184 亿元攀升至 2015 年第三季度的 2.09 万亿元（见图 1）。在 2015 年，人民币跨境贸易结算规模超过中国跨境贸易规模的 1/4。中国香港人民币存款规模由 2009 年年底的 627 亿元激增至 2014 年年底的 1 万亿元（见图 2）。截至 2015 年 10 月底，中国央行与其他央行签署的双边本币互换的余额累计达到了 3.31 万亿元（见图 3）。根据 SWIFT 的数据，人民币在全球国际支付货币中的排名由 2010 年 10 月的第 35 位上升至 2015 年 8 月的第 4 位，人民币结算规模占全球结算规模的比重则由 2011 年年底的 0.29% 上升至 2015 年 8 月的 2.79%，如图 4 所

示。2015年年底，IMF宣布把人民币纳入SDR货币篮，这是SDR货币篮中继美元、欧元、日元、英镑之后的第五种国际货币，这被视为人民币国际化的里程碑事件。

数据来源：Wind。

图1　跨境贸易人民币结算规模

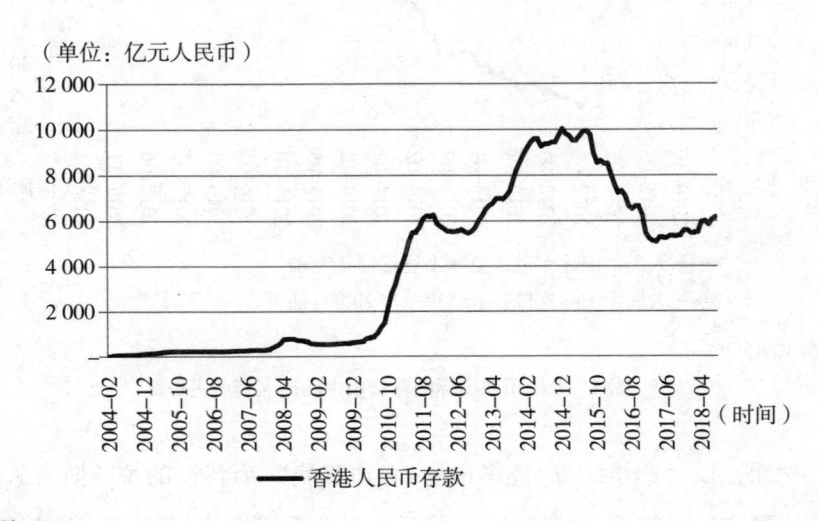

数据来源：Wind。

图2　香港人民币存款规模

（单位：亿元人民币）

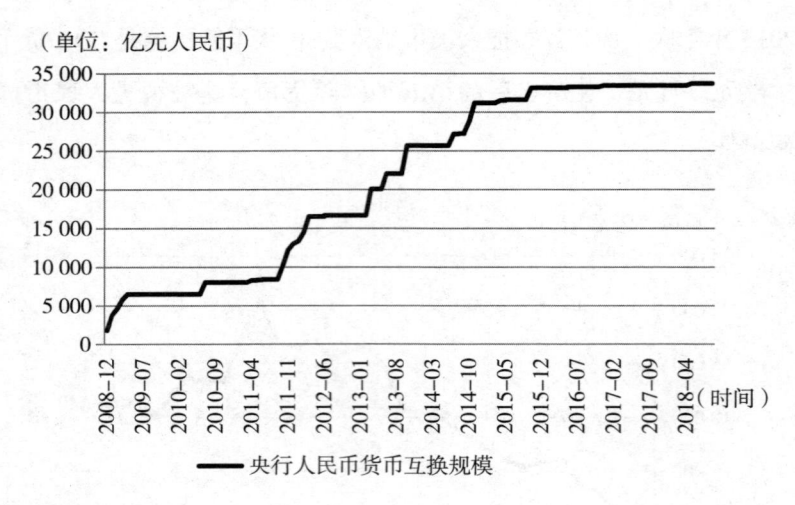

数据来源：Wind。

图3　中国央行与其他央行签署的双边货币互换累计余额

数据来源：Wind。

图4　人民币在国际结算货币中的排名与所占份额

然而，以"跨境结算+离岸市场+双边互换"为特征的第一阶段人民币国际化，具有以下问题（或隐忧）：第一，过分重视推动人民币作为结算货币的功能拓展，忽视了人民币作为计价货币的功能。事实上，在评价一种货币是否为国际货币的诸多标准中，计价货币的重要性远高于结算货币。而只有当中国企业用人民币作为计价货币时，中国企业才能真正规避汇率波动造成的风险。第二，由于中国政府是在人民币利率与汇率充分市场化之前推动人民币国际化的，这就造成离岸市场上的人民币汇率和利率与在岸市场上的人民币汇率和利率之间存在显著差异，这就导致企业与居民会利用两个市场之间的人民币利差和汇率进行套利。而这种套利行为将披着人民币跨境结算的外衣来规避监管，因此会导致人民币跨境结算的数据出现泡沫或"虚火"。例如，当人民币兑美元汇率面临升值压力时，香港市场的人民币兑美元汇率通常会显著高于内地市场，从而导致中国出口企业选择在香港将美元收入兑换为人民币。又如，当境内人民币利率远高于香港人民币利率时，就会使一些企业倾向于在香港借入人民币贷款，通过跨境贸易人民币结算的方式，将人民币转移至内地进行投资，以获得跨境利差。第三，第一阶段的人民币国际化策略没有强调在境外创造关于人民币的真实需求，以致跨境套利行为在一定程度上主导了非居民对人民币的需求。这就意味着，一旦套利动机消失，非居民持有人民币资产的意愿就会显著下降，进而导致人民币国际化的发展速度放缓。

2015年下半年至2017年上半年，人民币国际化进入了停滞期甚至倒退期。跨境贸易人民币结算规模，由2015年第三季度的2.09万亿元下降至2017年第一季度的9942亿元（见图1）。香港市场人民币存款规模由2014年年底的1万亿元下降至2017年3月底的5073亿元（见图2）。在2015年10月底至2018年10月，中国央行与其他央行之间签署的双边本币互换的累计规模几乎没有明显上升（见图3）。根据SWIFT的数据，人民币在全球国际支付货币中的排名由2015年8月的第4位显著下降至2017年4月的第7位，人民币结算规模占全球结算规模的比重则由2015年8月的2.79%下降至2017年4月的1.60%（见图4）。尽管人民币已经被纳入IMF特别提款权货币篮，但全球机构投资者尚未显著增加对人民币资产的组合投资。

导致人民币国际化步伐在 2015 年下半年至 2017 年上半年显著放缓的原因，一是人民币兑美元的升值预期逆转为贬值预期，尤其是在 2015 年 "811" 汇改之后，人民币贬值预期一度显著加剧，这降低了境外机构投资者持有人民币计价资产的动机；二是随着美联储加息与中国央行放松货币政策，中外利差显著缩水，降低了通过人民币跨境流动来进行跨境套利的动机；三是随着中国央行在 2016 年开始采用显著收紧资本流出的方式来稳定人民币汇率，离岸市场能够获得的人民币资金增量显著缩水。

三、人民币国际化第二阶段：石油期货计价+国内金融市场开放+"一带一路"创造真实需求

从 2017 年下半年起，中国央行似乎开始用一套新的策略来推动新一轮的人民币国际化。笔者将此概括为新的"三管齐下"或"三位一体"，这意味着人民币国际化进入了第二阶段。新的三种策略分别为：第一，推出了以人民币计价的上海原油期货交易，大力拓展人民币作为国际性计价货币的功能；第二，对外国机构投资者加快了中国国内金融市场的开放步伐，努力拓展境外机构投资者能够持有人民币资产的种类与规模；第三，鼓励在"一带一路"沿线的经贸、基础设施投资、产业园建设中使用人民币来计价与结算，努力拓展人民币在沿线国家的真实需求。

2018 年 3 月 26 日，中国的原油期货在上海期货交易所的子公司——上海国际能源交易中心（INE）——正式上市，这是中国第一个对国际客户开放的期货商品，境外投资者可以直接参与。在交易标的方面，美国西得克萨斯轻质原油［West Texax Intermediate（Crude Oil），WTI］布伦特原油（Brent Oil）期货均以轻质低硫原油为交易标的，而 INE 原油期货则以中质含硫原油为交易标的。考虑到中质含硫原油的产量约占全球原油总产量的 44%，且是中国及周边国家从中东进口原油的主要品种，因此，INE 原油期货将其作为交易标的，这也是对全球石油市场的一个重要补充。在交易油品方面，Brent 原油

期货的可交割油种均为产自北海油田的轻质含硫原油，WTI 原油期货则可以交割 6 种美国国内原油和 5 种国外原油。相比之下，INE 原油期货的 7 种可交割油品除 1 种产自中国胜利油田外，其余 6 种均产自中东。在交易时间方面，INE 原油期货与其他原油期货相比，特殊之处在于增加了夜盘交易时间（每日晚上九点至第二日凌晨两点半），这既有利于提高交易活跃度，也有利于中国原油期货与国际盘接轨，避免因时差问题而阻碍外国投资者进入。在结算货币方面，INE 原油期货以人民币计价，并且可转换成黄金，而其他主要原油期货均以美元计价。自 2018 年 3 月 26 日 INE 原油期货合约上市以来，其成交量呈现稳步上升态势，2018 年 10 月全球份额已经超过了 10%。创建人民币计价的中国原油期货合约，有助于显著增强人民币作为国际计价货币的功能，进而有助于进一步推进人民币国际化。

最近几年，中国政府显著加快了中国国内金融市场对外国机构投资者的开放步伐。自沪港通和深港通分别于 2014 年 11 月和 2016 年 12 月正式启动以来，这两种机制已经成为境外资本进入我国内地资本市场的重要途径。在 2018 年 4 月的博鳌亚洲论坛上，央行行长易纲宣布，为进一步完善内地和香港两地股市互联互通的机制，从 2018 年 5 月 1 日起，把每日互联互通的额度扩大了四倍，将沪港通及深港通每日额度均调整为 520 亿元人民币，沪港通下的港股通及深港通下的港股通的每日额度则均调整为 420 亿元人民币。2018 年 3 月 23 日，彭博有限公司宣布将逐步把以人民币计价的中国国债和政策性金融债纳入彭博巴克莱全球综合指数。这将有利于促进中国债券市场的对外开放及境外投资者增持中国债券。2018 年 6 月 1 日，美国明晟公司（Morgan Stanley Capital International，MSCI）按照 2.5% 的纳入比例将 A 股正式纳入 MSCI 新兴市场指数。2018 年 9 月 3 日，上述纳入比例被进一步提高到了 5%。从中长期来看，这将为 A 股市场带来可观的增量资金，吸引更多的海外投资者进入中国国内资本市场，提高机构投资者所占比重。中国国内资产价格指数逐渐被纳入全球投资者认可的全球金融指数，这无疑会强化人民币作为金融资产计价货币的国际地位，并进一步吸引境外人民币回流内地市场进行投资。

其实，早在 2009 年中国央行推动人民币国际化之前，人民币就作为一种重要货币在中国某些邻国广泛流通，用作计价货币与结算手段。在认识到第一阶段的人民币国际化推动策略忽视了针对人民币的真实需求这一点后，中国政府开始注重在"一带一路"沿线国家培育针对人民币的真实需求，包括鼓励在"一带一路"沿线国家与中国的经贸往来中使用人民币计价与结算，在"一带一路"沿线的基础设施投资与产业园建设中使用人民币计价结算，针对"一带一路"国家的机构投资者加快中国金融市场的开放等。如果"一带一路"沿线国家对人民币的真实需求能够得到拓展，那么非居民持有人民币的动机就不仅限于套利动机，而且有利于人民币在汇率双向波动、境内外利差不断变化的背景下继续成长为国际化货币。事实上，在"一带一路"沿线培育人民币的真实需求，本质上也是将人民币国际化与区域货币合作两种策略结合起来。

不难看出，第二阶段的人民币国际化新策略，恰好是针对了第一阶段人民币国际化策略的三个弱点——忽视了人民币计价功能、套利动机主导与真实需求匮乏——而对症下药加以制定的。这就意味着，在第二阶段，人民币国际化的形势未必有第一阶段那么快（第一阶段的国际化中有跨境套利的泡沫），但其步伐有望更加坚实，更可持续。

四、结论与展望

人民币国际化在 2010 年至 2015 年上半年取得了显著进展，但也在 2015 年下半年至 2017 年上半年陷入停滞。可以说，人民币国际化已经经历了一个比较完整的周期。以"跨境结算+离岸市场+双边互换"为特征的第一阶段策略获得了很大的成功，但同时也存在忽视计价功能、跨境套利主导与缺乏真实需求等问题。以"原油期货计价+开放国内金融市场+'一带一路'沿线拓展真实需求"为特征的第二阶段策略很好地克服了第一阶段存在的问题,有望使新一轮人民币国际化变得更加坚实、更可持续。

事实上,如图1至图4所示,从2017年下半年起,无论是从跨境贸易结算规模、香港市场人民币存款规模,还是从人民币作为全球支付货币的排名与份额来看,人民币国际化的形势均有所回暖。在美国回归民粹主义、单边主义与贸易保护主义,中美贸易摩擦显著加剧的背景下,中国政府应该成为全球多边主义的新旗手,而人民币国际化在这一背景下也变得尤其重要。人民币国际化的初衷在于,改变全球贸易与投资对美元的过度依赖,实现全球储备货币多元化,使全球经济增长变得更加包容、平衡与可持续。在全球经济同步复苏重新转为分化,全球货币政策分化加大,全球地缘政治冲突加剧与中美贸易摩擦加剧的复杂背景下,人民币国际化可谓不忘初心、重新出发。

人民币国际化依然任重道远
——关于国际货币地位消长的四个特征事实[①]

2019年是中国央行正式推进人民币国际化的10周年。在过去10年里,人民币国际化取得了长足进展。最具标志性的里程碑事件当数从2016年10月起,人民币正式被纳入IMF特别提款权货币篮,截至2019年6月,占比已达到了10.92%,在美元与欧元之后名列第三,超过了日元与英镑。人民币顺利入篮,反映了国际社会对人民币国际化所取得成绩的客观认可。

然而,我们也要清晰地看到,虽然人民币已经取得了很大成绩,但其国际地位依然与美元、欧元等相距甚远。人民币要想像中国经济那样,成长为

---

① 本文写于2019年6月。

与美元、欧元三足鼎立的全球储备货币,依然任重道远。

我们可以从全球结算货币、全球外汇交易货币与全球储备货币三个角度,来比较各大国际货币相对低位的变迁。从中大致可以总结出四个特征事实。

特征事实之一:美元依然是雄踞全球首位的国际货币,其地位在美国次贷危机爆发之后的 10 年内甚至不降反升。

从最新数据来看,美元在全球跨境支付中的占比达到了 40.8%(2019 年 4 月),在全球外汇交易中的占比达到了 43.1%(2016 年),在全球储备资产中的占比达到了 61.7%(2018 年 12 月),几乎依然占据了全球货币的半壁江山。值得注意的是,过去 10 年内,美元在全球支付货币与全球外汇交易货币中的占比还有所上升,在全球储备货币中的占比几乎不变,如图 1 至图 3 所示。这就意味着,美国次贷危机的爆发不仅没有重创美元的国际储备货币的地位,甚至还促使美元的国际地位有所强化。这与欧元在欧债危机中遭遇重创、美国政府对次贷危机的反应更为及时更加坚决、美国经济在全球危机后反弹最快等因素密切相关。

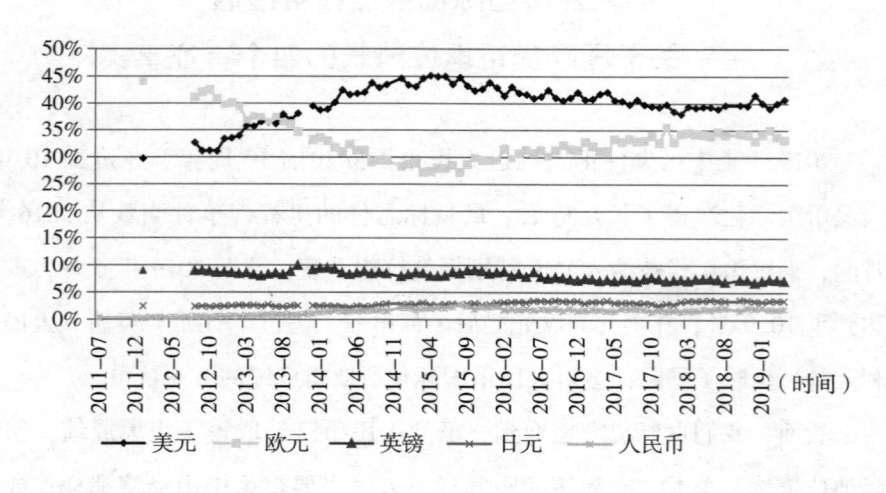

数据来源:Wind。

图 1　SWIFT 的全球结算货币占比

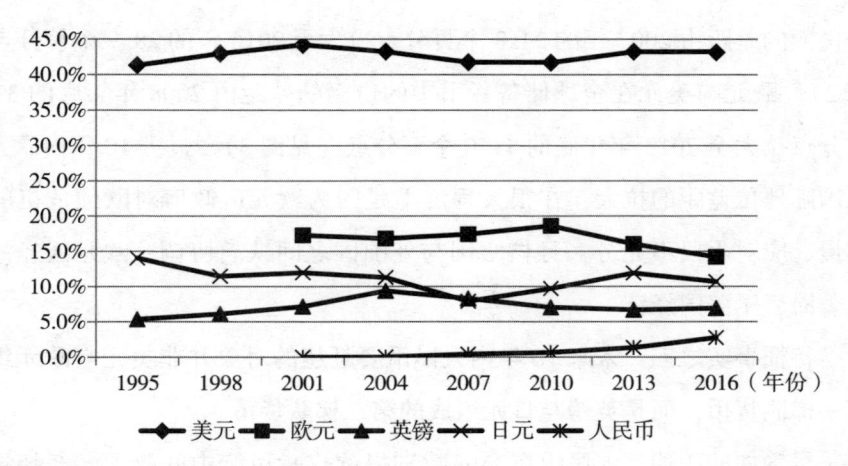

数据来源：BIS。

图2　BIS 三年一度的全球外汇交易货币占比

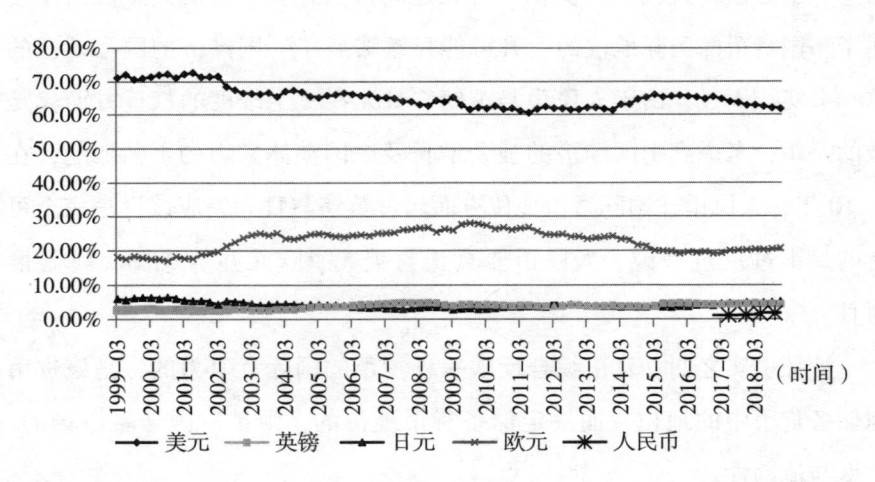

数据来源：IMF。

图3　IMF 的全球储备货币占比

特征事实之二：作为美元最主要的挑战者，欧元在过去10年内不但没有缩小与美元的差距，两者的差距甚至还在拉大。

在2013年之前，欧元在全球结算货币中的份额其实还高于美元，而现在其份额已经落后美元近8个百分点（见图1）。欧元与美元在全球交易货币中

321

的份额的差距由 2007 年的 24.3 个百分点拉大至 2016 年的 28.9 个百分点（见图 2）。欧元与美元在全球储备货币中的份额的差距由 2008 年年底的 37.6 个百分点拉大至 2018 年年底的 41.0 个百分点（见图 3）。过去 10 年内欧元与美元国际地位差距的拉大，在很大程度上是因为欧元区政府对欧债危机的反应缓慢、应对手段不充分，且核心国与外围国之间缺乏协调，欧元区经济复苏显著滞后于美国经济。

特征事实之三：未来 10 年内人民币要赶超的对象并非美元与欧元组成的第一梯队货币，而是英镑与日元组成的第二梯队货币。

尽管如前所述，人民币在 IMF 特别提款权货币篮中的权重已经超过了英镑与日元，但如图 1 至图 3 所示，在全球结算、全球外汇交易与全球储备货币这三个方面，人民币与英镑、日元之间依然存在一定的差距。这生动地说明了一国货币的国际地位的上升可能显著滞后于一国经济的国际地位的上升这一事实。不过，由于人民币与英镑、日元在三个维度的权重方面仅是个位数的差距，考虑到中国经济的强劲增长及中国整体实力的不断崛起，在下一个 10 年，人民币在国际货币地位方面超过英镑与日元，应该说是完全可以期待的。不过反过来说，人民币要真正与美元、欧元并驾齐驱，尚需很长的时日。

特征事实之四：真正综合反映一种货币的国际竞争力的，是该货币在全球储备货币中的地位，而决定储备货币地位的，则是一国金融市场的深度、广度与流动性。

从图 1 至图 3 中不难看出，美元在全球储备货币中的优势地位最为突出，依然占到全球储备货币的 60% 以上。应该说，储备货币的地位是真正能够反映一国货币综合竞争力的核心指标，而真正决定官方投资者愿意把储备资产投资于哪种货币的最重要因素，则是该货币发行国的金融市场能够提供规模足够大、品种足够丰富、流动性足够强的金融产品。金融市场的差距，其实也是欧元与美元的核心差距所在。欧元区一体化尽管依然非常深入，但欧元区尚未形成一个真正一体化的金融市场。而从金融市场维度来看，中国与美国在金融市场的深度、广度与流动性方面依然有着较大的差距。

综合上述四个特征事实，我们既要看到人民币与美元、欧元的较大差距（这有助于克服我们的自大情绪），也不能妄自菲薄，要看到人民币的国际地位正在快速上升，已经成长为与英镑、日元匹敌的第二梯队货币。

要在未来 10 年内继续深入推动人民币国际化，笔者提出的主要建议如下。

第一，要尽快推动国内经济结构性改革（如国企改革、土地改革、服务业对民间资本加快开放、城市化更具包容性等），提高经济增长效率，确保中国经济在未来 10 年能够继续保持相对快速的增长。第二，要防止系统性金融风险的进一步积累，避免系统性金融危机的爆发。第三，要加快人民币汇率形成机制的改革，让人民币汇率在更大程度上由市场供求来决定。第四，要大力发展人民币作为国际计价货币的功能，进一步发展人民币计价的国际性大宗商品市场。第五，要加大国内金融市场向国外机构投资者开放的力度。第六，要在推进"一带一路"建设的过程中鼓励人民币的跨境使用，培育沿线国家对人民币的真实需求。

后 记
中产阶级为何如此焦虑？[①]

中国的中产阶级尤其是一二线城市的中产阶级，可能是这个星球上最焦虑的一个群体。随便列举一下，目前社交媒体上流行的"35岁危机"、"中年油腻男"、"财务自由"、学区房、子女教育等问题，无不深深透露出中产阶级的焦虑感。有多少男子的发量因此而变少，有多少女子的皱纹因此而增多啊。

笔者总结了一下，中产阶级的核心焦虑有二：一是自身收入与财富水平缩水的焦虑，二是自己孩子输在了起跑线上的焦虑。然而归根结底，其实都是自己或孩子不能继续实现阶层跃迁，甚至可能面临阶层下滑的焦虑。换言之，当前中产阶级的焦虑感，与中国目前阶层之间流动性的显著下滑关系密切。

我身边的中产阶级朋友们平时都在忙什么呢？我总结了一下，除了日常工作之外，他们大致在忙三件事情。

第一件事是提升自己。例如，不少朋友平常在听喜马拉雅FM与得到App，他们希望充分利用碎片化的时间来拓展自己的知识面。这样做不是为了好玩，而是为了"不落伍"。又如，很多朋友开始投身于健走与长跑等健身项目。这样做不是为了好玩，而是为了"提高自身的抗压能力"，从而能够更好地投身于工作。再如，不少朋友纷纷去上学费昂贵的名校的

[①] 本文写于2018年1月。

EMBA 课程。这样做不是单纯为了学习，而是为了"更加有效地拓展自己的朋友圈"。

第二件事是更好地配置家庭资产。朋友们聚会，讨论得更多的话题往往是房子、股票、基金、理财产品。笔者家住在望京，经常在一家较大的咖啡厅工作，已经有五六年。最近几年，邻座咖啡客的谈话焦点已经基本上转换到"私募""A 轮""估值""对赌""退出"的问题上来。虽然自身资产未必很多，但很多朋友都在考虑海外资产配置、全国房产投资、私募股权投资、大宗商品期货等问题。

第三件事是提升孩子的竞争力。第一，让孩子上更好的幼儿园、学前班、小学与中学。由于中国优质教育资源的分布非常不均衡，这个问题就演化成是否要买学区房，以及如何买到更好的学区房的问题。第二，要将孩子有限的课外时间更加高效地分布到各种各样的兴趣班上，无论是奥数、外语、国学、逻辑，还是音乐、绘画、舞蹈、钢琴，恨不能把孩子塑造成"经天纬地"的全才。第三，不断地给孩子加压，"隔壁家"的孩子如何如何了，"朋友们"的孩子如何如何了。似乎只要孩子不努力，未来就会沦落到难以生存的地步。"当你的孩子在玩耍时，其他孩子正在拼搏"这样的帖子在微信上屡见不鲜，由此造成的结果似乎是孩子们的早熟与早衰。知识面固然广了，独立思考的能力却下降了。孩子的简历的确丰富了，可孩子独立生活与抗压的能力却下降了。

简言之，中国的中产阶级如此忙活，一是为自己，二是为孩子，而忙活背后的核心逻辑是害怕"逆水行舟，不进则退"。而其中深层次的担忧，似乎是害怕"阶层停滞"甚至"阶层下滑"。

中国当前很大一部分中产阶级，都经历了通过自身努力实现阶层跃迁的过程。举个例子。在 20 世纪 80 年代与 20 世纪 90 年代，一个农村家庭出身的孩子，通过自身努力考上一所名牌大学。当时上大学学费不贵，还有补贴，上大学之时就是家庭减负之日。大学毕业后，找到一个不错的工作，如国企、外企或者政府机关，自身完成了从农村居民向城市居民的跃迁（这个过程被很好地形容为"鲤鱼跳龙门"）。与此同时，当时一个人进城，可能会带着自己的弟弟妹妹进城，这不仅改变了一个人的阶层属性，而且改变了整个家庭的命运。在这个时期，草根阶层出身的年轻人，通过自己的努力就能成为城市中的中坚阶层甚至精英阶层。由于阶层之间流动性很强，这个时期的年轻人的焦虑感并不强烈。

然而，过去十多年间，中国社会发生了很多变化。这些变化的结果是，草根阶层的年轻人转换自己的阶层属性变得越来越困难。我们同样以出身农村家庭的年轻人为例，来讲述时代与社会的变迁。

首先，农村家庭的孩子现在要考上重点大学已经越来越难，原因是城乡教育质量的差距可谓一日千里，越来越大。

其次，目前中国大学教育的现实是，学校越差，学费越贵。因此，孩子上大学之时，可能就是家庭举债之日。而大学毕业后找工作也越来越难，因此大学毕业之时可能就是家庭违约之日。

再次，即使好不容易找了个不错的工作，自己进了城。然而在当前的社会里，一个成功进城的年轻人想带着自己的弟弟妹妹进城，遭遇的压力相当巨大。这样的年轻男，被称为"凤凰男"，是社交媒体上批评的重点，如"嫁人不嫁凤凰男"。然而，20世纪80年代与20世纪90年代的大学生，很大一部分都是"凤凰男"。"凤凰男"的风行意味着，一个有着多位子女的中低收入家庭重点投资某位子女教育的收益率是很高的。而整个社会对于"凤凰男"的鄙视，则意味着中低收入家庭重点投资某位子女教育的积极性将显著下降。

最后，即使一个草根阶层的年轻人成功地转化成了城市里的中产阶级，他的焦虑感非但不会减轻，而且极有可能加剧。例如，他马上会面临购买房产、购买哪儿的房产、借多少钱、从哪儿借钱等重重考验。即使买了房，安顿了下来，成家立业之后又会面临要为子女教育而换房，特别是换学区房的考验。子女教育问题刚解决，通常老人的健康问题又接踵而来。换言之，成为中产阶级之后，自然会面临中产阶级的一大堆困扰。即使那些已经做得非常成功的人，也会由于在社交媒体上看到做得更成功的人的案例，而不得不继续焦虑、继续拼搏。

总之，笔者在前文中举的例子，其实就是中国阶层间流动性由强转弱的事实。用句通俗的话来讲就是，出身草根阶层的年轻人，通过自身努力来实现阶层跃迁的概率明显下降了。试想，一个人通过自己努力不能改善自己的生活与命运，这个人的焦虑感自然会越来越强。其实，社会上流行的俗语也能反映上述变迁。在20世纪80年代与20世纪90年代，社会上流行"知识改变命运"的说法，这说的其实就是通过教育完成阶层跃迁。而当前社会流行"拼爹"的说法，这说的其实就是子女这一代人的阶层属性取决于父母那一代人的阶层属性。

那么，是谁抽掉了从草根阶层向中坚阶层跃迁的"梯子"呢？笔者认为，房地产与教育可能是降低阶层流动性两个非常重要的因素。首先，由于过去十多年间房价飞涨，中国事实上已经形成"有房阶层"与"无房阶层"两个群体，房价飙升是造成过去十多年来财富分配差距加剧最重要的因素，没有之一；其次，中国城乡教育差距的拉大、优质初等与中等教育资源的稀缺、优质职业教育的稀缺，也是年轻人完成阶层属性切换的很重要的障碍。

十九大报告指出，我国社会主要矛盾已经转化为人民日益增长的美好生活需要和不平衡不充分的发展之间的矛盾。如果说，对低收入阶层而言，减贫至关重要，那么对中等收入阶层而言，重塑阶层之间的流动性，降低中产阶级的焦虑感，就变得非常重要。

要重塑阶层之间的流动性，至少有三方面的政策需要出台。第一，通过更加完善的收入再分配机制，避免居民内部的收入分配差距继续扩大。这意味着遗产税、房产税、资本红利税等再分配措施亟须出台（当然，中国居民部门整体税负已经在全球位居前列了，征收这些新税种的前提，应该是其他税负的削减）。第二，通过多种手段来满足人民群众的居住需求，而不要让所有人都去追逐商品房。这就意味着公租房、共享产权、租售同权等尝试需要加快落实并扩大规模。第三，让草根阶层的民众以较低成本享受更高质量的教育。这就意味着，一方面应通过向民间资本的开放，来提供更多的更优质的初等、中等、高等私立教育资源；另一方面应将更多政府资源投入公立教育体系，切实降低中低收入阶层家庭享受更高质量公立教育的门槛。